JN280647

カントの自我論

理論理性と実践理性の連関

内田浩明［著］

京都大学学術出版会

目　次

凡例　iii

序 ……………………………………………………………………… 3

第一章　カントにおける対象と主体
　　　　──超越論的対象と超越論的主体という二つの X の観点から── …… 17

　はじめに　18
　第一節　超越論的対象と超越論的主体　19
　第二節　自己触発　28
　第三節　超越論的主体の認識可能性　37
　むすびにかえて　47
　註　48

第二章　実体的自我から主体的自我へ
　　　　──カントの自己認識理論を手がかりに── ………………… 61

　はじめに　62
　第一節　『ペーリッツの形而上学講義』と批判期における自己認識理論　64
　第二節　実体的自我の超克　74
　第三節　自由な主体としての実践的統覚　83
　むすびにかえて　89
　註　90

第三章　カントにおける自由の実在性の問題 ……………… 99

　はじめに　100
　第一節　蓋然的概念としての自由　103
　第二節　「理性の事実」による「自由の演繹」　108
　第三節　実践理性の内在的・構成的原理と自由の実在性　119

むすびにかえて　126
　　註　127

第四章　カント実践哲学における感情の問題 ……………………… 135
　　はじめに　問題の所在　136
　　第一節　道徳の第一原理としての感情批判　138
　　第二節　尊敬の感情とは何か　149
　　第三節　尊敬の感情の二側面と人間の有限性　156
　　むすびにかえて　164
　　註　165

第五章　『オプス・ポストゥムム』におけるカントの自己定立論 …… 173
　　はじめに　『オプス・ポストゥムム』の成立とその解釈史　174
　　第一節　批判期の「自己触発論」と『オプス・ポストゥムム』における
　　　　　　「自己定立論」　181
　　第二節　自我の論理的活動としての自己定立　186
　　第三節　自我の形而上学的活動による空間と時間における自己定立　194
　　むすびにかえて　205
　　註　206

第六章　カント最晩年の超越論的哲学 ……………………………… 219
　　はじめに　220
　　第一節　批判期における超越論的哲学　221
　　第二節　『オプス・ポストゥムム』における超越論的哲学　229
　　第三節　超越論的哲学の最高の立場　233
　　おわりに　243
　　註　244

　　後記／謝辞　251
　　初出一覧　253
　　文献表　254
　　索引　268

specimen I. continet monadologiam physicam
MS = Die Metaphysik der Sitten
MSV = Metaphysik der Sitten Vigilantius
Mund. = De mundi sensibilis atque intelligibilis forma et principiis
MV = Metaphysik Volckmann
MvS = Metaphysik v. Schön Ontologie
Nach. KrV = Nachträge zur Kritik der reinen Vernunft (1. Aufl.)
Nova = Principiorum primorum cognitionis metaphysicae nova dilucidatio
OP = Opus postumum
Organ = Sömmering : Über das Organ der Seele
PPhH = Praktische Philosophie Herder
PPhP = Praktische Philosophie Powalski
Prol. = Prolegomena zu einer jeden künftigen Metaphysik, die als Wissenschaft wird auftreten können
Refl. = Reflexionen
Rel. = Die Religion innerhalb der Grenzen der bloßen Vernunft
RP = Philosophische Religionslehre nach Pölitz
Vorarbei. Tugend. = Vorarbeiten zur Tugendlehre
Winter. 1765. = Nachricht von der Einrichtung seiner Vorlesungen in dem Winterhalbenjahre von 1765-1766

カントの自我論――理論理性と実践理性の連関

序

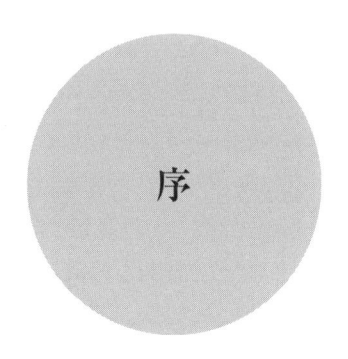

　本書は、カントの「自我論」、およびそれに関わる重要な問題を、カントの哲学的思惟の根本動機とも言える「理論理性と実践理性の関係」の解明を通して明らかにするものである。
　20世紀から21世紀にかけて生きている我々が西洋哲学の歴史を振り返るとき、古代哲学、中世哲学、近世哲学、そして現代哲学の四つの時代に分類することが多い。このうちカントが活躍したのは18世紀であり、言うまでもなく、彼の哲学は近世哲学に数え入れられる。むろん、歴史というものが連続的であるかぎり、上のような時代区分はあくまで便宜的なものとならざるを得ない。しかし上のような区分を行った場合、少なくとも「自我」あるいは「主体(主観)」の概念を近世哲学の根本概念の一つに挙げることができるであろう[1]。
　このことは、しばしば真の意味での「近世哲学の父[2]」とも言われるデカルトが、方法的懐疑の末に辿り着いたのが、思惟するかぎりで「私は有る、私は存在する (Ego sum, ego existo)[3]」というテーゼであり、後の近世哲学者たちに多くの影響を与えたことからも容易に推察される。実際、哲学史の教科書などで必ず名前が挙げられるロック、ライプニッツ、バークリー、ヒューム等のカント以前の哲学者も何らかの仕方で自我やそれに通じる概念について論究し、或る種の自我論を展開している[4]。またカント以降の哲学者では、ドイツ観念論が絶対的自我、あるいは主体の概念を根底にすえ、壮大な観念論的哲学体系を構築しようとしたと言っても過言ではないであろう。こうした点から見れば、哲

序

　学史に精通したヤスパースが『カント』において指摘する通り、近世哲学の中心テーマはまさに「主観（主体）の概念（Subjektsbegriff）」であったと言える。[5]

　このような近世哲学のただなかにあるカントにとって、当然のことながら「自我」あるいは「主体」の問題は極めて重要な問題となる。このことは、例えば、『人間学講義』において「我々の自我という思想よりも重大かつ重要な思想はない」（vgl. Anthr. Pillau XXV 735）と端的な言葉があることからも推察できる。あるいは、こうした資料に依らずとも「超越論的統覚（transzendentale Apperzeption）」という自我概念やその「はたらき（Handlung）」からも示すこともできるであろう。周知の通り、カントは「経験的な意識」である「内感」と「超越論的意識」である「超越論的統覚」とを『純粋理性批判』において区別したわけであるが、その自我概念の本質は、デカルトやその他多くのカント以前の近世哲学者が考えたような「実体」ではなく、それがなす「統一」というはたらき——これをカントは「全人間的認識における最上の原則」（vgl. B135）と形容する——であった。もっとも、こうしたカントの自我論について具体的に論究することは、ここ【序】での目的ではない。

　むしろ、本書全体の序論的意味合いを持つこの箇所で筆者が行いたいのは、『純粋理性批判』の書き換え箇所に着目することにより、さしあたりカント哲学における自我の問題の重要性を確認することである。そして次に、本書全体の射程、および方法論を明示することによって筆者の基本的視座を明確にする。このことによって、幾多の先行研究があるにもかかわらず、筆者がなぜカントの「自我」とそれに関わる問題を論じるのかが明らかにされるはずである。

　周知のように『純粋理性批判』には、1781年に出版された第一版（A版）と1787年に出版された第二版（B版）がある。これら二つの版の多くの部分は共通しているが、なかには第一版から第二版へと全面的に書き改められた箇所や新たに書き加えられた箇所もある。第一版と第二版の関係について、カント自身は、『純粋理性批判』の第二版の「序文」の中でおよそ次のように述べている。自分が行った修正は、第一版において拭い去れなかった「いくつかの難解な点と不明瞭さを可能なかぎり除去するために」（B XXXVII）なされたものであり、

しかもそれは「叙述において」(B XXXVIII)、あるいは「叙述の方法 (Darstellungsart)」(B XXXIX) に関する修正であって、「命題に関してもそれらの証明根拠に関してでさえも」まったく変更された箇所はない (B XLII, vgl. B XXXVII)。このようにカント自身は、第一版から第二版への書き換えがけっして自ら学説の変更を意味するものではなく、あくまでそれを展開する叙述の形式的側面にとどまるにすぎないことを強調している⁶⁾。あるいは、第二版の出版に先立ち、1786 年の 4 月 7 日付けの J. ベーリング宛書簡でもカントは、第一版が品切れになったため、近々改訂版として出すつもりであると述べたうえで、二つの版の関係についておよそ次のように説明している。第一版について自分が知るに及んだ誤解や無理解を取り除く新しい事柄を第二版では付け加えるが、「体系に属する全ての命題を繰り返し精査吟味した」が、それらが「それ自身でも全体への連関においても常に確実であると知ったので」「本質的な点においては変更する必要はない」(vgl. Brief. X 441) と。このようにカント自身は、公的にも私的にも『純粋理性批判』の書き換えを巡って本質的な変更は何らないことを力説している。

　はたして第一版と第二版の関係についてのカントのこうした言葉をどの程度まで信頼することができるのかという点については、十分議論する必要があると思われるが、実際に書き換えられた第二版の箇所の内容に我々が注意を払うとき、一つの注目すべき事実が浮かび上がってくる。それは、第二版で書き改められたほとんどの箇所が「自我」や「主体」と密接な関係を持っており、そこにおいてカントが自らの「自我論」を主題的な仕方で展開しているという事実である。

　『純粋理性批判』は、「序文」、「序論」、「超越論的原理論」、そして「超越論的方法論」から構成されるが、このうち第二版で大幅に書き改められた箇所とは「序論」と「序文」を除けば、「超越論的感性論」と「超越論的論理学」からなる「超越論的原理論」のほぼ次の五箇所である。

　まず「超越論的原理論」の冒頭を飾る「超越論的感性論」では①「超越論的感性論の一般的註」の一部とそれに続く短い「超越論的感性論の結論」が加筆

されている（vgl. B66―B73）。

　これに対し「超越論的感性論」の何倍もの量がある「超越論的論理学」は、「超越論的分析論」と「超越論的弁証論」に分けられるが、前者では②「超越論的演繹」はまったく別のかたちで刷新され（vgl. B129―B169）、③「観念論論駁」（vgl. B274―B279）が「原則の分析」の終わり近くに新たに付け加えられている（ちなみにカント自身に従えば、この箇所のみが「本来の追加」とされる（vgl. B XXXIX Anm.））、そして④「あらゆる対象一般を現象体（Phaenomena）と可想体（Noumena）に区別する根拠について」の箇所も部分的に修正されている（vgl. B305―B309）。

　一方、「超越論的論理学」の後半部分をなす「超越論的弁証論」では⑤「純粋理性の誤謬推論」が第一版から刷新された箇所である（vgl. B406―B432）。

　①の箇所では、第一版では必ずしも開陳されたとは言いがたい、自我の自己自身への触発である「自己触発（Selbstaffektion）」の概念が明確な仕方で述べられ、②の箇所に関して言えば、第一版の「演繹論」では、我々の認識、およびその成立の根拠がいわゆる「三重の綜合」の観点から階梯的に述べられるのに対して、第二版では第一版の「三重の綜合」の最終段階以降で主として明確にされる「統覚」とそのはたらきをむしろ前面に押し出すような仕方で、「超越論的統覚」という自我概念の解明を行っている。⑤においては、②の裏面として、デカルト以来の伝統的な自我の在り方であった自我の「実体性」が「否定」される。そしてカントによって唯一の追加箇所とされる③は外界の存在の確実性と自我の存在が問題にされる箇所である[7]。また④は「主体」ではなく、むしろ「客体」についての考察を行っている箇所であると言えるが、この箇所は部分的に修正されるに留まっており、それ以外の上述の「自我」の在り方に関して考察を行っている箇所は全面的に書き換えられるか、新たに書き加えられている。こうした事実一つをとってみるだけでも本書が主題とする自我の問題をカントがいかに重要なものと考え、この問題に並々ならぬ精力を注いで取り組んでいるのかが伺い知れよう。

　ところでカントが哲学的思索を行う際、常に重視するのが体系的観点からの

思考であり、この点に留意することは、カントの自我論を考察する際にも当然重要なポイントとなる。なぜなら、カントが「感性」や「悟性」、「（規定的）判断力」、「（理論）理性」、さらには「実践理性」、「反省的判断力」といった人間の能力の吟味・批判的検討を行う場合、これらの能力は、当然「自我の能力」であり、カントはこうした我々人間的自我に備わる能力の全体を区分しつつ、それらの関係を常に念頭に置きながら哲学的思索を行っているからである。

『純粋理性批判』の最後を飾る「超越論的方法論」において、カントは「1. 私は何を知ることができるか。2. 私は何をなすべきか。3. 私は何を望んでよろしいか」（A805/B833）という有名な三つの問いを掲げている。そしてこれに続けてカントは、第一の問いは理論的問いであり、第二の問いは実践的・道徳的問いであるが、最後の問いは理論的・思弁的かつ実践的・道徳的問いであって、両者を包括するものと位置づけている（vgl. ibid.）。言い換えれば、カント哲学においては「理論哲学」と「実践哲学」の全体からこれらの問いを解明することによってはじめて個別的・領域的な問いの答えは真の意味での哲学知となりうるのである。

それゆえ、カントは「理論哲学」と「実践哲学」の二つの哲学体系が最後には唯一の体系へともたらされねばならないことを繰り返し強調する。例えば、『純粋理性批判』には次のような叙述がある。「ところで人間理性の立法（哲学）は、二つの対象を持つ、すなわち自由と自然である。それゆえ、自然法則並びに道徳法則を含んでいるが、はじめは二つの特殊な哲学体系において、しかし最後には唯一の哲学体系において含んでいる」（A840/B868）。あるいは『プロレゴメナ』でも「形而上学における理性の思弁的使用は、道徳における実践的使用と必然的に統一を持たねばならない」（Prol. IV 363f.）と言われている。このように、我々の理性は「理論理性」と「実践理性」として各々独自の立法を行い、これに従い哲学も「理論哲学」と「実践哲学」に分けられるが、たとえそうであるとしても、カントが常にめざしていたのは両者を唯一の体系へともたらすことであったと言える。

そしてその「理論哲学」と「実践哲学」の二つの領域にわたって自発的な立

法者として登場し、体系的にも重要な役割を担うことになるのが「叡知者 (Intelligenz)」という自我概念である。「叡知者」は、理論哲学の領域では認識を可能ならしめる「自発性」の主体として語られるが（vgl. B 155, B 158, B 158 Anm.）、実践哲学の領域では「自発性」の中でも特に「自由」との関連においてとりあげられる（vgl. GMS IV 452, 453, 457, vgl. KpV V 114, 125, 162）。その意味で筆者は、「叡知者」を、カントの理論哲学と実践哲学の、ひいては理論的認識主体と実践的行為主体の、いわば、接点となる重要な概念であると考えている。

実際、批判期のカント哲学における叡知者の重要性は、H. ハイムゼート[8]や G. マルチン[9]も指摘する通りである。しかし、批判期のみならず、「叡知者」はカントの遺稿である『オプス・ポストゥムム』においても決定的な役割を果たすことになる。ハイムゼートやマルチンは、必ずしもその詳しい考察を行っていないが、第六章で詳しく述べるように、『オプス・ポストゥムム』でカントは、「超越論的哲学の最高の立場 (der Transscendentalphilosophie höchster Standpunct)」というそれまで語ることのなかった立場を表明し、このことによって「理論哲学」と「実践哲学」の全体を統合しようとする。この最晩年の試みにおいても自発的な主体である「叡知者」としての「人間」は、「神」と「世界」という二つの理念の媒介者として、カント哲学の体系の中心にすえられることになる。

たしかに、前世紀の終わり頃から国内外で『オプス・ポストゥムム』の研究が盛んになりつつあるが、『オプス・ポストゥムム』[10]がアカデミー版に収められたのは、1936 年以降であり、比較的研究歴も浅い。加えて、第五章の冒頭でも述べるように、これまでの『オプス・ポストゥムム』の解釈は、カントの自然哲学、あるいは自然科学との連関からなされてきたものが主流であった。このため、カントの最晩年の自我論は十分に解明されたとは言いがたい。しかも我が国においては、自我論に限らず、『オプス・ポストゥムム』を主題的に論じた論文自体が数えるほどに留まる。そこで、本書は単に批判期におけるカントの自我論について考察するだけではなく、『オプス・ポストゥムム』をも

射程圏内に収め、カントの自我論を究明する。その際、特に批判期におけるカント哲学との異同に注意を払うことにする。批判期のカント哲学との連続性と非連続性という観点から最晩年にカントが辿り着いた哲学的立場を解明するためである。

すでに述べたように、カントは「理論哲学」と「実践哲学」、あるいは「理論理性」と「実践理性」の「関係」を念頭に置きながら常に体系的観点から思索を行っているが、カントの批判哲学に通底するのは、いわゆる「実践理性の優位 (Primat der praktischen Vernunft)」の思想である。「実践理性の優位」とは、周知の通り、理論理性によっては与えられなかった「理念」の実在性が、実践理性によってはじめて獲得されるという思想である（vgl. KpV V 119ff.)。「私は何を知ることができるか」という問いに関わる理論理性によっては「理念」の実在性が与えられないということからも分かるように、「実践理性の優位」とは、まず理論理性の限界を示し、そのうえで「私は何をなすべきか」に関わる実践理性によって、実践的観点からの超感性的なものへの「越出 (Überschritt)」(vgl. FM XX 293) や「拡張 (Erweiterung)」(vgl. KpV V 134) を図ることを意味している。そもそも、カント哲学がカント哲学である所以が広義の人間理性の能力を批判的に吟味する点にあるかぎり、「理論理性」と「実践理性」の「関係」を考察することによってはじめて、先に述べたカント哲学全体に関わる三つの問いに答えることが可能となるであろう。以上のようなことから、本書はカント哲学における自我・主体を究明する本書全体を貫く方法論として、「理論理性と実践理性の関係」に留意し、特に「実践理性の優位」というカントの哲学的プログラムに定位するという究明の仕方を採る。

また『オプス・ポストゥムム』というカントの「遺稿」を扱うという筆者の姿勢から推察されるように、本書はカントの公刊著作以外にも『講義録』やカントの覚え書きである『レフレクシオーン』等を幅広く活用するという方針を採った。カント解釈において何よりもまず重視されねばらないのはもちろんカントの生前に公刊された「著作」であるが、『講義録』や『レフレクシオーン』にはカントの生きた言説を垣間見ることができるだけでなく、他の哲学者に対

序

するカントの言葉が数多く見られ、西洋哲学におけるカントの哲学的立場がより一層明確になる箇所も多い。しかも、よく知られているように、カントは1770年に『可感界と可想界の形式と原理』を出版してから『純粋理性批判』を公刊するまでの間、哲学的な著作を世に出さなかった。それゆえ、我々がこの間のカントの考えを知る手だては『レフレクシオーン』や『講義録』等に依る以外にはない。むろん、『講義録』や『レフレクシオーン』、さらには『オプス・ポストゥムム』は公刊著作ではないため、それを取り扱う場合の独特の難しさがある。そこで、本書では可能なかぎり、『レフレクシオーン』や『講義録』等のテクストをカントの公刊著作と照らし合わせながら、公刊著作に見られるカントの思想解明の傍証として（あるいは場合によっては公刊著作では必ずしも明確ではなかった思想をより鮮明にするために）用いることにした。

　以上のように本書は、理論理性と実践理性との関係に留意し、最終的には『オプス・ポストゥムム』にまで視野を広げつつ、カントの自我論を究明するわけであるが、カント哲学にとって自我の問題は根本的な問題であるだけに、多くの優れた先行研究がある。しかし、理論哲学と実践哲学の両領域にわたる観点から自我や主体を意識的に究明するものは意外と少ない。このうち、筆者の立場に最も近いのは、F. カウルバッハの解釈であり、とりわけカウルバッハが「理論理性」と「実践理性」を「一つの根源から」解明しようとする点は筆者の考えと一致するものでもあり、彼の著作から多くの示唆を得ている[11]。またすでに名を挙げたが、人間主体における自発性の意識を重視し、理論哲学と実践哲学の領域に登場する「叡知者」の重要性を指摘するハイムゼートの解釈も極めて有益であった[12]。そしてさらにもう一人挙げるならば、「実践理性の優位」を具体化した「実践的・定説的形而上学（praktische dogmatische Metaphysik）」の立場を重要視する姿勢は、M. ヴントの解釈に負うところが多い[13]。

　その他の先行研究に関しては、適宜、本文や註において示すが、自我論ということで言えば、『オプス・ポストゥムム』まで視野に入れたうえで理論理性と実践理性の関係を特に意識しつつカントの自我論を解釈したものは、国内外を問わず見あたらない。また『オプス・ポストゥムム』に関して言えば、とり

わけ我が国では『オプス・ポストゥムム』の研究はあまり行われておらず、なかんずく、思惟する主体がカント哲学全体の中心にすえられる第1束に関する詳しい研究はほとんど行われていない。自我が体系的な観点からも決定的な役割を果たすとすれば、『オプス・ポストゥムム』における自我論を論究することは、カント解釈において大きな意味を持つものと思われる。

さて、こうした関心と方法論のもとに書かれた本書の全体の構成、および各章の内容を、ここで俯瞰することにする。まず第一章においては、近世哲学にとりわけ特徴的な主観‐客観の図式を拠り所に「超越論的対象」と「超越論的主体」という二つの「未知」なる「X」がはたして同じ意味で認識不可能と考えられるかどうかについて究明する。「超越論的対象」と「超越論的主体」を比較することによって、第一節において両者の特性をまずは確認する。次に第二節ではカントの触発論に議論を移し、「超越論的対象」による触発と「超越論的主体」による触発（自己触発）の考察を通じて、やはり両者が未知であることを追認する。しかし第三節において、統覚のみによる自己認識の議論を通じて実践的自己認識の可能性について論究する。

続く第二章「実体的自我から主体的自我へ——カントの自己認識論を手がかりに——」では、前批判期におけるカントの自己認識理論と批判期におけるカントの自己認識理論を対照させることにより、カントが「実体的」自己を否定し、「作用的・機能的」な観点に基づいた自我論を確立していった様を浮き彫りにする。第一節では、カントが影響を受けていた Ch. ヴォルフや A. G. バウムガルテンの体系に言及しながら、『ペーリッツの形而上学講義』を中心にカントの自己認識理論を解明する。第二節ではデカルトをはじめとする実体的自我へのカントの批判の構造を、『純粋理性批判』の「誤謬推論」を中心に解明し、理論的主体としての超越論的統覚のはたらきを見定めるが、続く第三節では、本来の「主体」と言われるにふさわしい自由な実践的主体について、超越論的統覚との異同を明らかにしながら、「実践的統覚」という観点から究明する。

第二章で自由な主体について論考しているが、そもそも自由が実在的でなければ自由な主体について論じても無意味であるとの考えから、第三章「カント

序

における自由の実在性の問題」では、カント哲学において自由の実在性がどのようにして獲得されるのかを見定める。第一節と第二節においては、『純粋理性批判』と『人倫の形而上学の基礎づけ』で「蓋然的（problematisch）」とされていた自由の理念が『実践理性批判』において客観的実在性を得るという事態を「理性の事実（Faktum）」の議論を手がかりに究明する。そこからさらに理念である「自由の実在性が経験においても証明される」という一見すると、理念の定義に矛盾するような文言がテクスト中にあることを指摘し、この問題を「実践的経験」という観点から論究することによって、自由の実在性についての考察を深める。

　第三章の最終節で経験との連関から自由の実在性について論究した際、人間の行為にとって不可欠な、身体という契機にも着目しつつ、筆者は議論を進めている。我々人間の行為が単なる思惟でもなく、叡知界に留まるようなものでもないかぎり、それは自然や現象への関係を持つものとなる。人間は一方では悟性的存在者としては叡知界の住人であるが、他方では感性界の住人でもある。こうした感性的存在者としての人間の姿は、実践哲学においては「感情（Gefühl）」というかたちで現れる。そこで第四章「カント実践哲学における感情の問題」では、カント倫理学の中心思想とも言える「意志の自律（Autonomie des Willens）」との関係に留意しつつ、カントの実践哲学における感情の意義を見定める。その際、F. ハチスンにも言及する。というのも「前批判期」の一定の時期まで、カントはハチスンの道徳説に非常な関心を寄せており、カントの道徳論の形成を発展史的に見るならば、「ハチスンは、カント倫理学にとってのヒューム[14]」であると言われることさえあるほど、カントに影響を与えているからである。これを確認することによってカントの実践哲学における感情の意義が文献的にも明らかにされるはずである。

　なお、ここまでの各章の有機的連関について言えば、第一章と第二章は理論哲学から実践哲学への「移行」を特に意識しつつ議論を行っているが、第三章と第四章では実践哲学の領域に議論を移して、実践哲学上の重要な問題を自我論的観点から明らかにしようと努めている。しかしこれらは、いわゆる「批判

期」を中心としたカント哲学に関する考察である。しかるに、カントの自我論は、彼が晩年に書き残した『オプス・ポストゥムム』において新たな展開を見せる。そこで続く第五章と第六章は『オプス・ポストゥムム』に考察を移し、さらにカント哲学における自我概念について究明する。

このうち、第五章「『オプス・ポストゥムム』におけるカントの自己定立論」では、第7束を中心にして展開された「自己定立論」をカント哲学に内在的な問題として解釈することにより、自己客体化の思想である「自己定立論」の意義を究明する。第一節では『オプス・ポストゥムム』における「自己触発論」ないしは「自己定立論」の特徴を浮き彫りにすることを試みるが、『オプス・ポストゥムム』では「自己触発」や「自己定立」が「知覚」との連関においてより具体的な仕方で展開される点を確認する。第二節以降の叙述は、カントが自己定立を「論理的活動（der logische Akt）」と「形而上学的活動（der metaphysische Akt）」という自我の二種類のはたらきに分けていることに鑑み、これに即すかたちで行う。第二節においては自己を「思惟の対象」とする前者のはたらきを、第三節においては自己を「直観の対象」とする後者のはたらきを、それぞれ究明するが、『オプス・ポストゥムム』では、自我の在り方に関して、「私は存在する（Ich bin.）」と「私は現実存在する（Ich existiere.）」が上述の二つのはたらきに応じて使い分けられるようになる。こうした点に着目し、第三節においては、身体を伴いつつ現実世界に定立される経験的自我、並びにそれを可能にする原理である自我の「形而上学的活動」の『オプス・ポストゥムム』における重要性を浮き彫りにする。

最終章の第六章は「カント最晩年の超越論的哲学」というテーマのもと『オプス・ポストゥムム』のうちでも最後に執筆されたと考証される第1束を中心に、カントが最晩年に構想した「超越論的哲学」について考察する。というのも、この束で構想された「超越論的哲学」は「新たな超越論的哲学」[15]とも言われ、「批判期」の「超越論的哲学」とは異なった側面を持つからである。第一節において「批判期」の「超越論的哲学」の性格を確認したうえで、続く第二節では、それと対比のもと『オプス・ポストゥムム』における「超越論的哲学」

序

の特質を明らかにする。すでに触れたように、カントは『オプス・ポストゥム ム』の第１束において「超越論的哲学の最高の立場」というそれまで語らなかっ た立場を表明しているが、その中心にすえられるのは、ほかならぬ「思惟する 自我・主体」である。カントは、「神」と「世界」という理念を繋ぐ、いわば、 靱帯として「人間」を見なすのである。こうしたことを第三節を中心に解明す るが、そのことにより、カント哲学における「自我」の重要性が改めて確認さ れると共に、最晩年のカント哲学における自我の位置づけが明らかになるであ ろう。

註

1) Vgl. J. Ritter(Hg.), Historisches Wörterbuch der Philosophie, unter Mitwirkung von mehr als 700 Fachgelehrten in Verbindung mit Günther Bien et al., Bd. 4, Art. Ich, Basel / Schwabe, 1976, S. 1.
2) Cf. F. Copleston, A History of Philosophy (Book 2, Volume IV, Descartes to Leibniz), New York, 1985, p. 12.
3) R. Descartes, Meditationes de prima philosophia (Œuvres de Descartes / publiées par Charles Adam & Paul Tannery ; nouvelle présentation, en co-édition avec le Centre national de la recherche scientifique; VII), Paris, 1996, p. 25.
4) ロックは、デカルトが「思惟するもの」と考えた自我を、むしろ「自己（Self）」や 反省能力をその本質とする「（自己）意識」という言葉で語りながら、とりわけ「人 格の同一性」との連関において考察しているが（cf. J. Locke, An Essay concerning Human Understanding, ed. by P. H. Nidditch, Oxford, 1975, p. 335)、人格の同一性は ロックにとって単に認識論のみならず、「賞罰の正しさや正当性」の根拠をなすとい う意味において彼の実践哲学・政治哲学にとっても鍵概念である（cf. Locke, op. cit., pp. 341)。ライプニッツも『形而上学序説』で「人格」の同一性について語る際や『単 子論』でも「自我（Moy)」という言葉を使い、反省的性格を持つ自己意識を重要な ものと見なしている（G. W. Leibniz, Discours de métaphysique, in : Die philosophischen Schriften von Gottfried Wilhelm Leibniz 4, herausgegeben von C. I. Gerhardt, Hildesheim / New York, 1978, p. 495. Monadologie, in : Die philosophischen Schriften von Gottfried Wilhelm Leibniz 6, herausgegeben von C. I. Gerhardt, Hildesheim / New York, 1978, p. 612)。また我々に認識可能な実体を精神

的なもののみと見なすバークリーもまさに「私（I）」を「精神的実体」としている（G. Berkeley, The Principles of Human Knowledge, in : The Works of George Berkeley, Bishop of Cloyne Volume 2, ed. by A. A. Luce and T. E. Jessop, Nendeln, 1979, p. 104, cf. p. 48）。あるいは、「人格の同一性」ということに関して極めて懐疑的であるヒュームは、周知の通り、自我を絶えず変化する「様々な知覚の束（bundle）、あるいは集合（collection）」と考えたが（cf. D. Hume, A Treatise of Human Nature（2nd ed.）, with text rev. and variant readings by P. H. Nidditch, New York, 1978, p. 252）、これは、広い意味では彼の自我論と言えるであろう。

5） K. Jaspers, Kant. Leben, Werke, Wirkung（2. Aufl.）, München, 1983, S. 46. ちなみに、当該箇所においてヤスパースは前註で触れた哲学者のうちデカルト、ロック、ライプニッツ、ヒュームの自我論を簡潔に述べたうえで、カントが「心理学的観察の対象としての経験的主体」、客観的に「妥当的な認識の根源としての『私は思惟する』という意識一般」、そして「自由の根源としての叡知的性格」を持つ主体の三つに分けて主体を考察した点で、如上の哲学者の誰よりもカントを評価している（vgl. ibid.）。

6） さらに言えば、第一版の二年後に公刊された『プロレゴメナ』においてもカントは「〔純粋悟性〕概念の演繹」と「純粋理性の誤謬推論」の叙述に関しては、ある種の冗長さが明快さを妨げているので必ずしも満足しているわけではないと述べている（vgl. Prol. IV 381）。そしてこの二箇所が第二版において全面的に書き換えられることになるわけであるが、当該箇所が『純粋理性批判』におけるカントの自我論の最もまとまった叙述箇所であることは言うまでもない。また特に「演繹論」の箇所に限定すれば、『自然科学の形而上学的原理』の「序文」の註でもカントは、第一版の演繹論の議論には曖昧さが付き纏っていることを「私は否定しない」と認めているが、その際にも「この欠点は叙述の仕方に関するにすぎず」、けっして「説明根拠に関わるものではない」と『第一批判』第二版の「序文」とほぼ同様の説明を与えている（vgl. MAN IV 475f. Anm.）。

7） 本書では、必ずしもまとまった叙述をすることのできなかった「観念論論駁」について言えば、この箇所でカントが論駁しようとする観念論とは、自我の存在のみが確実であって外界の存在を「不確実」または「疑わしい」とする意味での観念論である（vgl. B274）。それゆえ、こうした観念論を論駁する「定理」は次のように定式化される。「私自身の現存在の、単なる、しかし経験的に規定された意識は、私の外なる空間中の対象の現存在を証明する」（B275）。カントに従えば、私の存在のみが確実なのではなく、むしろ「私は存在する」ということも含め内的経験は外的経験を前提にしてはじめて可能となり、したがって、観念論は「我々の内的経験でさえも、外的経験を前提してのみはじめて可能であることが証明され得る」（vgl. B275）場合にのみ論駁されると考えられる。このような内容を証明するのが「観念論論駁」であるが、

序

　第二章註17）でも言及しているように、「観念論論駁」の議論は、第一版の「観念性」の誤謬推論である第四パラロギスムスとの深い連関が指摘される。このことからも自我の問題の重要性が分かるであろう。
8）Vgl. H. Heimsoeth, Persönlichkeitsbewußtsein und Ding an sich in der Kantischen Philosophie, in : Studien zur Philosophie Immanuel Kants : Metaphysische Ursprünge und Ontologische Grundlagen, Köln, 1956, S. 250ff.
9）ハイムゼートの名を挙げるマルチンも（vgl. G. Martin, Immanuel Kant : Ontologie und Wissenschaftstheorie, Köln, 1951（4. durchgesehene und um einen dritten Teil vermehrte Aufl., Berlin, 1969), S. 199)「叡知的な現実存在（die intelligibele Existenz）」という言葉を使用しつつ、「行為主体（das handelnde Subjekt）」と「認識主体（das erkennende Subjekt）」の「自発性」が一致し、「これに従い認識主体には行為主体の叡知的な現実存在が属する」との見解を示している（vgl. Martin, a. a. O., S. 206）。
10）この点については第五章の「はじめに」の箇所で、これまでの解釈史に触れながら言及するが、近年『オプス・ポストゥムム』が多くのカント研究者たちの関心の的になっていることについては、1991年にはじめて『オプス・ポストゥムム』の研究論文のみからなる『移行（Übergang）』と題された著作が出版されたこともその証左となるであろう。Vgl. Übergang : Untersuchungen zum Spätwerk Immanuel Kants, herausgegeben vom Forum für Philosophie Bad Homburg, Frankfurt a. M., 1991.
11）本書を執筆するにあたってカウルバッハの文献をいくつか参照したが、なかでも次の文献が筆者にとってはとりわけ示唆的であった。F. Kaulbach, Kants Theorie des Handelns, in : H. Lenk（Hrsg.), Handlungstheorien interdisziplinär II（Handlungserklärungen und philosophische Handlungsinterpretation 2. Halbband), München, 1979.
12）註8）参照。
13）M. Wundt, Kant als Metaphysiker : Ein Beitrag zur Geschichte der deutschen Philosophie im 18. Jahrhundert, Stuttgart, 1924（Hildesheim, 1984）.
14）D. Henrich, Hutcheson und Kant, in : Kant-Studien Bd. 49, Berlin, 1957, S. 69.
15）H. Knittermeyer, Von der klassischen zur kritischen Transzendentalphilosophie, in : Kant-Studien Bd. 45, Köln, 1953, S. 124.

第一章
カントにおける対象と主体
―― 超越論的対象と超越論的主体という二つの X の観点から ――

第一章　カントにおける対象と主体

はじめに

　『純粋理性批判』（以下『第一批判』と記す）において、カントはしばしば「X」という言い回しを使っている。その『第一批判』では「超越論的対象（der transzendentale Gegenstand）＝ X」（vgl. A109）といった具合に、その多くが「超越論的対象（超越論的客観）」との連関において用いられている。しかし「X」という語は「客観」や「対象」だけではなく、「主体」を指すときにも用いられる。例えば、「純粋理性の誤謬推論」において「思考の超越論的主体（ein transzendentales Subjekt）＝ X」（vgl. A346/B404）と言われているのもその一例である。

　ところで、「X」という語をカントは、『活力測定考』、あるいは『論理学』等いくつかの著作で物理学や論理学と関連させつつ用いているが、『第一批判』で「X」という言い回しをする場合、ほぼ例外なく、我々にとって認識不可能で未知（unbekannt）であるものという特別な意味を担わせている。[1]先にあったように「超越論的対象」と「超越論的主体」が「X」と言われるのも、まさに両者が「未知」とされるためである。しかも、『第一批判』を繙けば分かるように、「超越論的対象」と同じく「未知」であるとされる「物自体」や「可想体（Noumenon）」に関しては「X」という言葉をカントは用いず、「超越論的対象」や「超越論的主体」に関してのみ用いていると言っても過言ではない。言い換えれば、カントは、「未知」であるものの中でも特に「超越論的対象」と「超越論的主体」が未知であり認識不可能であることを示すために、「X」という記号を用いているのである。本文で示すように、その際に留意すべきは、「超越論的対象」と「超越論的主体」が「相関概念」として用いられている点である。

　では、このように「X」という言葉で共に象徴的に言い表される「超越論的対象」と「超越論的主体」の両者は、はたしてまったく同等な意味において未

知であるのだろうか。あるいは、「主観（主体）」と「客観（対象）」というその存在様態の区別に鑑みて、そうではないのであろうか。このことを究明するのが本章の最終的な目的である。

　この問題を究明するために、本章では次のような手続きをとる。第一節「超越論的対象と超越論的主体」において「超越論的対象」と「超越論的主体」が共に未知であることを主に『第一批判』の該当箇所から確認したうえで、両者の特質を析出する。次に第二節「自己触発」においては、「超越論的対象」による触発について言及し、「超越論的主体」も内的触発（自己触発（Selbstaffektion））という仕方で触発に関わるという事実を指摘する。そして自己触発の内実を明らかにすることによって、後の考察にとって重要な手がかりを得る。ここまでが第二節の役割である。そして第三節では「超越論的主体」の認識可能性について論究する。

第一節　超越論的対象と超越論的主体

　「超越論的対象」は、本書の【序】で指摘した『第一批判』が書き換えられた箇所のうち、第一版の「演繹論」、「あらゆる対象一般を現象体と可想体に区別する根拠について」、および「純粋理性の誤謬推論」の箇所で特に集中的に論じられる。その第一版の「演繹論」においては「超越論的対象」は次のような文脈ではじめてとりあげられる。「認識に対応する、したがってまた、認識から区別された或る対象について語る場合に、一体ひとは何を理解しているのであろうか。容易に洞察し得るのは、この対象〔＝超越論的対象〕が或るもの一般＝Ｘとしてのみ思惟されねばならないということである。なぜなら、我々は、我々の認識の外には、この認識に対応するものとして対立させることができるようなものを何も持っていないからである」（A104）。さしあたって、この箇所から分かることは、超越論的対象が「或るもの一般＝Ｘ」と言われ、それが「我々の認識から区別され」、「我々の認識の外」に置かれている点である。

第一章　カントにおける対象と主体

我々の「認識の外」にあるということは、我々の認識の範囲外のものであり、要するに、「超越論的対象」が未知なるものであることが分かる。実際、この点に関して、対象を現象としての対象と叡知的な対象とに区別することの正当性を主張する「あらゆる対象一般を現象体と可想体に区別する根拠について」の箇所においても、カントは「私は、それ〔＝超越論的対象〕について、それ自身が何であるのかを知らない」（A253）と述べ、「超越論的対象」が認識不可能であることを強調している。さらに言えば、「超越論的感性論」でカントは「超越論的対象」についてほとんど言及していないが、第二版でも書き変えられず、そのまま採用された箇所で「超越論的客観は我々には未知なままにとどまる」（A46/B63）と述べている。同じく第一版と第二版に共通する箇所としては、「超越論的分析論」の最後を締め括る「反省概念の多義性について」の箇所でも次のような叙述がある。「超越論的客観とは〔……〕それが何であるかを我々がけっして理解しないであろう単なる或るものである」（A277/B333）。このように、超越論的対象は、まず第一に認識不可能な対象であり、未知な「或るもの」「X」とされる。これが超越論的対象の第一の性格である。

ではなぜ超越論的対象は「未知」とされるのであろうか。カントは次のように述べている。「さてしかし、このような現象は物自体そのものではなく、それら自身が再びその対象を持っている表象（Vorstellung）にすぎない、それゆえこの表象〔＝現象〕の対象は、我々によってもはや直観されることができず、したがって非経験的な（nichtempirisch）対象、すなわち超越論的対象＝Xと名づけられてよい」（A109）。この引用では「現象」と「物自体」の区別が語られた後、前者が「表象」と言われるが、「超越論的対象」は、その「表象の対象」、つまり「現象」の「対象」とされている。一般に表象とは、我々の意識からまったく独立に外に有る対象とは区別されるが、カントはここでその区別を念頭に置いている。すなわち、ここでカントは、「現象」を「表象」とすることで、「現象」を「物自体」からまず区別する。そして次にその「表象の対象」を「超越論的対象」と呼ぶことにより、超越論的対象が未知であるとしている。周知の通り、カント哲学においては「物自体」は認識不可能であり、我々

第一節　超越論的対象と超越論的主体

に認識可能であるのは「現象」のみである。超越論的対象が、その現象の更なる対象として現象から区別されたものであるかぎり、超越論的対象が未知であるのは論理的に必然的な帰結であるだろう。しかし、超越論的対象が未知である根拠について検討している我々にとって上の引用でとりわけ重要なことは、超越論的対象が未知である理由が「もはや直観されることができない」と明確に主張されている点である。このことから「表象の対象」としての超越論的対象は、「直観不可能」であるという理由によって未知であると言える。そもそも「人間的認識の二つの幹（zwei Stämme）」（A15/B29）、すなわち、「直観」の能力である「感性」と「思惟」する能力である「悟性」のうちのいずれか一方でも欠けた場合には、認識が成立しないとするのがカントの認識論の根本前提である。このことを勘案すれば、超越論的対象が直観不可能とされる以上、超越論的対象が認識不可能であることは当然と言えよう。

　このように、超越論的対象は直観不可能であるために未知であるとされるが、他方、悟性や思惟との関係においては、超越論的対象は次のような性格を持つことになる。「悟性は、対象自体そのもの（Gegenstand an sich selbst）を思惟するが、現象の原因である（したがって、それ自身現象でない）超越論的客観としてのみ思惟する」（A288/B344）。超越論的対象が「現象の原因」と言われる意味は後で考察するとして、この引用でカントは、超越論的対象について直観されはしないが、少なくとも思惟することは可能であると述べている。あるいは、同じことであるが、或る『レフレクシオーン』には次のような叙述がある。「現象に対応している超越論的客観、あるいはまた各々の客観は、それが悟性概念によって表象されうるかぎり、可想体としか呼ばれえない」（Refl. 5554 XVIII 230）。ここでカントは「超越論的対象」を「可想体」と言いつつ、それが「悟性概念」によって表象されるとしている。悟性は思惟する能力であるから、この引用からも超越論的対象が思惟の対象であることが読みとれる。

　ちなみに前段落の『レフレクシオーン』においてカントは、「超越論的客観〔＝超越論的対象〕」を「可想体」と言い換えているが、「超越論的対象」と「可想体」はしばしば同義的に用いられる（vgl. A358）。そして「可想体」という語は、

21

第一章　カントにおける対象と主体

ギリシア語の「思考する」を意味する νοεῖν に由来し（現在分詞の受動形）、直訳すれば「思惟されるもの」である。それゆえ、『第一批判』では「可想体の概念」は、「（もっぱら純粋悟性によって）思惟されるべき物の概念」(A254/B310)、「単に悟性によって思惟された対象」(B306) とされ、「純粋思惟の対象、すなわち可想体」(A287/B343) とも言い換えられている。あるいは、「第一版」のカントの自家用本には、「あらゆる対象一般を現象体と可想体に区別する根拠について」の A235 に関する書き込みとして「我々は可想体を思惟することしかできず、認識することはできない」との叙述があるとされる (Nach. KrV XXIII 34)。また『形而上学講義 K_3』でも「可想体」と「思惟する能力」に関して、「可想体」は「悟性の対象」と端的に述べられている (vgl. MK_3 XXVIII 821)。そもそも「物自体」や「理念」がそうであるように、論理的に矛盾しなければ、我々は或るものを直観できないとしても、思惟することは可能である。このような意味において「超越論的対象」は「可想体」とされ、直観不可能であるとしても、思惟可能な対象である。

　これまで述べてきたのは、「超越論的対象」についてであるが、もう一方の「X」と形容される「超越論的主体」に関しては「純粋理性の誤謬推論」において次のような叙述がある。「私 (Ich) という表象について、『それは概念である』とはけっして言えない。むしろ、それはあらゆる概念に伴う単なる意識である。ところで、思惟するところのこのような『私』、あるいは『彼』、もしくは『それ』（事物）によっては、思考 (Gedanken) の超越論的主体 = X 以外の何ものも表象されない」(A346/B404)。また「純粋理性のアンチノミー」の或る箇所でもカントは「本来的自己」を「超越論的主体」と言い換えつつ、それを「我々には未知な存在者」と述べており (vgl. A492/B520)、これらの引用から超越論的主体も超越論的対象と同様、我々にとっては未知であることが分かる。そしてその根拠について言えば、超越論的主体が未知で「X」とされるのは、「超越論的主体」が「それ自身内容に関してはまったく空虚な (leer) 表象」(A345f./B404) であり、要するに、感性的直観の多様を欠いた表象であるからである。事実、この引用と同じ「純粋理性の誤謬推論」で「超越論的対象」と

いう言葉を使いつつ、実際には「超越論的主体」も含意していると考えられる箇所でカントは次のように述べている。「超越論的対象〔＝超越論的主体〕は、内的直観に関しても外的直観に関しても同様に未知である」(A372)。ここで言われているように、「超越論的主体」が未知であるのは、「超越論的対象」と同じく、それが直観され得ないことによる。

　これまでの考察からさしあたって、「超越論的対象」と「超越論的主体」は共に未知なる対象であり、しかもその理由に関しては、有限的である我々人間主体がそれらを直観することができないからであると言える。

　さてしかしながら、「超越論的対象」と「超越論的主体」の両者は、これまで究明してきたように「未知」であるとしても、ネガティヴなものにとどまるのではなく、それらは同時に「現象」との関係において「認識」に「客観的実在性」を与える「根拠」であるという重要な役割を担っている。このことに関して、まず「超越論的対象」について確認しよう。

　「この超越論的対象（これは、実にあらゆる我々の認識において常に一様 (immer einerlei) ＝ X である）という純粋概念は、あらゆる我々の経験的概念一般に対象との関係を、すなわち客観的実在性を付与することができるものである」(A109)。このようにカントは「超越論的対象」を我々が対象に関係する際に「客観的実在性」を保証する根拠と考えている。そして我々にとって認識可能な対象は現象としての対象であるから、ここで「超越論的対象」によって客観的実在性が付与されるのは、現象としての対象ということになるであろう。それゆえ、カントは「現象の根底に存している超越論的客観」(A613/B641) と言い、その超越論的対象を「現象一般の単に叡知的な原因 (die bloß intelligibele Ursache)」(A494/B522) とするのである。

　カントによれば、現象という概念には、常に現象ではない何らかのものが対応し、そもそも現象ではない何らかのものが存在しないなら、現象という概念自体が成立せず、現象について語ることは不合理であるとされる。実際、「超越論的対象」と「現象」との関係を説明する際に、カントは次のように述べている。「現象一般という概念からまた当然のことながら、現象にはそれ自体現

象ではない或るものが対応しなければならないということが帰結する。なぜなら、現象はそれ自身では無であり、我々の表象の仕方以外の何ものでもあり得ないからである。したがって果てしない循環が生ずるべきでないとすれば、現象という語は、すでに〔……〕感性から独立した対象でなければならない或るものへの関係を示しているからである」(A251f.)。このようにカントに従えば、現象が単に我々の表象の仕方であるかぎり、しかもそれが単なる表象の戯れとしての悪しき意味での単なる主観的表象ではなく、対象としての統一を持ち、客観的実在性を持つものであるかぎり、表象である現象は自らの支えを自分以外の何らかのものに求めざるを得ない。「現象」は「超越論的客観に対応する（gemäß）」(A494/B523) ものであり、「現象」と「超越論的対象」の両者は関係概念なのである。

しかし、ここで上のようなカントの考えに対して、一つの批判が生じてくるように思われる。すなわち、上のように或る対象が現象として我々に現れるために、現象ならざるものを想定することこそ、むしろ不合理ではないか、という批判である。言い換えれば、或る対象が現象であるためには、再び現象にその根拠を求めてもよいのではないか。

実際、現象の根拠を現象ならざるもののうちに求めたことは、ヤコービの「物自体」に関する有名な批判にも通ずるものである。すなわち、ヤコービは「あの前提〔＝物自体〕なしには、〔カントの〕体系へと入ることはできず、あの前提と共にはその体系のうちに留まることはできない[4]」とカント哲学が孕む或る種の困難を鋭く指摘するが、この批判はカントの「超越論的観念論」が「観念論」であり、しかも表象である「現象」のみが我々に認識可能であるとするかぎり、現象以外の「物自体」や「超越論的対象」について我々は何一つ語ることは不可能であるという批判である[5]。

だが、むしろカントが「超越論的対象」について語る際に肝要なのは、カントが現象を「表象」としつつも、現象の客観的実在性を主張する点にある。すなわち、すでに述べたように現象とは表象であり、そのかぎり、それ自身だけでは客観的実在性を持たない。表象の根拠を表象である現象に求めるとすれば、

第一節　超越論的対象と超越論的主体

悪しき意味での主観的なものにとどまるという疑念を払拭できない。その意味で、先に引用したA251f.において、カントは「現象」に再びその根拠を求めると「循環」が生じると言っているのである。言い換えれば、表象である現象が再び表象である現象にその客観的実在性の根拠に求めることは、いわば、無限背進を引き起こし、結局、現象は悪しき意味での主観的表象にとどまるという虞を払拭できないことになる。つまり、現象の実在性は保証され得ない。

それゆえ、カントは「超越論的対象」と「現象」との関係について、すでに引用した『レフレクシオーン』において次のように述べている。「可想体は、本来、常に一様であるもの（allerwerts Einerley）、つまり感性的直観の超越論的客観を意味する。しかし、この超越論的客観はいかなる実在的客観、あるいは与えられた物ではなく、それへの関係において現象が統一を持つ概念である。なぜなら我々はこの或るものの現象しか知らないにせよ、現象にはやはり何らかの或るものが対応しなければならないからである」（Refl. 5554 XVIII 230）。ここで端的に書かれているように、現象が現象として「統一」を持ち、客観的実在性を持つかぎり、現象は「超越論的対象」という現象ならざる対象へと関係せざるを得ない。いわば、超越論的対象は現象の客観性を保証する根拠としての役割を果たすのある。それだからこそ、カントは「表象の非感性的（nichtsinnlich）原因」（vgl. A494/B522）として「現象の根底に存している超越論的客観」（A613/B641）を想定し、「超越論的客観」を「我々に未知なる、現象の根拠」（A380）とするのである。カントが現象を常に何らかの現象ならざる「或るもの」との対応関係において捉え、しかも「超越論的対象」を現象の客観的実在性の「根拠」としたのもこのためである。こうした意味で「超越論的対象」は、表象としての現象に客観的実在性を付与することができる対象である。

さて上に述べたように、超越論的対象は「現象の根拠」とされるわけだが、「認識が対象に従う」という従来の考えを反転させ、むしろ「対象」の方こそが「我々の認識に従う」とするコペルニクス的転回（vgl. BXVIf.）を遂行する超越論的哲学者カントにあっては「現象の根拠」が一方的に「超越論的対象」のみに帰

25

第一章　カントにおける対象と主体

せられることはできない。むしろ認識主体が感性によって与えられた多様を自発的に結合してゆく点にこそ、現象としての対象の対象性も存する。認識に客観的実在性を与えるのは、究極的に言えば、対象の側にあるのではなく、むしろ対象を構成してゆく主体の側になければならない。このことは、「ア・プリオリな直観の形式的制約〔＝空間と時間〕、構想力の綜合、そして超越論的統覚におけるこの綜合の必然的統一」を「可能的経験認識一般へと関係」させつつ、述べられる次のような有名な言葉に最もよく表現されている。「経験一般の可能性の制約は、同時に経験の対象の可能性の制約である」(A158/B197, vgl. A111, Refl. 5184 XVIII 111f.)。感性の形式と構想力のはたらき、それに統覚のはたらきが同時に対象の可能性の制約となるということは、これらの「はたらき」や「形式」によって対象が可能となることを意味する。

　それゆえ、究極的には我々認識主体の形式や活動が認識対象の対象性を保証すると考えるカントは「超越論的対象」ではなく、「超越論的主体」の側から「知覚」との関係を次のように述べている。「あらゆる表象を思考にする唯一のものは、意識であり、したがって我々の全ての知覚は超越論的主体としての意識のうちに見出されなければならない」(A350)。この引用で「我々の全ての知覚は超越論的主体としての意識のうちに見出されなければならない」と端的に言われているように、知覚を含めた我々の一切の表象は超越論的主体である意識へと関係づけられる。あるいは、「超越論的対象」を「統一」という主体のはたらきと関連させた次のような叙述がある。「表象に対応するあの X（対象）は、我々のあらゆる表象から区別された或るものであるべきであるという理由で（weil）、我々にとっては無であるがゆえに、この対象が必然的なものにする統一とは表象の多様の綜合における意識の形式的統一にほかならない」(A105)。「表象に対応する」、「表象から区別された或るもの」、「X」といった表現からも分かるように、この引用で問題にされているのが「超越論的対象」であることは明らかであろうが、ここでは「超越論的対象」が「意識の形式的統一」へと関係づけられ、「超越論的対象」のなす統一が「意識の形式的統一」そのものであると明言されている。そしてこの「意識の形式的統一」こそ認識

の可能性の制約である「超越論的統覚の統一」にほかならない。実際、この引用の次の段落では、「あらゆる必然性の根底には常に超越論的制約が存している。それゆえ、意識の統一の超越論的根拠は、あらゆる我々の直観の綜合において〔……〕見出されなければならず、この超越論的根拠がなければ、我々の直観にとって何らかの対象を思惟することは不可能であろう」と言われ、さらに次の段落では、「このような根源的で超越論的な制約は超越論的統覚にほかならない」（A106f.）と意識の統一の制約が超越論的統覚であることが明言される。このように「意識の形式的統一」である「超越論的統覚」が一切の必然性の、したがって一切の認識の必然性の制約としてある。それだからこそ、カントは超越論的統覚のはたらきを「全人間的認識における最上の原則」（B135）と形容し、それがいかに重要であるかを示そうとするのである。このように、我々の認識の必然性を保証する根拠として、カントは「超越論的対象」だけではなく、「超越論的主体」である「超越論的統覚」を考えている。

　それゆえまた「超越論的対象」と「超越論的統覚」との関係についてカントは、次のようにも言っている。超越論的対象という「我々がそれについてまったく知らない或るもの＝x」は「感性的直観における多様を統一するための統覚の統一の相関者（Correlatum）として役立ちうるにすぎない」（A250）。この引用においてカントは超越論的対象は統覚の統一の相関者として役立つに「すぎない」と明言している。言い換えれば、「超越論的対象」は統覚の統一の相関者である「かぎりにおいてのみ」現象の「超越論的根拠」となりうるのである。ここに前段落で述べたようなカント哲学における主体の優位・卓越性を看取することができるわけであるが、この引用における「相関者」という文言に特にアクセントを置いて読むことが許されるならば、超越論的統覚と超越論的対象の両者が呼応するところにはじめて対象に関する客観的認識が成立するとも言えるであろう。

　カントの認識論も認識と対象との一致を真理のメルクマールとするかぎり、我々の客観的認識は夢や妄想の類であってはならない。言い換えれば、単なる主観主義であってはならない。むしろコペルニクス的転回という「純粋理性の

実験（Experiment）」（B XXI Anm.）をカントが試みるのは現象に関する認識の客観的妥当性を確保するためである。その意味では超越論的主体と超越論的対象が共に現象の超越論的根拠として同じ地平のうえで機能したときにはじめて認識の客観性が成立すると言えるであろう。こうしたことから超越論的対象と超越論的主体が「相関的」であることも両者の特色のうちの一つに数えることができるであろう。

　以上のような考察を通して、我々は超越論的対象（超越論的客観）と超越論的主体（超越論的統覚）の特質を少なくとも三つ析出することができた。念のためにそれらを繰り返し述べると、まず第一に超越論的対象と超越論的主体は共に「直観不可能」なために「未知」で認識不可能であるということ、しかしながら、第二には両者は超越論的性格を有するかぎり、「現象の根拠」となりうるということ、そしてさらに第三には両者は「相関的」に捉えられるということ、これらの点が超越論的対象（超越論的客観）と超越論的主体（超越論的統覚）の共通の特質として挙げられる。

第二節　自己触発

　第一節において考察されたように、超越論的対象と超越論的主体は、未知であるにもかかわらず、否むしろそれだからこそ、「現象」の「根拠」であり「原因」となりうるのであった。このことから我々が触発理論に言及せねばならないことは、或る意味では当然のことと言えよう。そこで、以下ではカントの触発理論について考察してゆくことにするが、本章全体の最終的なテーマは「超越論的対象」と「超越論的主体」という二つのXの意味を確定することであり、カントの触発論そのものを論じることではない。つまり、カントが語る触発を「物自体による触発」や「超越論的対象による触発」、さらには「現象による触発」等々に分類し、それぞれの触発論について論じることではない。むしろ本章のテーマからすれば、ここでなすべきことは、何よりもまず「超越論的対象」[6]

第二節　自己触発

と「超越論的主体」による触発が実際に存在することをテクストにおいて確認することである。そのことを確認したうえで、「内的触発」、つまり「自己触発」とは何かを究明し、次節へと議論を繋げる。これが本節の役割であり、本節のおおまかな議論の流れであるが、後に述べるように通常我々が「触発」ということで念頭に置いているのは、外的対象による触発、すなわち「外的触発」であり、カント自身が述べているように「自己触発」という事態は概念としてはたしかに分かりにくい。それゆえ、考察に関係するかぎりで簡単にカントの触発論（一般的な意味での触発である外的触発）に言及することから論述を始めることにする。

　カントは「超越論的感性論」の第一段落において触発について次のように述べている。「直観は、我々に対象が与えられるかぎりにおいてのみ生じる。しかし、また対象が与えられることは、少なくとも我々人間にとっては、対象が心性（Gemüt）を或る種の仕方で触発することによってのみ可能である。我々が対象から触発される仕方を通じて表象を受け取る性能（Fähigkeit）（受容性（Rezeptivität））は感性と呼ばれる」（A19/B33）。あるいは『第一批判』以外では『プロレゴメナ』においても「感性的認識は、けっして物をあるがままに表象せず、単に物が我々の感官を触発する仕方を表象するにすぎない」（Prol. IV 290）と言われている。これらの引用からカントの言う触発とは「対象」や「物」が我々の「心性」や「感官」を触発することを意味し、カントの触発論における触発者と被触発者は、それぞれ「対象」ないしは「物」、「心性」ないしは「感官」であることがわかる。そして前者の引用箇所の冒頭では「我々に対象が与えられる」ことが問題となっており、同じ引用の感性を受容性と定義する際には、我々が「表象を受け取る能力」と言われている。この「与えられる」とか「受け取る」という表現と「心性」または「感官」が「対象」や「物」によって触発されることを勘案すると、ここでの「対象」や「物」は我々の外に存する外的対象であり、ここで言われている事態は、我々の外にある何らかの「対象」や「物」が我々を触発することが分かる。

　しかし先の引用箇所では触発するものは、単に「物」ないしは「対象」とだ

29

第一章 カントにおける対象と主体

け言われており、我々を外から、いわば外的に触発するものであるとしても、具体的にそれが何であるかについては明言されていない。そこでもう少しカントの言葉を聞くことにしよう。

例えば、『プロレゴメナ』において「我々の感性は、感性にとってそれ自体未知であり、あの現象からまったく区別されている対象から、感性に固有の仕方で動かされる（gerührt werden）」（Prol. IV 318）という表現が見られる。この箇所では「触発」という事態が「動かされる」という言葉で語られているが、ここで「触発するもの」は漠然とした「物」や「対象」というわけではなく、現象から区別された「未知」な「対象」とされ、触発者は先の引用箇所より限定されている。[8]

『第一批判』においてカントが現象による触発について語っていると思われる箇所がないわけではないが、カントの触発論において触発する対象は、多くの場合、「物自体」などの「未知」なる対象である。実際、『プロレゴメナ』では「物自体による触発」が次のような仕方ではっきりと述べられる。「我々の外にある、我々の感官の対象としての物が我々に与えられているのであるが、しかしながら物それ自体が何であるかということについて我々は何も知らない、かえって我々はそれらの現象を知るにすぎない、すなわち、それら〔＝物それ自体〕が我々の感官を触発することによって、我々の内に惹き起こす（in uns wirken）表象を知るにすぎないのである」（Prol. IV 289）。ここでは、我々にとって認識可能であるのは我々に知られざる物自体の現れであることと物自体が我々を触発することによってその表象としての現象が我々のうちに生じるという触発のメカニズムが端的に述べられている。

しかし「物自体」による触発だけではなく、『第一批判』の第一版において「未知」なる対象の中でも特に「超越論的対象」による触発が次のように語られている。「外的な現象の根底に存しており、我々の感官を触発するような或るもの」、「この或るものが可想体（より適切には超越論的対象）と見なされるならば、それは同時に思考の主体でもあり得るだろう」（A358）。この箇所ではまず「可想体」と「超越論的対象」が同一視され、「より適切には」という言い

第二節　自己触発

回しでもって「我々の感官を触発する」対象が「超越論的対象」であると言われている。[9] このことから超越論的対象による触発という事態についてカントが実際に述べていることが確認されよう。またその「超越論的対象」が「外的な現象の根底に存している」という表現から、超越論的対象は外的な対象と考えられ、超越論的対象による触発が、さしあたって前段落で指摘した触発と同じく、外的触発として述べられていることが分かる。しかしさらに注目すべきであるのは、この引用の最後の箇所において我々の感官は外的な超越論的対象によって触発されるばかりでなく、「思考の主体」によっても触発されると明言されていることである。このことから我々の感官は、超越論的対象によって外的に触発されるだけでなく、「内感（innerer Sinn）の超越論的対象」である「思惟する自我」（A361）によって触発されることが明らかとなる。[10] そして思惟する自我、超越論的主体は、我々自身であり、我々の外にあるものではないから、超越論的主体が触発者となる場合には、我々は「内から」触発されることになる。ここに我々は『第一批判』の第一版にも「内的触発」を意味する「自己触発」の思想を或る程度看取することができる。しかし、自己触発の理論が詳細に開陳されるのは、『第一批判』の第二版においてである。

　その第二版で自己触発が最初に語られるのは、本書全体の【序】で指摘した「超越論的感性論」の追加箇所であるが、そこで自己触発について次のように言われている。「直観の形式は、何らかのものが心性の内に定立されないかぎり、何ものをも表象しないがゆえに、その直観の形式は、心性が自己自身の活動性によって、すなわち、自らの表象のこのような定立作用（Setzen）によって、したがって自己自身によって触発される（durch sich selbst affiziert werden）仕方より他の何ものかではあり得ない。すなわち、それはその形式からすれば内感より他の何ものかではあり得ない」（B67f.）。「自己自身によって触発される」という言い方から明らかなように、ここで問題になっているのは、我々の「外にある対象」によって触発されることではなく、むしろ自己が自己自身によって触発される「自己触発」であり、我々自身が「内から」触発されることである。この場合、「単に外感が触発されるのみならず、内感も触発されるのであり、

31

しかも外感によって触発されるのではない」と考えねばならない。[11]

　それにしても、自己が自己自身を触発するとは、一体いかなることを意味しているのであろうか。このような問いを発せざるをえないのは、すでに指摘したように、そもそも触発という概念それ自身に、外的なものによる触発という意味が含まれているために、自己触発などという事態そのものが不自然で奇異にさえ思えてくるからである。事実、カントも次のように言っている。「つまり我々が我々自身を直観するのは内的に触発されるようにであるが、このことは、我々が我々自身に対して受動的な (leidend) 態度をとらねばならないので、矛盾しているように見える」(B153)。ここで言われているように、触発するものが、もし外的対象であれば、我々が触発者である外的対象に対して受動的な態度をとるというのは極めて自然なことであろう。しかし、自己自身によって触発される内的触発の場合は、まさに自己自身に対して受動的な態度をとることになるので、語法的にも事象的にも或る種の理解しがたさを含んでいると考えられる。[12]あるいは同じことであるが、「超越論的感性論」において自己触発について言及した際にもカントは次のように言っている。「この場合、一切の困難が基づいているのは、主体がいかにして自己自身を内的に直観することができるかということにすぎない。しかしながら、この困難はどの理論にも共通である」(B68)。このように、カント自身も自己触発にまつわる或る種の困難をたしかに認めている。内的に触発される自己触発の場合、通常我々が考える外的対象による触発の場合とはまったく異なるものと考えられるので、ひとが自己触発という概念に或る種の困難を覚えるのは、むしろ無理からぬことであろう。

　だが、このように言いつつも、カントはその一方で「自己触発」について次のようにも述べている。「内感が我々自身によって触発されることに、ひとがなぜそれほど困難を見出し得るのかが私には分からない」(B156 Anm.)。この箇所で、カントは我々の内で自己触発が事象的に起こっていることを注意作用を例にとり説明しているが (vgl. B156f. Anm.)、さらにカントは自己触発が必要な所以については次のような説明を与えている。「自己自身の意識（統覚）は、

第二節　自己触発

自我の単純な表象であって、もし仮に、これだけによって一切の多様が主体の内に自己活動的に（selbsttätig）与えられるとすれば、内的直観は知性的になるであろう。〔だが〕人間の場合、この意識は、主体の内に前もって与えられる多様についての内的知覚を必要とする。そしてこの多様が自発性抜きにして心性に与えられる仕方は、このような〔知的直観との〕区別のために、感性と呼ばれねばならない」（B68）。ここで言われているように、自己意識（統覚）は、直観の多様を「自己活動的」に「与える」ことはできない。なぜなら「悟性は、我々人間の場合、それ自身いかなる直観の能力でもない」（B153）からである。

ヴォルフのように感性と悟性の違いを単なる判明性の度合いの違いに置くのではなく、むしろそれらをまったく別の認識能力として峻別するカントの場合、悟性が直観することはあり得ない。思惟することが同時に直観的であり、多様を自発的に産み出すことは、おそらく神のみに許されることであろうから、「根源的直観（intuitus originarius）」（B72）と言われる。これに対して我々の直観は、思惟することによって自ら多様を産出することはできず、常に対象からの「触発」を受けることによって多様を受け取ることができるにすぎない有限的な存在者の直観であり、「派生的直観（intuitus derivativus）」（ibid.）と言われる。人間に許されているのは、知的直観ではなく、「受容性」に基づく感性的直観のみである。したがって「悟性は、たとえ直観が感性において与えられていたとしても、いわば自分自身の直観の多様を結合するように、それを自己自身の内へと取り入れる（aufnehmen）ことはできない」（B153）。人間の悟性は、それ自身では多様を産出することはできず、「自分自身のものとして」最初から多様を自己自身の中に持っているわけではないのである。だからこそ有限な人間的悟性は、そのうちに多様を含んでいる内感を触発し、多様の綜合統一を行わなくてはならないのである。「それゆえ悟性は、内感のうちにすでにこのような多様の結合を見出すのではなく、内感を触発することによって、この多様の結合を産出する（hervorbringen）」（B155）と言われるのもこのためである。

また逆に自己触発を、触発される感性（内感）の方から言えば、「内感は直観の単なる形式を含むが、直観における多様を結合することはなく、したがっ

ていかなる規定された直観もまだ含んでいない」(B154)とされる。表象を受け取るのみで、概念的規定を受けないまま、それを放置するならば、表象はいまだ混沌としたものにすぎないであろう。だからこそ、それを一定の対象にまで形成するためには、規定作用を行う自発的な悟性（統覚）から触発というはたらきを受けねばならないのである。自己触発の必然性が説かれるのもこうした感性と悟性の根本的区別のためであり、結局は我々の有限性に起因する。

カントは自己触発を触発の一種として語っているが、上のような事情を考えれば、G. モーアが指摘するように、この場合の「触発は規定と同義」であって、規定作用にほかならない。[14] 実際カントは、悟性と内感の関係について、我々の直観が知的直観ではなく、感性的直観にしかすぎないことを強調した文脈で次のように言っている。「自発性としての悟性は、与えられた表象の多様を通じて統覚の綜合的統一に従って内感を規定することができる」(B150)。このことからもカントの統覚（悟性）による内感（感性）への触発を意味する自己触発は、実際には悟性による内感への規定作用であることが分かるであろう。

上に述べたように、有限的な悟性による感性へのはたらきかけが自己触発にほかならないわけであるが、この自己触発は実際には構想力のはたらきに関係し、その内実は多様の綜合的統一という認識の成立過程からすれば、「綜合」にあたる。感性と悟性は「人間的認識の二つの幹」とされ、両者は厳格に区別されるが、しかしその一方で感性と悟性の共働によってはじめて認識は可能なものとなる。ここに二つの異質な能力を「媒介」する「第三」の認識能力の必要性が説かれるわけであるが、この能力こそ「構想力」にほかならない。[15] 構想力が感性と悟性を媒介することができるのは、構想力が悟性概念に対応する「直観」を与えうるという主観的制約に関しては「感性に属し」、「自発性」を「行使」するという点からは悟性と同種的であるという側面を持つからであるが (vgl. B151f.)、構想力は認識のプロセスにおいても両者の中間に位置する。すなわち、構想力は、多様の綜合的統一において、それによって「多様」が我々に与えられることになる「感性」と、その多様を「統一」する狭義の「悟性」（超越論的統覚）との中間に位置し、認識のプロセスにおいては多様の綜合統一の

第二節　自己触発

うち、「綜合」のはたらきを受け持つものである。

　そして、悟性から感性へのはたらきかけを意味するのが自己触発であった。このことからも自己触発に構想力のはたらきが大いに関係していることが或る程度推察されるであろう。また『第一批判』のカテゴリーの「超越論的演繹」において「自己触発」が「構想力の超越論的綜合」を説明した直後に述べられており（vgl. B151ff.）、このことからも自己触発がいかに構想力との関わりが深いかが分かるであろう。実際、カントははっきりと次のように言っている。「それゆえ、悟性は、構想力の超越論的綜合の名のもとに、悟性がその能力であるところの受動的主体へとはたらきを及ぼすのであるが、このはたらきに関して、内感が悟性によって触発されると我々が言うのは当然である」（B153f.）。このように多様を自発的に産出することができない有限的な人間悟性（統覚）が、己自身の内に多様を有する内感にはたらきかけ、それを構想力による超越論的綜合の名のもとに規定してゆくはたらきが自己触発の内実にほかならない。

　しかしまた自己触発は、認識の成立過程においては「綜合」のはたらきにあたり、「超越論的演繹」の意図からすれば、客観的認識の成立の一環として語られるとしても、それが自己触発と言われるかぎり、自己触発は経験的自己（内感）と悟性的自己との自己関係という点からも捉えられる。このことは前段落の引用で悟性の「受動的主体」へのはたらきかけが自己触発と言われていたことからも明らかである。そもそも「内感」とは、「それを介して心性が自己自身または自らの内的状態を直観する」ところのものであり（vgl. A22/B37）、カントは内感の対象を「我々自身と我々の状態」と言い換えている（vgl. A38/B55）。また、その形式である時間との関係で言えば、「時間とは内感の形式、すなわち、我々自身と我々の内的状態を直観する形式にほかならない」（A33/B49）とされ、時間は「客体としての我々自身を表象する仕方」（A37/B54）であると言われる。このことからも明らかなように、内感とは最も一般的に言えば、我々や我々自身を直観する或る種の能力であり、「内的に自己を直観する能力（Vermögen der inneren Selbstanschauung）」である。しかるに「内感」は「経験的統覚」と同一視され、常に変転して止まない「自己」とされる（vgl.

35

A107)。

　それゆえ、超越論的統覚が内感にはたらきかけ、内感を規定することである自己触発は、まさに自己触発として、能動的な悟性的自我（統覚）が「受動的主体」としての感性的自己を規定することをも意味している。実際、『形而上学の進歩に関する懸賞論文』において「感性的な自我が、知覚を意識の内に取り入れるために知性的な自我によって規定される」ことが、自己触発であると言われている（vgl. FM XX 270）。自己触発はこうした自己関係を形成し、自己触発によって或る種の自己認識がもたらされることになる。

　ただしここで我々が十分注意しなければならないのは、自己触発によって認識される自己とは、触発する自我ではないということである。我々人間は、自己を単に経験的に認識し得るにすぎないのであって、自己自身を現象として認識するにとどまる。それゆえ、先の『形而上学の進歩に関する懸賞論文』でも統覚と内感についてカントは次のように述べている。「主体としての自我」、すなわち「統覚の主体」、「論理的な自我」については、「それがどのような存在者であるか、また、どのような本性（Naturbeschaffenheit）をしているか、それ以上認識することは絶対に不可能である」。これに対して「知覚の主体」、「経験的意識としての心理学的自我」である「客体としての自我」は、「様々な〔仕方で〕認識可能である」（vgl. FM XX 270）。このように我々にとって認識可能なのは、触発する自我ではなく、触発される経験的自我である[18]。

　カントは自己認識理論を展開するにあたって、自己触発によって認識される自己が単に現象としての自己にすぎないと主張するが、このことは「内的触発」としての「自己触発」を「外的触発」との類比において捉えるというカントの考えから説明することができる[19]。外的触発と内的触発が類比的であることについて、カントは『第一批判』において次のように述べている。「我々は、外感の規定を空間において秩序づけるのとまさしく同様な仕方で〔この箇所の強調は引用者〕、内感の規定を時間において現象として秩序づけねばならない、したがって、外感について我々が外的に触発されるかぎりにおいてのみ、我々は外感を通じて客観を認識するにすぎないことを容認するならば、我々は内感に

ついてもまた、我々が我々自身から内的に触発されるように、内感を通じて我々自身を直観するにすぎないことを、すなわち、我々は内感に関して我々自身の主体を現象として認識するにすぎないのであって、主体それ自身であるところのものに従って認識するのではないことを是認しなければならない」(B156)。

「超越論的感性論」の叙述から明らかなように、触発によって我々に与えられるのは、物自体としての対象ではなく、現象としての対象であり、我々に直観可能であり認識可能な対象は現象における対象である。それゆえ、我々が外的に触発される場合、直観され認識されうる対象は、外的現象となるが、我々が内的に触発される場合には、これと同様に我々に直観され認識されるのはあるがままの自己としての「我々自体」ではなく、現象における客体としての自己となる。だから、内的触発においては「規定する自己（das bestimmende Selbst）の意識」ではなく、「規定されうる自己（das bestimmbare Selbst）の意識、すなわち、私の内的直観の意識のみ」が「客体」(B407) と言われ、規定される自我（内感）のみが認識可能となるのである。[20]

このように内的触発によって知られるのは、あくまで内的直観の意識（経験的意識）、つまり、観察される客体としての自己である。しかしこのことは、裏を返せば、内感を規定する意識（超越論的意識）は、まさに触発を惹き起こす原因として未知なるもの「X」にとどまることを意味していると言えよう。超越論的対象が超越論的主体の「相関者」であり、内的触発を、外的触発と「類比的」に捉えるかぎり、外的に触発するものが未知であるがゆえに、内的触発を惹き起こす主体もまた、未知なるものとされねばならない。

第三節　超越論的主体の認識可能性

我々は第一節において、超越論的対象と超越論的主体の特質を明らかにしたが、そのうちの第一の特徴をここで再確認すると、両者は共に未知なる「X」であるということであった。また触発の議論を通じても、超越論的対象と超越

論的主体が、それぞれ外的触発者、内的触発者として類比的に捉えられるかぎり、両者が共に未知であることに変わりはないように思われる。しかしながら、内的触発の場合、外的触発と違って、超越論的主体がほかならぬ自己自身を触発するのであるから、外的触発者としての超越論的対象が「未知」であると言われる場合と、たとえ言葉は同じであっても、「未知」という意味が異なってくるのではないだろうか。

　ハイムゼートは、この点について「カント哲学における人格性の意識と物自体」と題した論文の中で、内的触発は「外的触発と厳密に類比的である」と言いつつも、次のように述べている。「しかし、もちろん両者には区別がある。この場合〔＝内的触発における自己把握の場合〕、触発するものは、現象の『背後（hinter）』に求められるのではなく、『規定しつつある』、つまり、自己を触発しつつある主体の内に、（たとえ『未規定である』にせよ）現実的に体験（erleben）されているのである」。つまりハイムゼートは、内的および外的な二種類の触発に関して或る種の類比構造を認めつつも、内的触発者が主体に対して、直接的で自明である点で外的触発との間に根本的な差異があると主張するのである。ハイムゼートは、このような直接性を別の箇所で「特殊な仕方の知」とも言い換えている。要するに、ハイムゼートは、外的触発者が原理的に未知であるのに対して内的触発者の場合は、特殊な仕方であれ、認識可能であると考えているのである。

　ハイムゼートのこうした見解はたしかに瞠目に値する。しかし、むしろここで問題にされるべきことは、触発者が内的に触発する場合、それが特殊な知という様態であれ、何らかの意味で主体が我々に知られるという「知」と超越論的主体は「未知」であるというカントの文言が、いかにして折り合えるのかということであろう。結論から言えば、このことは、理論的には断念された自発的な自我の自己認識が実践的には可能であると解することによって理解可能なものになると言える。そしてそれは合理的心理学が主張するような実体的自己認識を否定することを媒介して行われる。そこで我々は、以下でひとまず「純粋理性の誤謬推論」に考察を移し、超越論的主体が「未知」である理由を再検

第三節　超越論的主体の認識可能性

討することにするが、実体的自己認識の否定の構造に関する詳しい解明は、次章（とりわけ第二節「実体的自我の超克」）に譲ることにする。むしろ以下の考察で重要なことは、主体に関するカントの基本的な立場を確認しながら、一つの暫定的結論を出すことであり、そのことによって第二章以降の議論に或る程度の方向性を与えることである。その意味で本章の以下の考察は重要である。

　『第一批判』の「純粋理性の誤謬推論」において、カントが実体的自己認識を否定したことはよく知られている。またカントの批判の鋒先が特殊形而上学の一部門であった「合理的心理学」が掲げる推論に向けられており、そこでのカントの批判は、魂を実体とする合理的心理学の推論が「言明形式の詭弁〔＝媒概念多義の虚偽〕（sophisma figurae dictionis）」（A402, vgl. B411）を犯している点にあることもよく知られた事実であろう。しかしカントが合理的心理学の主張を批判するのにはさらに次のようなカントの認識論的前提がある。すなわち、「対象を思惟することと対象を認識することは同じではない」（B146）という前提である。この言葉のうちには、我々人間にとっては対象を認識するためには、単に思惟するはたらきのみでは不十分であることが表現されている。カントに従えば「内容無き思考は空虚（leer）」（A51/B75）であり、思惟のみによっては客観的認識は——もちろんその一方で「概念無き直観は盲目（blind）」（ibid.）であるので、直観のみによる対象の認識もまた——不可能である。むしろ、思惟する能力である悟性が「構想力の産物」である「図式（Schema）」（vgl. A140/B179）を介し、感性的直観の多様を綜合するという仕方で感性と関係することによってはじめて客観的認識が成立する。それゆえ「純粋カテゴリー（そしてこれらの中に実体のカテゴリーも含まれるのであるが）は、それらの根底に直観が存していない場合には、それ自身いかなる客観的意義も持っていない」（A348f.）と言わねばならない。

　しかるに、合理的心理学の掲げる推論の小前提における思惟する主体は、「主体の論理的統一」（A356）、自己直観による多様を欠いた「思惟における統一」（B422）である。それゆえ、この思惟する主体は認識され得ない。「一切の内的現象の超越論的主体それ自身は、現象ではなく、それゆえ対象としては与えら

れず、したがって、いかなるカテゴリーも〔……〕超越論的主体へと自らを適用する制約を見出さない」（A478f. Anm./B506f. Anm.）と言われるのもまさにこのためである。思惟する主体を「実体」や「単純な実体」等々として認識しようとし、カテゴリーをそれへと適用することは現象へと制限されたカテゴリーの使用の範囲を超えることになる。

　ちなみに、このことは超越論的主体のみならず、客観としての超越論的対象の場合にももちろん当てはまる。超越論的対象が、思惟可能であるにもかかわらず、「内的直観に関しても外的直観に関しても同様に未知」（A372）であるとされたのも、結局は超越論的対象にカテゴリーを「適用」することができないためである。いずれにせよ、カテゴリーの適用が不可能であるという理由で、思惟する主体は「我々にとっては、経験的に未知である超越論的主体」（A545/B573）とされ、「或るもの一般（超越論的主体）」（A355）にとどまらざるを得ない。

　それゆえカントは、第二版の「誤謬推論」の最後に「合理的心理学から宇宙論への移り行き（Übergang）に関する一般的注解」という箇所を設け、それまでの議論を総括しつつ、次のように述べている。「思惟する自己は、〔……〕自らを可想体として認識するためにも、自らの論理的機能を実体や原因等々のカテゴリーとして使用する制約を、経験的直観に求めなければならないであろう。しかし、このこと〔＝自らを可想体として認識すること〕は不可能である。というのも内的経験的直観は感性的であり、現象の所与として以外は何ものも手渡さないし、現象は純粋意識の客体をその分離された現実存在として知るためには何も与えはせず、むしろもっぱら経験のために役立ちうるにすぎないからである」（B430）。ここでもやはり、思惟する自己（あるいは思惟する自我）を可想体として認識することは、我々の直観の性質から不可能とされている。このような誤謬推論に関する総括的叙述を見ると、「思考の超越論的主体」が「X」（A346/B404）であり、「未知」であることが決定的になったかのように見える。

　だが、客体としての超越論的対象＝Xが認識不可能なことを力説するカントも、少なくとも主体についてはその認識の可能性を断念するわけではない。

第三節　超越論的主体の認識可能性

むしろカントは主体に関してはその認識の余地を見出そうとしているように思われる。

　実際、『第一批判』の「純粋理性のアンチノミー」の批判的解決を試みた際、カントは次のように述べている。「しかしながら、通常は（sonst）、もっぱら全自然を感官を通じて知るにすぎない人間は、単なる統覚を通じても自己自身を認識する、しかも感官の印象に帰することがまったくできないような内的規定と行為において自分自身を認識する。そして人間は、もちろん一方では、それ自身現象体（Phänomen）であるが、他方では、つまり或る種の能力に関しては単に叡知的な対象（ein bloß intelligibeler Gegenstand）である。というのも人間の行為はけっして感性の受容性に数え入れられることはできないからである。我々はこの能力を悟性および理性と名づける〔強調は引用者〕」（A546f./B574f.）。ここでカントは、通常とは違った自己認識の在り方を示唆している。すでに前節で考察したように、我々の通常の自己認識は内感によって経験的に自己自身を認識することであり、つまり「現象」や「現象体」として自己を認識することを意味する。それゆえ、この箇所での通常ではない自己認識とは、「叡知的な対象」、これまで考察してきた言葉で言えば「可想体」「超越論的主体」として自己を知るということになろう。この箇所においてカントは、あるがままの自己である叡知的な超越論的対象としての主体の認識を認めているのである。

　しかしこのような発言は、一見すると、カントの公式見解からすれば矛盾しているように見え、そのことによってカント自身が「誤謬推論」に陥っているのではないか、という疑念を抱かせるようにさえ思われる。すでに見たように思惟する主体の認識が不可能であると言っているのは、ほかならぬカント自身だからである。

　ではカントはここで自己矛盾に陥っているのだろうか。結論を先取りすれば、けっしてそうではない。だからこそカントは通常でない認識の在り方を示唆しているのである。ペイトンは、カント哲学の曖昧さやカント哲学がこれまで矛盾していると多くの批判を受けてきた最大の要因を、その「語法」のうちにあると指摘しているが、通常ではないという限定を付けているとはいえ、や

はり「統覚」のみによって「自己自身」を「認識する」という文言があるこの箇所もそれにあたるであろう。では我々はこの文言をいかに解釈すればよいのであろうか。特に「通常ではない」という認識をいかに解釈すればよいのでろうか。[24)]

　このことを正しく捉えるための鍵は、実は先に引用した「合理的心理学から宇宙論への移り行きに関する一般的注解」のB430の後の箇所にある。すでに引用したB430の引用箇所でカントは、それまでの合理的心理学の議論を総括しつつ、可想体としての自己認識を否定していたのであるが、カントは、その後、aber という逆接を用いつつ段落を変え、次のように開陳している。「しかし、我々自身の現存在（Dasein）に関して我々をまったくア・プリオリに立法的な（gesetzgebend）ものとして、そしてこのような現実存在（Existenz）をも自ら規定するものとして前提するきっかけ（Veranlassung）が、経験においてではなく、（単に論理的な規則ではなくて、むしろ）純粋理性使用の或る種の法則、〔しかも〕我々の現実存在に関してア・プリオリに確立している法則において、後に（in der Folge）見出されるであろうならば（gesetzt）、このことによって、我々の現実性がそれによって規定されうるであろうような自発性が発見されるであろう。〔しかも〕その規定のためには経験的な直観の制約を必要としないのである」(B430)。文が長いうえに構造が複雑なため文意も難解であるので、この引用で述べられていることを、まず筆者なりにまとめれば、我々自身の在り方に関して自らをア・プリオリに立法的なものと見なすことを我々に許すようなきっかけが、もし純粋な理性使用の法則において与えられるならば、そのときには感性的な経験的直観を必要としなくとも、我々の現存在を規定する、つまりは我々自身を認識するような或る自発性が発見されてしかるべきである、ということになるであろう。

　筆者の読みに従えば、ここでのポイントは、まず第一に、カントが「純粋な理性使用」を認めており、そして第二に、そうした理性使用に関わる「法則」があり、しかも第三に、そのうちで「或る自発性」が顕わになるということである。またその自発性こそ、「我々の現存在」を経験的な直観に関わらないよ

うな仕方で規定・認識するもの、つまり我々自身を経験的とは異なる仕方で規定・認識するものと考えられている。

　ここに指摘した三つの概念がそれぞれ何であるかは、経験的なものに関わらない或る種の「自発性」という言葉から或る程度、察しがつくであろうが、これらの事柄は本書全体の議論にとって重要であると思われるので詳しく見ておきたい。なお、ここでは便宜上、カントの引用から上に挙げた順序とは逆に、「自発性」、「法則」、「純粋な理性使用」の順に考察する。

　さてこの場合の自発性が具体的にはどのような自発性であるかについて言えば、それは「絶対的自発性」の「能力」としての「超越論的自由」にほかならない。というのもすでに見たように、今論じている箇所が「合理的心理学から宇宙論への移り行きに関する一般的注解」という表題をしており、「合理的宇宙論」において重要な問題として取り扱われるのが「超越論的自由」であるからである。しかもまさに今問題となっているB430の引用箇所で、「後に（in der Folge）」という言葉が見出された。その表題と合理的宇宙論で開陳されている自発性の内実から考えて、この自発性は、「後に」「第三アンチノミー」で問題にされる「超越論的自由」を指すものと考えられよう。実際、そもそも問題の発端となった「統覚のみ」による「自己認識」という主張が述べられているのは、「普遍的な自然必然性と結合された自由の宇宙論的理念の解明」（A542/B570）という表題が付けられた箇所においてである。

　次に、そうした自発性が発見される或る種の「法則」が何であるかと言えば、それは「道徳法則」あるいは（有限的な人間存在にとっては断言的に命令してくる）「定言命法」である。このB430の箇所だけでは、この「法則」が何であるかは判然としないが、カントは次のパラグラフでこの点に関して次のように言っている。「というのもあの驚嘆すべき（bewunderungswürdig）能力――道徳法則の意識が私にこの能力をはじめて顕わにするのであるが――によって、たしかに私は私の現実存在を規定する純粋に知性的である原理を持つのである」（B431）。この引用でも或る種の「能力」によって自らの現実存在を規定することができると言われている。このことから分かるように、この引用の内容

は我々が考察している B430 の箇所とまったく同じことを言っていると考えられる。だとすれば、B430 の法則とは「道徳法則」にほかならないと考えられる。[25]

　このように当該の法則が「道徳法則」であることを考えると、今問題となっている「純粋な理性使用」とは「理論的な理性使用」ではなく、「実践的な理性使用」を意味することになるであろう。また自己認識が不可能な所以が思惟する主体へのカテゴリーの適用が不可能な点にあることを確認した我々にとっては、もしカテゴリーが主体へと実践的に適用されるとすれば、実践的自己認識を是認することができるであろう。実際、カントは、「カテゴリーの実践的使用」に言及しつつ、次のように言っている。「しかるに私はやはりこれらの〔悟性〕概念を、実践的使用に関して〔……〕理論的使用におけるのと類比的な意味に従って、自由と自由の主体へと適用する権能を得る（auf die Freiheit und das Subjekt derselben anzuwenden befugt sein）であろう〔強調は引用者〕」(B431)。この引用からも分かるように、カントが「純粋な理性使用」ということで念頭に置いているのは、具体的には「カテゴリーの実践的使用」のことである。我々はカテゴリーを理論的に適用するのとは異なった実践的な仕方で驚くべき自発性の能力を有した主体へと適用し、こうした主体を実践的に認識するのである。

　しかし翻って、仮にカテゴリーの実践的使用があるとしても、それが超感性的な使用であるかぎり、やはり我々にとっては越権行為となるのではないだろうか。この点については『第一批判』では明確には述べられていないが、『実践理性批判』（以下『第二批判』と記す）において述べられている。『第二批判』において「純粋理性が実践的使用において、思弁的使用においてだけでは可能でない拡張をする権能について」(KpV V 50ff.) というまさにカテゴリーの実践的使用について言及する箇所で、カントはカテゴリーの理論的使用と対比させつつ、カテゴリーの実践的使用について述べている。それによれば、超感性的なものへとカテゴリーを適用することを、たとえ「一切の思弁において無効なものと『純粋理性批判』が宣言した」(KpV V 50) としても、それは「理論的ではなく、実践的見地」(KpV V 54) からすれば可能であるとされる。その

第三節　超越論的主体の認識可能性

理由としてカントは、カテゴリーの実践的使用とは「あれらの概念〔＝カテゴリー〕について、思弁的理性が必要とする使用とは別の使用」(KpV V 5f.)であり、その場合カテゴリーは意志を規定するという「実践的目的(Behuf)」(vgl. KpV V 54)のためだけに使用されるからであると言っている。意志を規定するカテゴリーの実践的使用は、対象を規定するカテゴリーの理論的使用とはまったく別の使用であり、「まったく別の使用へと移行」(KpV V 7)することが可能であるがゆえに、理論的には適用できなかったカテゴリーを実践的には超感性的なものへと適用できるとするのがカントの主張である。このようにカテゴリーの使用の意図・観点を区別することにより、カントは理論的には不可能であったカテゴリーの超感性的なものへの適用が可能であり、二つの使用の間の矛盾を回避しようとする。

　『第一批判』においてカントはカテゴリーの使用と共に自己認識に関しても「我々の自己認識を実りなき熱狂的な(überschwenglich)思弁から、実り豊かな実践的使用へと向けかえる」(B421)と「実践的自己認識」への可能性を示唆している[26]。さらに『第二批判』においても、理論的自己認識の不可能性とカテゴリーの実践的使用の内実を明らかにしつつ、次のように言っている。カテゴリーが超感性的なものに関わる場合には、「カテゴリーは常に諸々の叡知者(Intelligenzen)としての存在者にのみ関わり、そしてこれらの存在者〔＝叡知者〕においても理性の意志に対する関係を持つのみであり、したがって、常に実践的なものにのみ関わるのであり、それを超えてさらに〔叡知者としての〕これらの存在者を認識すると僣称するのではない」(KpV V 56f.)。ここでもカテゴリーを超感性的なものに適用すると言っても、叡知者を含めた超感性的なものをけっして「理論的に認識する」わけでは「ない」(KpV V 56)ことが強調され、カテゴリーの使用を実践という意志規定に関わる使用へと向け変えることによって、我々は叡知者を実践的になら認識可能であることが述べられている。

　このようにカテゴリーの使用を意図から区別することによって、カテゴリーは実践的使用として超感性的なものにも適用可能と考えられるのであるが、一切の実践的目的は、カントに従えば、最高の実践的法則、つまり道徳法則に帰

45

着するであろう。だから、たとえ理論的には不可能であるにせよ、「理性そのものは、最高で無条件的な実践的法則と、この法則を自覚している存在者（我々自身の人格）によって、自分を純粋悟性界に属すものとして〔……〕認識する〔強調は引用者〕」(KpV V 106)とカントは主張するのである。

上の引用で「最高で無条件的な実践的法則」が実践的自己認識にとって不可欠となることが述べられているが、理論的には未知である超越論的な主体が「道徳法則の意識」(B431)を通じて自己認識を達成するというカントの哲学的プログラムは、『人間学』の「補遺（Ergänzungen）」においてより明確に主張されている。そこでカントは、統覚と内感の区別（ちなみに、この区別こそ「自己触発」においては重要であったのであるが）を強調し、統覚をあるがままの自我としたうえで、次のように言っている。「人間がそれ自身であるところの性質に従って自己自身を認識することは、いかなる内的経験によっても獲得されえないし、人間についての自然的知見（Naturkunde）からも生じない。かえってその認識は唯々、定言的な義務の命法（Pflichtimperativ）を通じて、それゆえ最高の実践理性を通じてのみ人間に知られる自由の自覚（Bewußtseyn seiner Freyheit）である」(Anthr. VII 399)。このように経験的性質や自然的知見からは不可能であった、あるがままの自己自身の認識は、定言的命法によって可能となる自由の自覚として成就される。先に統覚的自我は「或る種の能力に関しては単に叡知的な対象」(A546/B574)とされたが、その統覚は、内感によって得られる自然的知見によってではなく、道徳法則を通じて自らを自由な存在者として認識するのである。このように解釈することによってのみ、理論哲学においては認識不可能とされた超越論的な主体は認識可能と考えることができるであろう。

むすびにかえて

　二つの未知なるもの＝Xを巡る議論を通じて、本章において明らかにした事柄を総括すると、およそ以下のようになる。超越論的対象・超越論的客体と超越論的主体・超越論的統覚が未知とされるのは「感性的直観」の多様が与えられない点にあったが、超越論的対象と超越論的主体は共に「現象の根拠」とされ、「超越論的対象」が「統覚の相関者」とされたように、超越論的対象と超越論的主体が「相関的」である点にとりわけ二つのXの特徴があった。しかし、両者が「相関的」であり、カントが超越論的対象を「外的触発者」として、超越論的主体を「内的触発者」として、二種類の触発を「類比的」に考えているとしても、「自己認識」という観点から超越論的主体が「未知」であることの意味を考察してゆくと、超越論的主体は「理論的見地」においては、たしかに「未知」であるが、少なくとも「実践的見地」からすれば、「自由な主体」として認識される余地があることがカントの哲学的プログラムから浮き彫りにされた。
　ただし、本章で筆者が行った解釈は、字句にあまりにも拘泥しすぎ、単にカントのテクストを言葉のうえで辻褄を合わせたにすぎないようにも見える、という批判が場合によってはあるかもしれない。そこで、本章第三節でカントの自我論を究明する際に重要であると指摘した「道徳法則」や「自由」（「絶対的自発性」としての「超越論的自由」）と「自我」との連関を、第二章と第三章においても引き続き究明するが、特にそれぞれの第三節では可能なかぎり、事象に即しつつ、カントの主体概念に関する考察を行うつもりである。
　このうち第二章では、本章の結論とも言える「実践的自己認識」に関して、まさにカントの「自己認識理論」を手がかりに、本章では言及できなかった前批判期のカントの自我論を批判期の自我論と対照させつつ、カントの自我論の特質を浮き彫りにすることをめざしたい。

第一章　カントにおける対象と主体

註 ─────────────────────

1）カント哲学における「X（x）」という語用法は、(i)「論理学」や「物理学」との連関で「アルファベット記号」として用いられる場合と (ii)「未知なるもの」を表す場合とに大別できる。

(i) の用例は、カントの処女作『活力測定考』、『物理的単子論』や『論理学』に見られるが、この場合の X は単なる記号であると考えられ、未知であるというニュアンスはないと考えられる（vgl. z. B. Lebend. Kräfte I 54, Monad. I 482, Log. IX 108, 111）。なお付言すれば、この用例では全て小文字の x となっている。「未知なるもの」を表す場合にも x を使っている箇所が『第一批判』にもあるので、必ずしも厳密な区別はないかもしれないが、カントの生前に公刊された著作が収められているアカデミー版第 1 巻から第 9 巻において、節番号等の表記を除けば、大文字の X が用いられているのは、筆者が知るかぎり『第一批判』のみである。

(ii) に関しては、本文で示すように「超越論的対象」と「超越論的主体」に関して「X」が用いられる場合がほとんどであるが、これ以外でも『第一批判』の「序論」で「分析判断と綜合判断の区別について」述べる際に、カントは「X」という言葉を何度か使用している（vgl. A8, A9, B13）。周知の通り、「分析判断」とは、主語のうちにすでに述語の内容が含まれている判断であり、「綜合判断」とは主語のうちに述語の内容が含まれていない判断である。そしてカントが「X」について言及するのは、上述の主語－述語の関係から「綜合判断」を特徴づける場合である。このうち、特に「A という概念〔＝主語概念〕の外に、A とは異なっている述語を悟性が見出すと信ずる場合に、悟性が自らの拠り所とする X」(A9) と第一版で言われる箇所などは、第二版ではこれに「未知なるもの（das Unbekannte）」という語が付け加えられ、「未知なるもの＝ x」とされる（vgl. B13）。

また『第一批判』以外では、『プロレゴメナ』の中にこの用例がある。その箇所では「神の内にある未知なるもの＝ x (das Unbekannte in Gott = x)」(Prol. IV 358 Anm.) となっており、この場合もやはり「x」という語は「未知なるもの」に関連している。その意味では、この (ii) の語法にこそ「X（x）」の独特の意味があると言えよう。

2）実際、「可想体」が矛盾した概念ではない点ついて、カントは、それが「蓋然的概念」、すなわち「その実在性をいかなる仕方でも認識することはできないが、けっして矛盾を含まない」概念である点から説明している（A254/B310, vgl. A286f./B343）。なお本文で「理念」を例に出したが、『第一批判』では「理念」のうち「自由」が蓋然的である点については第三章第一節で論じる。あわせて参照されたい。

3）超越論的主体が超越論的対象の一種であり、カントが前者を後者の意味で用いることがあることはフィンドレイも指摘するところである。Cf. J. N. Findlay, Kant and the Transcendental Object : A Hermeneutic Study, New York, 1981, p. 3. 実際、「超越論的客観（自我）」といった表現も残っている（vgl. Nach. KrV XXIII 38）。

4）F. H. Jacobi, David Hume über den Glauben, oder Idealismus und Realismus. Beylage. Ueber den transscendentalen Idealismus, in : Werke Bd. II, hrsg. von Friedrich Roth und Friedrich Köppen, Darmstadt, 1968, S. 304.

5）ヤコービのこの有名なカント批判の箇所は「物自体」に対するものであるが、実際にヤコービの著作を読むと、その前後の叙述はむしろ「超越論的対象」に関するものである。このことからヤコービは「超越論的対象」と「物自体」が共に表象である現象ではないという点から両者を同一視していると考えられる（vgl. Jacobi, a. a. O., S. 302）。いずれにしろ、ヤコービの批判の要点は、カントの哲学的立場が超越論的観念論であり、それが表象としての現象のみが認識可能である観念論であるかぎり、現象以外の対象については何も語ることができないのではないかという点にある（vgl. Jacobi, a. a. O., insbesondere S. 307f.）。

6）本文で述べたように、本章のテーマは、共に未知とされる「超越論的対象」と「超越論的主体」の異同を、主観－客観の関係を手がかりに明らかにすることであるから、カント哲学における触発論そのものについて本文で紙幅を割くことは、議論が微妙に脇にそれることになる。そこで長くはなるが、カントの触発論に関して外的触発という点に特に留意しつつ、この註で言及する。

　カントは様々な箇所で触発について語っているが、「外的対象」による触発は、およそ以下の三つに大別されると考えられる。すなわち（ⅰ）物自体による触発、（ⅱ）超越論的対象による触発、そして（ⅲ）現象による経験的触発の三つである。

　このうち（ⅱ）については本文で言及するので割愛するが、（ⅲ）の現象による経験的触発は、第一版の「超越論的感性論」で述べられている。それに当たるのが「色は物体の直観に属するが、それは物体の性質ではなく、むしろ光によって或る種の仕方で触発された視覚感官の変様（Modifikationen des Sinnes des Gesichts）にすぎない」（A28）と言われる箇所である。この場合、触発するものは、物自体でも超越論的対象でもなく、「光」であり、その光によって視覚の器官である「目」が触発され、結果的に何らかの「色」という「感覚」が我々の内に生じることになる。物自体や超越論的対象ではなく、光という現象によって触発されるので、これは経験的触発と言えるであろう。

　こうした経験的触発は『第一批判』ではほとんど述べられていないが、後に『オプス・ポストゥムム』（特に第10束、第11束、第7束）において「現象の対象」、「感官の対象」あるいは「経験的直観の対象」による触発というかたちで述べられる。例えば、「感官の直観のこのような形式〔＝空間と時間〕は、しかし物自体そのものとしてではなく、現象として対象を表象するにすぎない。なぜなら我々は現象としての

第一章　カントにおける対象と主体

対象を直観するためには、その現象としての対象によって触発されねばならないからである」(OP VII. Conv. XXII 115f.)。「空間は私の外にある直観の対象ではない。そうではなく主体が感官の対象によって触発されるかぎりでの感官の対象の直観そのものである」(OP VII. Conv. XXII 10)、あるいは「主体は経験的直観の対象によって触発される」(OP X. Conv. XXII 386) といった叙述が散見される。

しかしいわゆる、批判期の著作ではこうした現象による経験的触発についてカントが語ることは稀であり、むしろカントの触発理論の多くは未知なる対象による触発である。

(i) 本文で引用した箇所以外でも「物自体による触発」が語られている。例えば、カントは『プロレゴメナ』において「現象の根底には物自体そのものが存している」と述べた後、「物がそれ自体でいかなる性質をしているのか」は知りえず、我々が知ることのできるのは「その現象、すなわち、この未知な或るものによって我々の感官が触発される仕方のみ」であると述べている (Prol. IV 314f.)。また『人倫の形而上学の基礎づけ』においても「物自体はけっして我々には知られることはできず、かえって我々に知ることができるのは常に、いかにして物自体が我々を触発するのかということにすぎないから、我々は物自体にそれ以上接近することはできないし、物がそれ自体で何であるのかをけっして知ることはできない」(GMS IV 451) との叙述があり、物自体が触発する対象と明言される。

しかるに『第一批判』の「超越論的感性論」では物自体による触発について必ずしも明確な仕方では語ってはいない。「対象」が「我々」ないし「心性」を触発するという叙述に着目すれば、触発する対象が何であるかを限定しない用法ばかりがむしろ目につく。「対象が或る種の仕方で我々の心性を触発する」(A19/B33)、「我々が対象から触発される仕方によって」(A19/B33)、「我々が対象から触発されるかぎり」(A19/B34, A35/B51)、「対象から触発される主体の受容性」(A26/B42)、「対象から触発されるであろうように」(A26/B42) 等々と言った具合である。「超越論的感性論」の叙述は明らかに「物自体」と「現象」の対比によって議論が進められており、このことを勘案すれば、カントが物自体による触発を念頭に議論を進めていることは間違いない。しかし如上のカントの言い回しを見るかぎり、むしろ意識的に触発する対象が物自体であると明言するのを避けているようにさえ見える。カント自身も、本文で言及したヤコービによるような批判があることを事前に察知していたのかもしれない。

しかし、本文ですでに見たように、カントに言わせれば、現象に現象ならざる物が対応しないことこそ不合理なことであり (A251, vgl. B XXVIf.)、その意味ではカント哲学において物自体と物自体による触発を否定することはできないであろう。ちなみに、『オプス・ポストゥムム』では「物自体」が「X」と言い換えられ、「触発する客体はXである (Das afficirende Object ist =X)」(OP VII. Conv. XXII 36) と物自

体が明確に触発する対象とされる。主観を超えた（外にある）物自体がカントの生涯にわたって自明のものであったことはアディケスが力説するところであり（vgl. E. Adickes, Kant und das Ding an sich, Berlin, 1924, S. 4)、アディケスは「触発する原因としての物自体」という解釈を展開している（vgl. Adickes, a. a. O., S. 28ff.）。またアディケスは「現象による経験的触発」と「物自体による触発」という二つの触発の説明原理として、いわゆる二重触発説（物自体による自我自体への触発と経験的対象（現象）による経験的自我への触発）を採っているが、これはおそらく、「感官や経験的直観の対象」による触発と「物自体」による触発の二つの触発が『オプス・ポストゥムム』に明瞭に看取されるからであろう。ここでは割愛するが、アディケスの二重触発説については次の箇所を参照のこと（vgl. Kants Lehre von der doppelten Affektion unseres Ich als Schlüssel zu seiner Erkenntnistheorie, Tübingen, 1929, S. 3f., S. 46ff.）。

7）この引用の「少なくとも我々人間にとって」は、第二版での追加である。
なお本書では Gemüt に「心性」という訳語を充てた。カントは Gemüt を「心（animus）」と言い換えているが（Anthr. VII 399, vgl. Organ XII 32 Anm.）、カントの場合、能力（しかも感性・悟性の認識能力はもとより、欲求能力〔意志〕や感情を含めた）に関係させられる（vgl. KU V 198）。ファイヒンガーによれば、「魂（Seele〔= anima〕)」という語が形而上学的ニュアンスを持っており、これを避けるために、カントは好んでニュートラルな Gemüt という表現を用いたとされる（vgl. H. Vaihinger, Kommentar zu Kants Kritik der reinen Vernunft, Bd. II ; herausgegeben von Raymund Schmidt, Neudruck der 2. Auflage, Aalen, 1922 (1970), S. 9f.）。Gemüt を「心」と訳出している邦訳書もあるが、Gemüt が能力と関係させられることと魂から区別するために、やや不自然ではあるが、本書では「心性」という言葉を用いる。

また Gemüt と同様に、訳語上の問題がある Fähigkeit に関しては、「性能」と訳出した。「悟性」や「理性」といった「自発性」を本質とする能力を形容する際にカントが好んで用いる Vermögen と区別するためである。「直観の能力（Vermögen der Anschauung）」(A68/B92) や「直観能力（Anschauungsvermögen）」(A494/B522, B309) といったように、直観や「感性」に関しても「能力」という言葉が用いられこともあるが（vgl. MK₃ XXVIII 824)、その場合でもカントは感性に特有の受容的契機を念頭に置いていると考えられる。実際、「感性」をまさに「受容性の能力（Vermögen der Receptivität）」と言っている叙述がある（vgl. Entdeckung VIII 218）。性能とは「受容性の能力」と解して頂きたい。なお、付言すれば、カントは自発性の能力である（特に）悟性から区別する際に、上述の Rezeptivität、あるいは感受性（Empfänglichkeit）という言葉を使うが（vgl. B129)、こうした語法を踏襲するのはバウム

第一章　カントにおける対象と主体

ガルテンからの影響が大きいであろう。実体の状態に関してではあるが、バウムガルテンは能動性を表す場合に facultas、受動性を表す場合に receptivitas という語を用いており、前者をドイツ語で Vermögen、後者を Faehigkeit, Empfaenglichkeit と言い換えている（cf. A. G. Baumgarten, Metaphysica (Editio VII, 1779), Hildesheim, 1982, § 216 p. 65）。そしてまさにこの用法がカントの『人間学』に見られる（vgl. Anthr. VII 140）。

8）rühren と affizieren がほぼ同義であると推察されることについては、『コリンズの人間学講義』の次の箇所を参照（Anthr. Collins XXV 31 Anm. 5）。ちなみに、ファイヒンガーもコメンタールで rühren と affizieren をほぼ同義に解しているが、ファイヒンガーによれば、カントの時代に rühren や affizieren と言われたものは、今の言い方では Reiz や reizen に当たるとされる（vgl. Vaihinger, a. a. O., Bd. I, S. 175）。

9）カント哲学において「未知なる対象」には「物自体」、「超越論的対象」そして「可想体」が考えられるが、本文にも示したように「超越論的対象」と「可想体」はしばしば同一視される。また「物自体そのもの（超越論的客観）」(A366) といった具合に、「物自体」と「超越論的対象」を同義とする叙述がある。さらには「可想体」と「物自体」を同一視する場合することもある（A259/B315, vgl. A254/B310, A256/B312, Prol. IV 312, 315）。これらのうち特に「物自体」と「超越論的対象」は共に「触発者」として語られるために、両者を同一のものとしてよいかどうかという問題が従来からある。この問題に関しては牧野英二氏の詳細かつ卓越した研究（『カント純粋理性批判の研究』、法政大学出版局、1989 年）があり、多大な示唆（特に先行研究に関する）を受けたが、大きくは「物自体」と「超越論的対象」を区別しない立場と条件付きで同じ（したがって或る観点からすれば明確に区別される）と見なす立場に分けられ、「意識から超越的」な「物自体」から「超越論的対象」を区別するのかどうかが争点になっている。

　超越論的対象と物自体を同一視または区別する根拠や両概念の体系的位置づけ関しては様々であるが、両者を区別しない見解を採るのは、H. コーエンや E. カッシーラー、N. K. スミスなどが挙げられる。これに対して後者の立場を採るのは、H. J. ペイトン、H. ヘリング、H. E. アリソン、H. ザイドル、そして牧野英二氏である。

　コーエンとカッシーラーの見解についてはここでは割愛するが（vgl. H. Cohen, Kants Theorie der Erfahrung, Neudruck der 4. Aufl., Berlin, 1925 (Kyoto, 1970), S. 474f. Vgl. E Cassirer, Das Erkenntnisproblem in der Philosophie und Wissenschaft der neueren Zeit, Zweiter Band, 3. Aufl., Berlin, 1922, S. 742, S. 749）、前者の立場の代表としては、スミスの名を挙げることができ、後者の立場には、スミスを批判したペイトンをまず挙げることができる。スミスはファイヒンガーのいわゆる「パッチワーク・セオリー（つぎはぎ細工説）」を支持し（パッチワーク・セオリーについては、H.

Vaihinger, Die Transcendentale Deduktion der Kategorien, Halle, 1902, S. 30 – 35 を特に参照)、「超越論的対象」が第二版の「超越論的演繹」の箇所では削除されること等を論拠に「超越論的対象」という概念を「非批判的（un-Critical）」な考え、「前批判期、あるいは半批判期の残余物（pre-Critical or semi-Critical survival）」と見なしている（cf. N. K. Smith, A Commentary to Kant's "Critique of Pure Reason", London, 1923, p. 204)。つまり、スミスは「超越論的対象」という概念自体に対してネガティヴな評価しか与えようとはせず、しかも「超越論的対象」を一義的に解していると言える。

これに対して、『第一批判』を「統一を持った一つの著作（a unitary work）」と見なし（H. J. Paton, Kant's Metaphysic of Experience : A Commentary on the First Half of the 'Kritik der reinen Vernunft', London / New York, 1936, vol. 1, p. 54)、『第一批判』の解釈の基本姿勢からもスミスとは異なるペイトンに従えば、例えば、A366, A277f./B333f., A288/B344 等の箇所は、超越論的対象と物自体は同じと見なし得るが（cf. Paton, op. cit., p. 422)、第一版の「演繹論」の箇所では統覚の「必然的綜合統一の概念へと還元」（cf. Paton, op. cit., p. 424）され、この場合には、「超越論的対象」は「超越的」存在である「物自体」とは異なるとされる。

ペイトンが超越論的対象の二義性を指摘して以来、こうした解釈が現在では一般的なものとなっている。例えば、ザイドルは超越論的対象には「思惟の領域に属する」という意味での「観念的契機」と「主体における思惟にもはや還元されえない」という意味での「実在的契機」という二つの側面があることを強調している（vgl. H. Seidl, Bemerkungen zu Ding an sich und transzendentalem Gegenstand in Kants Kritik der reinen Vernunft, in : Kant-Studien Bd. 63, Berlin, 1972, S. 313, S. 311)。また「超越論的観念論」の本質が同一の事物を「二重のアスペクト」から見る点にあるとするヘリングは、超越論的対象の二義性を指摘したうえで「超越論的対象」には「現象と物自体との超越論的哲学的な区別をはじめて可能にするもの」という独特の機能があると指摘する（vgl. H. Herring, Das Problem der Affektion bei Kant : Die Frage nach der Gegebenheitsweise des Gegenstandes in der Kritik der reinen Vernunft und die Kant-Interpretation : Kant-Studien Ergänzungshefte Bd. 67, Köln, 1953, S. 83f.)。超越論的対象が二義的であることにはほとんど疑いはないとするアリソンも（cf. H. E. Allison, Kant's Concept of the Transcendental Object, in : Kant-Studien Bd. 59, Bonn, 1968, p. 166)、超越論的対象には物自体と同義である「我々の表象の原因（cause）」としての側面と物自体とは異なった「我々の表象の対象（object）」という二つ側面があるとの解釈を行っている（cf. Allison, op. cit., p. 172)。そしてアリソンは、こうした二義的な超越論的対象を、「それ自体（an sich）」と「我々にとっての（für uns）」超越論的対象とに区別している（cf. Allison, op. cit., p. 183)。

第一章　カントにおける対象と主体

　　これらの解釈のうちの多くは「超越論的分析論」の叙述に焦点を当ててなされたものである。これに対して、牧野氏は、超越論的対象が「『信』と『知』とを媒介するトランスフェノメナル（transphaenomenal）な性格を所有する」（牧野前掲書、98頁）との視座に立ち、従来の解釈を精緻に検討されたうえで、超越論的対象の体系的意義を明らかにしている。とりわけ意識的に「超越論的理想」にまで射程圏を広げ（牧野前掲書、191頁以下参照）、信と知の関係から超越論的対象について論じている点は牧野解釈の白眉であり、「超越論的対象」の解釈に新たな光を当てるものであると筆者は考えている。

　　本註の冒頭で指摘したように、カント自身が「物自体」と「超越論的対象」を同義と見なしている場合もあるので、この問題に関して一定の結論を出すためには、相当綿密な議論に基づいたうえで解釈をする必要がある。本書は、あくまで「X」と言われ「超越論的」と形容される対象に限定したうえでの考察であり、両者の異同を明らかにすることを目的としているわけではない。したがって、これらの解釈を検討することはできない。しかし、ただ一つ言えることは、「物自体」と「超越論的対象」そして「可想体」を含め、これら全てが未知であるとしても、カントは超越論的対象を、超越論的意識であり主体である超越論的統覚の「相関概念」とし、現象や経験に客観的実在性を付与する根拠と考えている。これに対して「物自体」と「可想体」は、各々原則としては「現象」と「現象体」という対象概念の対概念であり、「超越論的対象」のように明確に「統覚の相関者」として語られることはないと考えられる。主観−客観という図式の中で超越論的対象と超越論的主体を論じる筆者の意図はここにある。

10)　『人間学』においてカントは、外感に五つの感覚器官を（例えば、視覚＝目、味覚＝舌、等々を）対応させており（vgl. Anthr. VII 153ff.）、これと類比的に「魂とは内感の器官である（Organ des inneren Sinnes）」と述べているが（Anthr. VII 161）、本来的な意味ではペイトンも指摘するように、内感は特定の器官を指すわけではないと思われる（Paton, op. cit., vol. 1, p. 101. n. 5）。それゆえ本書では innerer Sinn を内官ではなく、「内感」と訳出した。ちなみに内感と外感との区別はロックから踏襲したものであろう。周知の通り、ロックは「観念」の「起源」を感覚〔作用〕（Sensation）と反省〔作用〕（Reflection）の二つに分け、後者を「考えること、疑うこと、知ること」さらには「意志すること」といった「我々自身の心の〔一切の〕はたらき（Operations）を知覚」する作用に関係させている。その際、ロックはこうした心のはたらきは、「外的客観と全く関わりがないので」本来「感官」と言えないが、それと似ているので外的客観（やその触発に）に関係する感官に比して「内感〔＝内的感官〕（internal Sense）」と名づけている（cf. J. Locke, An Essay concerning Human Understanding, ed. by P. H. Nidditch, Oxford, 1975, p. 105）。

11)　Cohen, a. a. O., S. 305.

12) 実際、ペイトンも自己触発に関する理解しにくさを認めており、その理由をカントが内感を「触発する」自己について語る場合、我々の感官を「触発する」物理的対象や物自体の場合と同じ意味で「触発」という言葉を使っていないことを指摘する（cf. Paton, op. cit., vol. 2, p. 388）。
13) 『ペーリッツの形而上学講義』の「経験的心理学」の箇所においてカントは、上級能力（das obere Vermögen）と下級能力（das untere Vermögen）の違いを明確にしている。それに従えば、下級認識能力と上級認識能力を区別するメルクマールは、「受動的（leidend）である」か、「活動的〔＝自発的〕（thätig）である」かどうか、あるいは同じことであるが「対象から触発されるかぎりで表象を持つ」か「我々自身から表象を持つ」かどうかであるとされる（vgl. ML₁ XXVIII 228）。カントによれば、ヴォルフやその他の人々によって感性と悟性（ここでは知性的な能力とされるが）の違いは認識の「判明性（Deutlichkeit）」の度合いのうちにあり、感性とは判明度の低い悟性とされてきたが、感性と悟性の違いは、そのような認識の「判明性」の度合いのうちに求められてはならず、そもそも両者は「その起源から」異なり、悟性的な判明性のみならず、感性的な判明性も存在するとされる（vgl. ML₁ XXVIII 229）。あるいはさらに言えば、『可感界と可想界の形式と原理』においてもヴォルフを名指で批判しつつ、感性的認識と悟性的認識はその判明性において異なるというものではなく、つまり、前者の認識は後者の混乱した認識ではなく、両者は起源のゆえに（ob originem）異なることがすでに述べられている（cf. Mund. II 395）。また『人間学』でもライプニッツとヴォルフの両者を同様な観点から批判している（vgl. Anthr. VII 140）。

ちなみにカントが感性と悟性を区別する際、『第一批判』でもライプニッツ－ヴォルフという言い回しをしているが（vgl. A44/B61, vgl. auch Entdeckung VIII 218）、ライプニッツは感性に判明な表象があることを認めないわけではない。たしかに、ライプニッツは感性と悟性をカントのように起源からは区別せず、『単子論』の49節で、各々の被造物の完全性の度合いについて語る際、「判明な観念」を完全性の高い被造物の「能動作用」に、「混乱した観念」を完全性の低い被造物の「受動作用」に帰している（G. W. Leibniz, Monadologie, in : Die philosophischen Schriften von Gottfried Wilhelm Leibniz 6, herausgegeben von C. I. Gerhardt, Hildesheim／New York, 1978, p. 615）。受動作用ということに着目し、これをカントの言う感性と解するとすれば、混乱した表象は受動性に帰せられるので、上で述べたカントの言うような批判が当てはまるかもしれない。しかし、例えば、『形而上学叙説』では、「明晰な観念」と「判明な観念」との区別について述べる際、ライプニッツは絵画や詩によって我々の内に起こる満足や不快の感情を例に、それが「判明な観念」であり得るとしている（cf. G. W. Leibniz, Discours de métaphysique, in : Die philosophischen Schriften von

第一章　カントにおける対象と主体

Gottfried Wilhelm Leibniz 4, herausgegeben von C. I. Gerhardt, Hildesheim / New York, 1978, p. 449)。よく知られているようにカントが上述の『ペーリッツの形而上学講義』を含め『形而上学講義』のテクストとして愛用したのは、バウムガルテンの『形而上学』であり、バウムガルテンが上級能力と下級能力に分けるのもヴォルフからの影響である。実際、ヴォルフは『経験的心理学』の54節と55節において、下級認識能力と上級認識能力をそれぞれ定義しているが、それによれば、「それを通じて曖昧で混乱した観念と想念を我々にもたらす認識能力の部分は、〔認識能力の中で〕より下級である」とされるのに対して、「それを通じて明晰な観念と想念を我々が獲得する認識能力の部分は、〔認識能力の中で〕より上級である」とされる (cf. Ch. Wolff, Psychologia empirica, edidit et curavit Joannes Ecole, Gesammelte Werke, 2. Abt. Lateinische Schriften, Bd. 5, Hildesheim, 1968, § 54, § 55 p. 33)。こうしたことを勘案すれば、判明な表象を上級能力に帰すことに対するカントの批判は、主としてヴォルフに向けられていると解するのが妥当であろう。

14) G. Mohr, Das sinnliche Ich: Innerer Sinn und Bewußtsein bei Kant, Würzburg, 1991, S. 161.

15) 周知の通り感性と悟性という「人間的認識の二つの幹」の「未知なる根」(vgl. A15/B29) を「超越論的構想力」と見なし、カント解釈において「構想力」のはたらきを重視するのがハイデガーである（vgl. M. Heidegger, Kant und das Problem der Metaphysik (Gesamtausgabe Bd. 3, hrsg. Friedrich-Wilhelm von Herrmann), Frankfurt a. M., 1991, S. 134ff.)。彼に従えば、「純粋直観と純粋思惟を超越論的構想力へと還元する（zurückführen）こと」(Heidegger, a. a. O., S. 138) がカントの意図を正しく汲み取った解釈であるとされる。ハイデガーが構想力に着目するのは、おそらく「時間規定」に関わる「図式」が超越論的構想力の産物とされるからにほかならないからであろうが、このような解釈は「時間」について強い関心を持っているハイデガー哲学の上ではじめて理解できるものと思われる。

　実際、カントが構想力を「二つの幹」に対する「根」と明言している箇所はどこにもない。しかも、感性と悟性が共働して一つの認識を作り上げてゆくことは確かだとしても、感性と悟性を一つの能力へと「還元する」ことは、感性と悟性を混交するヴォルフやバウムガルテンを批判するカントの考えからすれば（註13参照）、あり得ないはずである。カントが共通な「根」が何であるかを明かさず、敢えて「我々に未知」なものという謙抑的な態度をとるのもおそらくこのためであろう。

　ちなみにヘンリッヒは、この点について次のように述べている。「共通の根を明らかにするという課題は人間的認識の限界を超えるものである、という洞察の確信から『我々にとっては未知』ということが語られていることでもあり得よう」(D. Henrich, Über die Einheit der Subjektivität, in : Philosophische Rundschau : Eine

Vierteljahresschrift für philosophische Kritik（Hrsg. Hans-George Gadamer und Helmut Kuhn), Tübingen, 1955, S. 31)。それゆえ彼に従えば、この知られざる共通の根はハイデガーの言うように「構想力」であるわけではなく、ハイデガーの解釈は「カント自身の考えに的中していない」(Henrich, a. a. O., S. 47) とされる。ハイデガーのカント解釈は、たしかに独自性にあふれたものであり、その意味では他の追随を許さないが、その解釈は「存在への問い」という彼の哲学的関心から行われたものであろう。

16) Mohr, a. a. O., S. 67.
　　このように我々は内感を通じて「我々自身」や自らの「内的状態」を直観するのであるが、しかしながら、その対象が何であるかについては、必ずしも外感の場合のように一義的ではない。内感の対象は「魂」、「思惟する存在者」、「我々の考える主体」、「魂や心性の内的状態」、「現象としての主体」等々その表現は様々である。内感の対象の分類についてはモーアの前掲書の次の箇所を参照のこと。Vgl. Mohr, a. a. O., S. 67f.

17) 本文で述べたように、「内感」は経験的自己である「経験的統覚」とほぼ同一視される側面がある。内感と経験的統覚（経験的意識）の関係については、以下の箇所を参照のこと。Vgl. H. Ratke, Systematisches Handlexikon zu Kants Kritik der reinen Vernunft, Hamburg, 1991, S. 111f.

18) このような自己認識の在り方については、『人間学』の第四節の註もあわせて参照のこと（vgl. Anthr. VII 134 Anm.)。

19) ただし外的触発と内的触発には類比的でない側面もある。それは我々の認識の素材を与えるのは外的触発のみであり、内的触発は認識の素材そのものを我々に与えるわけではない点である。というのもカントの考えによれば、「我々の外にある諸物」こそが「我々の内感に対してさえも認識のための全素材を」与え（vgl. BXXXIX)、「外感」によって与えられる「諸表象」こそ「本来の素材」（vgl. B67) だからである。この点に関してはアリソンも指摘するところである (cf. Allison, Kant's Transcendental Idealism, New Haven / London, 1983, p. 266)。筆者もこの点を心得ているが、本書ではこの点について言及しなかった。むしろ、「自己認識」という点から、二つの触発が一方では類比的であるが、他方では類比的ではない側面を持つことを浮き彫りにするためである。

20) 叡知的な自我による感性的な自己への規定作用である「自己触発」、そして思惟する自我が自己自身にとって現象としてのみ現れ、自己自身と「同一」でありながら「区別」される、といういわゆる「内感のパラドックス」という事態は、理論哲学においてのみ問題にされるわけではない。それは実践哲学でも語られている。例えば、『第二批判』の「序文」においてカントは、およそ次のように述べている。人間主体が、

第一章　カントにおける対象と主体

　一方で「自らの経験的意識における現象体」であるにもかかわらず、他方ではその同じ主体が「自由の主体としての可想体」として思惟可能であるという事態は、まさに「逆説的な要求（paradoxe Forderung）」である（vgl. KpV V 6）。実践哲学においても同一の主体を経験的自己と純粋な自我という二重の意味に解し、両者を入念に区別することによってこの逆説・矛盾を氷解させようとするのがカントの戦略である。例えば、『人倫の形而上学』において、カントは「義務を課する自我〔＝私〕（das verpflichtende Ich）」と「義務を課せられる自我〔＝私〕」を「同一の意味に解する場合には、矛盾」が生じることを強調し、こうした見せかけの矛盾を（当該箇所では「アンチノミー」という言葉を用いつつ）「二重の性質」において「考察する」ことによって「解決」している（vgl. MS VI 417f.）。同様の議論は、「良心（Gewissen）」を「内的法廷」と見なし（vgl. MS VI 438）、自らが原告であると同時に被告であるという仕方でも展開されている（vgl. MS VI 439 Anm.）。

　ちなみに実践哲学における二重の自我の関係性は、『人倫の形而上学の基礎づけ』においては立法する叡知的自我と法則に服する感性的自我の自己関係として語られているが（vgl. GMS IV 452f.）、こうした自己関係は、前者が後者を「内的に触発し」、その結果である「尊敬の感情」としても問題にされる。この点については本書第四章の第二節、第三節を参照されたい。

21) H. Heimsoeth, Persönlichkeitsbewußtsein und Ding an sich in der Kantischen Philosophie, in : Studien zur Philosophie Immanuel Kants: Metaphysische Ursprünge und Ontologische Grundlagen, Köln, 1956, S. 247.
22) A. a. O., S. 245.
23) Cf. Paton, op. cit., vol. 1, p. 50.
24) A546f./B574f. の解釈に関しては、有福孝岳、『カントの超越論的主体性の哲学』、理想社、1990年、および W. Teichner, Die intelligible Welt, Meisenheim am Glan, 1967 から大いに示唆を得たが、『人間学』の「補遺」等の文献に基づき、この主張を論証してゆく視点は筆者に独自のものであり、さらにこの箇所の解釈から筆者は、次章で「実践的統覚」という概念を、実践的主体の「自己同一性」と「行為の統一性」という観点から具体的に提示する。
　有福氏は上掲書でこの箇所について「ここは、悟性と理性ないしは理論理性と実践理性との連続性および前者から後者への移り行きの可能性を、統覚的主体の内に看て取ることができる箇所」（上掲書298頁）としたうえで、次のように述べておられる。「思惟の認識主体は同じ人間主体としてすでに道徳的行為主体としての『叡知者』や『本来の自己』と不可分離的に共存していることを、『統覚』（自己意識、思惟の思惟）を通じて、理論的には『意識』し、実践的には『認識』するのである」（同箇所）。
　またタイヒナーも当該箇所が「実践理性」と関連づけられるべきことを指摘したう

えで（vgl. Teichner, a. a. O., S. 111)、「私は思惟する」には「理論的」のみならず、「実践的自己意識」の側面があるという興味深い解釈を行っている（vgl. Teichner, a. a. O., S. 114)。

25）このように考えると、「或る種の自発性」が「法則」のうちで顕わになるということの内実は「超越論的自由」が「道徳法則」のうちで顕現するということになるであろうが、このことは「理性の事実」を通じて明らかになる。「理性の事実」については本書第三章の第二節を参照されたい。

26）この箇所の読みに関しては、anwenden を umwenden とするエルトマンに従った。Vgl. Kritik der reinen Vernunft (3. Aufl.), nach der ersten und zweiten Original-Ausgabe hrsg. von Raymund Schmidt; mit einer Bibliographie von Heiner Klemme, PhB 37a, Hamburg, 1990, S. 414b Anm.

第二章

実体的自我から主体的自我へ
——カントの自己認識理論を手がかりに——

第二章　実体的自我から主体的自我へ

はじめに

　E. カッシーラーは、『人間』の冒頭で「自己を知ることが哲学的探究の最高の目的である[1]」と述べているが、彼の言うように自己認識の問題は哲学の主要なテーマである。例えば、ソクラテスが「汝自身を知れ」という格言を己の格率とし、近世に至っては、デカルトが「私とは何であるか」という問いに対して、自我を「思惟するもの（res cogitans）[2]」、「思惟する実体（substantia cogitans）[3]」として把握したことを勘案すれば、この是非について多くを語る必要はないであろう。カントにあっても事情は同じであり、我々は彼の著作や講義において「自己認識（Selbsterkenntnis）」という言葉をしばしば見出す。

　カントが「自己認識」という言葉を使う際、「理性の自己認識」（vgl. A745/B773, A735/B763, Prol. IV 317, MM XXIX 784）といった具合に、理性が自らの限界や範囲を定める理性の批判的機能そのものとしての「自己認識」（vgl. A XIf.）を意味する場合もある。しかし、それだけではなく、我々人間主体が自己を知るとはいかなる事態を指すのか、それはいかなる仕方によって可能かという意味での「自己認識」についても語っている。

　例えば、1772年5月という数字が見られ、前批判期の講義ノートであるとされる『フィリピの論理学講義』では「主体を認識することが哲学の真の対象である。というのも我々を認識することによってのみ我々は一切の認識を持つからである」（LPh XXIV 438）と言われ[4]、哲学における自己認識の重要性が端的に語られている。あるいは『第一批判』においては、「単なる内的意識と我々の本性の規定に基づく自己認識」（B293f.）という言葉が「観念論論駁」に見られ、「純粋理性の誤謬推論」では思惟する「主体」や「統覚」との連関で「純粋理性による我々の自己認識」（vgl. A 366）という事態が問題にされ、これらの箇所では明らかに自己認識の可能性の条件、しかも我々人間主体・人間的自我の自己認識の可能性の条件が考察されている。ただし批判期のカントは、デ

第一節　『ペーリッツの形而上学講義』と批判期における自己認識理論

カルトが考えたように自我を「実体」としては捉えず、むしろデカルトをはじめとして自我を「実体」として規定するそれまでの立場を「独断的」な「形而上学」として批判する。

では、カントは自我をいかなるものとして捉えようとするのか。このことを明らかにするのが本章の目的である。そのために、本章ではまず『ペーリッツの形而上学講義』（L₁）におけるカントの自己認識理論について考察する。[5] というのも、『第一批判』以前でカントの自我論に関して最もまとまった叙述があるのは、『ペーリッツの形而上学講義』の「心理学」——とりわけ「合理的心理学（rationale Psychologie）」——の箇所であり、しかもそこでは批判期の考えとは正反対に自我が実体であることが容認されており、したがって、この理由を示すことができるならば、批判期のカントの自我論の特徴をより鮮明にすることができると考えられるからである。

本章の第一節の前半部分では Ch. ヴォルフや A. G. バウムガルテンの形而上学の体系に言及することにより、『ペーリッツの形而上学講義』における「心理学」の位置づけを確認し、前批判期にカントが採っていたと思われる実体的自己認識の特徴を彫琢する。そして第一節の後半部分では『ペーリッツの形而上学講義』と批判期の自我に関する立場の違いを予め確認し、そのうえで第二節では、批判期の実体的自我の否定の構造とその帰結を、前章では必ずしも十分に考察できなかった「思惟する主体」と「カテゴリー」との関係に着目しつつ、開陳する。そして第三節では、先の第一章で暫定的に出された、超越論的な主体としての統覚は実践的に自己自身を認識するという結論を見すえつつ、理論理性と実践理性の関係という観点から自我に関する考察を深めることにする。

第二章　実体的自我から主体的自我へ

第一節　『ペーリッツの形而上学講義』と批判期における自己認識理論

　すでに述べたように、『ペーリッツの形而上学講義』でカントが自我論を展開しているのは「心理学」の箇所であるが、『ペーリッツの形而上学講義』は、大きく分ければ、「存在論（Ontologie, ontologia）」、「宇宙論（Kosmologie, cosmologia）」、「心理学（Psychologie, psychologia）」、「自然神学（Natürliche Theologie, theologia naturalis）」の四つの部門から構成されている。そしてよく知られているように、カントが形而上学の講義を行う際にテクストとして愛用したのは、バウムガルテンの『形而上学（Metaphysica）』であった。そのバウムガルテンがこうした形而上学の体系区分を受け継いだのは、ヴォルフからである。言い換えれば、上のような区分を行い、それに則った叙述形式をカントが採用するのは、ヴォルフをはじめとする、いわゆるドイツ講壇哲学からの影響によるものである[6]。

　そしてこの区分は『第一批判』の章立てにも色濃く反映されている。実際、本書の【序】でも触れたように『第一批判』の「超越論的論理学」は「超越論的分析論」と「超越論的弁証論」に分かれるわけだが、このうち「超越論的弁証論」は「純粋理性の誤謬推論」、「純粋理性のアンチノミー」、「純粋理性の理想」の三つの部門に分けられ、これらは前から順に「魂（の不死）」、「世界」、「神」をテーマとしており、このことから「超越論的弁証論」の章立てにはヴォルフやバウムガルテンの影響が認められると推察される。また「超越論的分析論」についても『第一批判』でこれをカントは「存在論」と呼んでおり（vgl. A247/B303）、このことからカントがそれまでの哲学的伝統を強く意識しつつ、『第一批判』を構成したことが伺えるであろう。そこで、カントの自我論を考察するに先立って、「心理学」の位置づけを確認するためにも、ヴォルフやバウムガルテンについて言及し、彼らの形而上学の体系区分についてまずは確認

第一節 『ペーリッツの形而上学講義』と批判期における自己認識理論

することにしたい。

ヴォルフやバウムガルテンの「形而上学」には「存在論」、「(一般) 宇宙論」、「心理学」そして「自然神学」が属するが、通常、一般形而上学 (metaphysica generalis) とも言われる「存在論」は、特殊形而上学 (metaphysica specialis) と言われる他の三つの部門から区別される。[7]

このうち、アリストテレス以来、第一哲学とされる「存在論」は、ヴォルフに従えば、「存在論、すなわち第一哲学とは、存在者一般についての学、すなわち存在者が存在者であるかぎりでの存在者についての学である (Ontologia seu Philosophia prima est scientia entis in genere, seu quatenus ens est.)」と定義される。またバウムガルテンも『形而上学』において「存在論 (存在学 (ontosophia)、〔……〕第一哲学) とは、存在者の一般的述語の学 (scientia praedicatorum entis generaliorum) である」と定義している。[8][9] これに比して特殊形而上学の方は、ヴォルフでは「一般宇宙論」、「心理学」、「自然神学」が、「世界一般についての学」、「魂について論じる哲学の部門」、「神について論じる哲学の部門」とそれぞれ定義される。[10][11][12] ヴォルフとバウムガルテンは共に「存在論」を、しばしば「根本＝学 (Grund=Wissenschaft)」と呼び、形而上学の体系の根底にすえるが、それが「根本学」であり、「第一哲学」であるのは、「宇宙論」、「心理学」、「自然神学」が特定の対象領域に考察を限定するのに対して、存在論は特定の対象に限定されずに「存在者一般について、および存在者の一般的性質について論究する哲学の一部門」だからであろう。[13][14] 言い換えれば、特殊形而上学は対象が限定されている点で、一般形而上学としての存在論から区別されるあくまで特殊な形而上学なのである。

このように特にヴォルフ以来、「魂」について考察する「心理学」は、「宇宙論」と「自然神学」と共に、特定の領域の存在を問題するために、特殊形而上学の一部門を形成することになる。カントも『ペーリッツの形而上学講義』でこうした区分に従っているわけであるが、「心理学」に関して言えば、バウムガルテンに従い我々が有する二種類の感官、すなわち「外感」と「内感」との区別という点からまず心理学の対象を確定しようとする。[15]

第二章　実体的自我から主体的自我へ

　外感とは物体をはじめとして空間的に表象されるものをその対象とするが、内感の対象とは空間的に表象されないものをその対象とする。「心理学」は「物体」や「身体」といった「外感の対象」を問題にするのではなく、「内感の対象」である「魂」、「思惟する自我」をその考察対象にする（vgl. ML₁ XXVIII 222, A342/B400）。あるいは、バウムガルテンの『形而上学』の「合理的心理学」に関する『レフレクシオーン』でも「内感の客体としての私、思惟するものとしての私は外感の客体ではない」（Refl. 4230 XVII 469）との叙述がある。このように「魂」や「思惟する自我」を対象とする点で、「心理学」は他の「宇宙論」と「自然神学」から区別される。

　上のように内感と外感という二種類の感官に従って心理学は他の特殊形而上学から領域的に区別されるわけであるが、「心理学」は、また「魂」や「思惟する自我」を扱う方法の面からも「経験的心理学」と「合理的心理学」に二分される。心理学を「経験的心理学」と「合理的心理学」とに区分する発想は、ヴォルフやバウムガルテンの形而上学の体系において見られ、『ペーリッツの形而上学講義』も形式の上から見れば、こうした区分に則ってその叙述がなされる。実際、『ペーリッツの形而上学講義』を繙けば分かるように、心理学全体の序論的役割を果たす「導入のための概念（einleitende Begriffe）」に続く心理学の本論は「経験的心理学」と「合理的心理学」から構成されている。

　『ペーリッツの形而上学講義』の心理学の「導入のための概念」において、カントはこうした二種類の「心理学」の違いについて次のように説明する。「経験的心理学は経験から得られるかぎりでの内感の対象〔＝魂〕についての認識」を問題にする学であり、これに対して「合理的心理学とは純粋理性から得られるかぎりでの内感の対象についての認識」を問題にする学である（ML₁ XXVIII 222f.）。あるいは、後者に関しては「合理的心理学」の冒頭で「合理的心理学においては人間の魂は、経験的心理学におけるように経験から認識されるのではなく、ア・プリオリな概念から認識される。ここでは我々は、人間の魂について理性によってどのくらい認識することができるかを探求すべきなのである」（ML₁ XXVIII 262f.）とされ、先に引用した『レフレクシオーン』でも「純

第一節 『ペーリッツの形而上学講義』と批判期における自己認識理論

粋心理学（reine Seelenlehre）は、経験に基づくいかなる原理も前提しない」との記述がある（Refl. 4230 XVII 467）。これらの引用から明らかなように、「魂」について経験的に、いわば、ア・ポステリオリに知られ得る事柄に関する学問が「経験的心理学」である。これに対して、「合理的心理学」とは、「思惟する自我」や「魂」について、経験に依拠せずア・プリオリに何をどれだけ認識することができるかを究明する学問である。

　このように、経験的事実や観察に依拠するか、それとも純粋に理性から得られる概念のみに依拠するかによって、心理学は「経験的心理学」と「合理的心理学」に分けられるわけであるが、「形而上学」を「純粋理性の学」と考えるカントは、「経験的心理学」を「形而上学」に数え入れるというヴォルフとバウムガルテンらの見解に関しては否定的である（vgl. ML$_1$ XXVIII 223）。先に筆者が形式の上から見れば、カントは『ペーリッツの形而上学講義』において心理学を「経験的心理学」と「合理的心理学」に分けて論じていると述べた所以である。「経験的心理学」を形而上学の一部門と見なさないという考えをカントが早くから抱いていたことは、1772年から73年にかけての『人間学講義』において「経験的心理学」を「我々の内感の対象をなす我々の魂の現象について論じる」「自然学の一種」と定義していることからも分かるが（vgl. Anthr. Parow XXV 243）、この見解は『第一批判』でも変わらない。例えば、「純粋理性の誤謬推論」の冒頭でもカントはそこでなされる考察があくまで「合理的心理学」に属することを強調している（vgl. A342/B400, A347/B405f.）。その『第一批判』の叙述では合理的心理学とは、「あらゆる経験から独立に」「全ての思惟に際して現れるかぎりでの自我という概念から」（A342/B400）内感の対象について何をどれだけ知ることができるのかを考察する学問、あるいは「私は思惟する」〔＝超越論的統覚〕を「唯一のテクスト」としてア・プリオリな「一切の知識を展開すべき」（A343/B401）学問とされる。このように、ヴォルフやバウムガルテンから影響を受けつつも、『ペーリッツの形而上学講義』と『第一批判』の双方において「形而上学」という意味でカントが重視するのは「経験的心理学」ではなく、「合理的心理学」である。

第二章　実体的自我から主体的自我へ

　さて、その「合理的心理学」の内容を具体的に言えば、『ペーリッツの形而上学講義』においてカントは、バウムガルテンが『形而上学』では必ずしも明確に整理していない「合理的心理学」で証明されるべき命題を次の四つに定式化する。「1) 魂は実体である。2) 魂は単純である。3) 魂は個別的実体である。そして 4) 魂は端的に自発的な行為者である（〔……〕sie〔= die Seele〕simpliciter spontanea agens sey.)」(ML₁ XXVIII 265)。これに比して『第一批判』では、合理的心理学の「主題」(A344/B402) は以下の四つであるとされる。「1. 魂は実体である。2. 魂はその性質に関しては単純である。3. 魂はそれがその内で存在する異なった時間に関しては、数的・同一、すなわち単一性（Einheit）（数多性（Vielheit）でなく）をなす。4. 空間における可能的な対象と〔交互〕関係を持つ」(vgl. A344/B402)。このように『ペーリッツの形而上学講義』の「合理的心理学」の箇所と『第一批判』の「純粋理性の誤謬推論」において掲げられている命題は異なる部分もあるが[17]、実体性の証明が第一に扱われ、これが最も重要なものとして他の命題の基礎になっている点では同じである。そして魂の実体性の証明が重要であるのは、おそらく、いささか多義的である「実体」という概念が「持続性」という性質と関係させられることが多く、肉体が滅んだ後にも（死後においても）魂は持続的に存在するという「魂の不死」の概念との繋がりがあるからであろう[18]。いずれにしろ、『ペーリッツの形而上学講義』においても『第一批判』においても「合理的心理学」の考察の中心になるのは、魂が実体であるかどうかである。それゆえ、哲学的伝統に鑑み、ハイムゼートの言葉を借りるならば、合理的心理学の課題は、はたして（デカルトが主張した）「コギト」から「レス・コギタンス」を主張することができるのかどうかであると言える[19]。

　以上が、ヴォルフやバウムガルテンの叙述を踏まえた「合理的心理学」に関する確認内容であるが、如上のような命題の証明を旨とする「合理的心理学」に関して、カントは『ペーリッツの形而上学講義』と『第一批判』において、まったく正反対の見解を採っている。後述するように、『第一批判』においては「実体性（Substantialität)」をはじめとする自我（魂）に関する諸推論は「誤謬推

第一節 『ペーリッツの形而上学講義』と批判期における自己認識理論

論（Paralogismen）」であるとされ、「合理的心理学」の主張は論駁の対象となる。こうした考えとは対照的に『ペーリッツの形而上学講義』でカントは「魂」に「超越論的概念〔＝カテゴリー〕」を「適用することができる」（ML₁ XXVIII 266）としている。つまり、カントは、デカルトやライプニッツ、あるいはヴォルフのように自我を思惟する実体（denkende Substanz）と考えているのである。このドラスティックな立場の転回はどのような理由に基づくのか、ここには自我に関するどのような見解の相違があるのか。以下では『ペーリッツの形而上学講義』における「実体性」に関する叙述を手がかりに、この点を究明する。

カントは『ペーリッツの形而上学講義』で「実体性」の「証明」をおよそ以下のように行っている。

「他の事物のいかなる述語でもないものは実体である。〔……〕私は他の存在者のいかなる述語でもあり得ない。なるほど、私には述語が帰属しているが、しかしながら、私は『私〔＝自我〕(das Ich)』を他のものによって述語づける（prädiciren）ことはできない。他の存在者は『私』であると言うことはできない。したがって『私』あるいは『私』によって表現される魂は実体である」（ML₁ XXVIII 266）。このように『ペーリッツの形而上学講義』でカントは、「それ自身主語であるがけっして他のものの述語とはなりえない」ものというアリストテレスの伝統的な実体概念に依拠しつつ、自我ないしは魂を実体であると考え、その証明を試みている。そればかりではない。カントは自我を他のあらゆる実体のモデルと見なし、その根源性までも主張している。「一切の実体に関して我々が総じて有しているところの概念を、我々はこの『私』から借りてきたのである。『私』こそは、実体の根源的概念である」（ML₁ XXVIII 226）。このように自我は、他のあらゆる実体を実体と考えるための拠り所となる「根源的概念」とされる。

では『ペーリッツの形而上学講義』で自我が実体とされるのは、いかなる理由によるのであろうか。『ペーリッツの形而上学講義』における叙述は以下の通りである。

「実体とは、全ての内属する偶有性の第一の主語である（das erste Subject

aller inhärirenden Accidenzen）。だが、この『私』は、全ての偶有性と述語がそれに帰属することができ、けっして他のいかなる物の述語にもなりえないところの絶対的主語である。それゆえ『私』は実体的なもの（das Substantiale）を表す。なぜなら、全ての偶有性を内属する基体（substratum）が、実体的なものだからである。これこそが、我々が実体を直接的に（unmittelbar）直観することができる唯一の場合である。我々はいかなる物についても基体や第一の主語を直観することはできない。しかし、私は私の内において実体を直接に直観する。それゆえ『私』は、単に実体であるだけでなく、実体的なものそのものをも表す」（ML₁ XXVIII 225f.）。

　この引用でもすでに触れた「主語－述語」関係における第一の主語としての実体概念が述べられ、それに依拠しつつ、カントは自我の実体性を証明しようとしているが、ここでは特に自我は「実体」を表すだけでなく、あらゆる偶有性を内属し、それを担う「基体」としての「実体的なもの」とされている。しかし上の引用で極めて特徴的なのは、自我の被直観的性格である。自我を直観する場合が、実体を「直接的に直観する唯一の場合」であり、自我以外の「いかなる事物についても基体や第一の主語を直観することはできない」という言葉から明らかなように、自我は直接直観されるものとして、他の事物から原理的に区別される。

　逆に言えば、自我以外の一切のものは、述語を介して比量的（diskursiv）に認識されることを意味することになる。或る『レフレクシオーン』では自我のこうした特殊性が次のように語られている。「主語それ自身が、〔他の主語の〕述語である（というのも、ひとはあらゆるものを述語によって思惟するから、ただし自我を除いて）」（Refl. 5297 XVIII 146）。あるいは、この『レフレクシオーン』の二つ前の明らかに自我を念頭に置いた『レフレクシオーン』5295でもカントは「端的に（あらゆる点で）」「主語」であるものを「究極の主語（das letzte subject）」と言い、これを「実体」としたうえで「心性（Gemüth）は実体を直観する」（Refl. 5295 XVIII 145f.）と端的に自我の被直観的性格について述べている。このように自我の実体的認識が可能とされるのは、この時期のカ

第一節 『ペーリッツの形而上学講義』と批判期における自己認識理論

ントが自我を例外的に述語を介さず、直接的・直観的に把握可能と考えているからである[20]。

ところで先に述べた「実体的なもの」という概念は批判期においてもしばしば問題にされているが、批判期においては「実体的なもの」は認識不可能とされる。例えば、1792年から93年に行われた『ドーナの形而上学講義』の「実体と偶有性について」の箇所(ちなみに、「実体と偶有性」はバウムガルテンでは「存在論」で論じられる)では、「実体とはもはや他のいかなる物の述語でもない主語を意味する」と「実体」を定義したうえで、「実体的なもの、つまり、究極の主語」は「人間の悟性にとっては不可能である」(MD XXVIII 638f.)と言われている。あるいは、『ペーリッツの形而上学講義』の中でも批判期に行われたとされる L_2 と呼ばれる「存在論」の箇所でも「この実体的なものは、一切の偶有性を分離した後にも現実存在する主体〔=基体〕であり、これは我々には未知である」(ML_2 XXVIII 563)とされ、「実体的なものは、或るもの一般」(ibid., vgl. MvS XXVIII 511)とされる。これらの引用から明らかなように、批判期では、前批判期の『ペーリッツの形而上学講義』(L_1)と同じように「実体」や「実体的なもの」を定義しながら、逆に「実体的なもの」は未知で認識不可能なものとされるのである。

前段落で引用したのは、「存在論」における「実体」や「実体的なもの」に関する叙述であるので、批判期で明らかに「自我」や「主体」に関するカントの言葉を引用しよう。例えば、『プロレゴメナ』の「誤謬推論」に関する叙述では「あらゆる実体に関して、本来的な主体〔=基体〕、つまり(述語としての)一切の偶有性が分離された後に残り続けるもの、要するに実体的なものそのものは、我々には未知であるということを、ひとはずっと以前からすでに気づいていたが、ひとは我々の洞察のこのような制限について様々な不平を言ったのである」(Prol. IV 333)と言われる。あるいは、前段落で「存在論」における「実体的なもの」に関する叙述を引用した『ドーナの形而上学講義』の「心理学」の箇所でも「偶有性の第一根拠を含む実体的なものを我々は認識することはできない」(MD XXVIII 671f.)との叙述がある。これらの自我に関する言及箇所で、

71

第二章　実体的自我から主体的自我へ

　カントは「実体的なもの」が認識不可能で未知であると明言しており、特に前者の引用箇所では「実体的なものが未知である」ことをひともすでにずっと以前から気づいていたと言っている。それにもかかわらず、『ペーリッツの形而上学講義』の「合理的心理学」の箇所ではカント自身は実体的なものに関する認識を是認していたのである。

　批判期ではなぜ「実体的なもの」は認識不可能とされたのであろうか。これについては、例えば、『ペーリッツの形而上学講義』（L_2）の「存在論」に次のような叙述がある。「事物について私が或ることを認識することができるのは、判断によるからにほかならないが、判断には常に述語が根底に存している。実体を我々は偶有性を通じてしか認識できない」。そしてこれに続けて、我々が実体的なものを洞察できず、偶有性によってしか実体を認識できない理由に関して「悟性は概念によってしか思惟できず」、その「概念とは述語にほかならない」との記述がある（vgl. ML_2 XXVIII 563）。あるいは『第一批判』の第一版と第二版の間に行われた講義ノートを基にした『フォルクマンの形而上学講義』でも同様に「基体」や「実体的なもの」について「我々はそれを認識することはできない」とされ、その理由として「判断や述語を通じてのみ我々は全ての事物を認識することができる」、あるいは「我々は全てを比量的にのみ認識する」との記述がある（vgl. MV XXVIII 429）。これらの引用からさしあたって、批判期では我々が或る事柄を認識するためには「概念」や「述語」によらなければならず、それゆえ全ての偶有性を取り去った後に残る実体的なものは認識不可能とされるに至ったことが分かる。しかしこれらの引用は「存在論」からのものであり、必ずしも「思惟する主体」や「自我」について述べたものではない。

　そこで、次に「思惟する主体」に関して述べた引用を挙げると、例えば、『第一批判』の「誤謬推論」に関係する『プロレゴメナ』の或る箇所には次のような叙述がある。「我々の悟性の特性は、一切のものを比量的に、すなわち概念によって、したがってまたもっぱら述語によって思惟するという点にあるが、それゆえ、この述語には絶対的主語が常に欠けざるを得ない」（Prol. IV 333）。あるいは、『第一批判』でも「この主体〔＝思考の超越論的主体＝X〕は、そ

第一節　『ペーリッツの形而上学講義』と批判期における自己認識理論

の述語である思惟されたもの（Gedanke）を通じてのみ認識されるのであり、それだけ分離しては、我々はそれについてのいささかの概念も持つこともできない」(A346/B404)と言われている。これらの引用から批判期においては、「思惟する主体」を含めた「一切のもの」が「概念」や「述語」あるいは「思惟されたもの」を介して認識されねばならないことが分かる。そこにはもはや例外はない。だから「あらゆる偶有性が分離された後に残り続けるもの」である「実体的なもの」は、たとえそれが「思惟する主体」であるとしても、例外的に認識されることはない。[22]

それゆえ、『プロレゴメナ』では、「我々は、あたかも我々自身の意識（思惟する主体）の内に、このような実体的なものを持っており、しかも、直接的な直観の内に持っているかのように見える」(Prol. IV 334)と述べられている。「あたかも直接的な直観の内に持っているかのように見える」というこの引用の表現から明らかなように、我々は実体的なものの直接的な直観を『ペーリッツの形而上学講義』の「合理的心理学」で言われていたようには持ってはいない。持ち得ないのである。要するに、述語を通じては認識不可能な「実体的なもの」としての自我が、『ペーリッツの形而上学講義』では、たとえ述語を通じて比量的に認識されないにせよ、特権的に直接的・直観的な仕方で認識可能とされるのに対して、批判期では、自我を含めた一切のものが述語を介して認識されねばならないがゆえに、「実体的なもの」としての「思惟する自我」も認識不可能とされるのである。

ここまでの考察から、『ペーリッツの形而上学講義』の「合理的心理学」における自己認識が直接的・直観的な自己把握を特徴としていること、および批判期においては、そのような自己認識理論はもはや成立せず、自己認識の場合でさえ、比量的な認識の仕方が問題となることが明らかになった。そして言うまでもなく、このような観点から実体的自己認識を論駁しようとしたのが「純粋理性の誤謬推論」いわゆる「パラロギスムス」である。『第一批判』でカントは「合理的心理学」の諸説を、「批判の眼でもって（mit einem kritischen Auge）」(A348/B406)吟味・検討することになるのである。そこで、次節では「パ

73

第二章　実体的自我から主体的自我へ

ラロギスムス」へと考察を移し、自己認識という観点から自我論について詳しく論じたい。

第二節　実体的自我の超克

　すでに指摘しておいたように、『ペーリッツの形而上学講義』の「合理的心理学」とは正反対に、『第一批判』では「実体性」を含めた自我に関する諸推論は「誤謬推論」とされ、結果的に思惟する自我は実体としては認められないことになる。本節では、その直接の原因を、カントの説明をもとにまず確認する。そのうえで、実体としての自我が否定されねばならない理由を筆者なりに分析することによって、次第にカントの自我概念の特質を解明してゆく。
　カントは『第一批判』において、伝統的な「一般的」（または「形式的」）論理学に基づきながら、これを批判的に修正し、認識の内容にまで関わるような独自の「超越論的論理学」を構築したが、これに相即するかのごとく、認識能力に関してもカントは、「一般的」・「形式的」規定と「超越論的」規定の二つを与えている。理性に関して言えば、「理性とは、認識の或る種の論理的形式の能力と見なされる場合には、推論の能力である」（A330/B386）とされる。これは「一般論理学」の観点からの理性の規定であろうが、「超越論的」な観点からすれば、理性は「原理の能力」（A405）とされ、「無制約者」を求める能力として「理念」に関わる。理性は、制約されたものから無制約的なものへと系列を遡ってゆき、「理念」を求めるのである。
　これらのうち、「純粋理性の誤謬推論」で扱われるのは、「主語と述語」の系列であり、「絶対的主語」あるいは「究極的な主語」を求める系列である。カントは『プロレゴメナ』でおよそ次のように言っている。純粋理性は物の全ての述語にもこの述語が属する主語を我々に求めることを要求するが、この主語もまた必然的に述語にすぎないので、さらにその主語を求めることを要求する。しかし、これも別の主語に対しては単なる述語であるので、純粋理性は我々に

第二節　実体的自我の超克

無限に主語を求めることを要求する（vgl. Prol. IV 333）。それゆえ、系列の全体や制約における無制約的なものという観点から捉え直すと、合理的心理学は「思惟する主体の絶対的（無制約的）統一」（A334/B391）を求める学とされる。要するに、「批判期」における「合理的心理学」とは「何ら多様を含まない主体という超越論的概念から、この主体そのものの絶対的統一を推論する」（A340/B397f.）学ということになる。『ペーリッツの形而上学講義』においては合理的心理学が「無制約的なもの」や「絶対的なもの」に関わることは明確ではなかったし、たしかに論証という広い意味ではカントが提示した証明は推論とも言えるが、その主張は三段論法というかたちで明確には定式化されてはいなかった。これらは『第一批判』と『ペーリッツの形而上学講義』の相違点であろう。

しかし『ペーリッツの形而上学講義』と『第一批判』との決定的な違いは、『第一批判』においては「合理的心理学」が「仮象の論理学」（A293/B349）である「超越論的弁証論」のうちで論じられており、合理的心理学の推論が「弁証的推論」、あるいは「超越論的誤謬推論」（A341/B399）とされる点である。その「誤謬」とされる推論は『第一批判』の第二版において次のように定式化される。[23]

「主語（Subjekt）として以外に思惟されることができないものは、また主語として以外には存在（existieren）しない、それゆえ実体である。

ところで、思惟する存在者（ein denkendes Wesen）は、単にそのようなもの〔＝思惟する存在者〕として考察すれば、主語として以外には思惟されることができない。

したがって、思惟する存在者はまた、単にそのようなものとして存在する、すなわち、実体として存在する」（B410f.）。

一見正しい結論を引き出しているかのように見えるこの推論が、なぜ「誤謬推論」であるのだろうか。それは上述の推論が「言明形式の詭弁〔＝媒概念多義の虚偽〕（sophisma figurae dictionis）」（B411, A402）を犯しているからである。媒概念とは、大前提と小前提の双方に含まれ、両者を媒介し結論を導き出す役割を果たす名辞のことであるが、上述の推論において媒概念が多義的であるこ

とについて、カントはおよそ次のように説明する。「大前提においては思惟するということが客観一般（したがって直観において与えられるであろうような客観）に関係している」が、その思惟するということが「小前提においては、自己意識との関係」において表象されており、「主語（思惟の形式としての）としての自己への関係（Beziehung auf Sich）」が表象されているにすぎないのである（vgl. B411 Anm.）。大前提においては、実体としての諸々の主体、この場合「諸事物」（B411 Anm.）が考えられているのに対して、小前提においては、単に意識の統一という「思惟」の論理的機能が語られているにすぎない。媒概念が大前提と小前提において二つの「まったく異なった意味に」（B411 Anm.）用いられており、このために「思惟する存在者は、実体として存在する」という結論を導き出すことはできない、カントはこのように考えるのである。

　ちなみに、カントに従えば、「それ自身無制約的である、あらゆる思惟一般の諸制約への弁証的な推論が犯す誤謬は、内容においてではなく（なぜなら、それは一切の内容あるいは客観を捨象するので）、もっぱら形式において誤るのであり、パラロギスムスと呼ばれねばならない」（A397f.）。あるいは『第一批判』の自家用本の書き込みによれば、「パラロギスムスとは、形式の上で（in forma）誤った理性推論である」（Nach. KrV XXIII 38）と定義されている。ここでカントは合理的心理学の推論が「パラロギスムス」である所以を、あくまで言明形式上の問題であるとしている。また多くの『論理学講義』でも「パラロギスムス」が「形式」において誤っている推論とされ（vgl. LPh XXIV 479, LBlom XXIV 287)、質料（内容）において誤っている推論から区別されている（vgl. LBu XXIV 680, LD XXIV 777）。そして形式上の誤りであると言われるのは、三段論法は「三つ以上の名辞を含んではならない」（LPh XXIV 475）にもかかわらず、パラロギスムスの場合、媒概念としての「名辞が二義的な」意味を持つことによって（vgl. LBu XXIV 680）、論理学上の規則を破ることになるからであろう。前段落で述べたことからも明らかなように、「合理的心理学」の推論は、本来ならば大前提と小前提の二つの命題において同じ意味に用いられねばならないはずの概念を、二つの異なった意味・文脈において用いるという誤った手

第二節　実体的自我の超克

続きを行っているのである。

　このようにカント自身の言うところに従えば、合理的心理学が掲げる推論が「誤謬推論」となるのは「媒概念多義の虚偽」という形式の上で論理学の規則を無視していることに帰せられる。しかるにカントの論理学は、一切の内容を捨象し、判断の形式のみを扱う「一般論理学」ではなく、認識の内容を吟味する「超越論的論理学」である。大前提と小前提の二つの意味が異なるということは、たしかに手続きそのものだけをとってみれば、「形式上」の誤謬であろう。

　しかし筆者の解釈によれば、カントがパラロギスムスを形式上の誤謬とする一方で、彼が合理的心理学の推論が「媒概念多義の虚偽」を犯しているという事態を道破することができたのは、むしろ「カテゴリー」と「思惟する主体」との間に次のような関係があるためである。すなわち、①思惟する主体はカテゴリーの適用範囲を超えているということ、②思惟する主体はカテゴリーの根拠である、という二つの関係である。そして筆者の解釈によれば、後者の、主体とカテゴリーの間にある関係は「神」と「自由」という他の二つの理念にはない独特のものである。

　まず①について論及すれば、「超越論的演繹」（とりわけ第二版の演繹の後半部）の最大の成果は、物自体へのカテゴリーの適用が不可能（少なくとも理論的には）であり、カテゴリーの適用可能な範囲を可能的経験である現象界に制限したことにあると言える。このことは「対象を思惟することと対象を認識することは同じではない」（B146）というテーゼに集約される。つまり、人間的認識が成立するためには、思惟作用のほかに規定されるべき感性的直観の多様が与えられねばならないことが、この一文に込められているのである。

　それゆえ次のように言われる。「純粋カテゴリー（そしてこれらのうちに実体のカテゴリーも含まれるのであるが）は、それらの根底に直観が存していない場合には、それ自身いかなる客観的な意義も持っていない」（A348f.）。たしかにカテゴリーは、それ自身で考察され、その起源から見れば、感性とはまったく別の素性を持っているので、必ずしも「感性的直観の制約に制限されない」（vgl. B166 Anm.）。このため我々はカテゴリーによって様々な事物について思

第二章　実体的自我から主体的自我へ

惟することはできる。しかし、それは単に思惟の論理的な機能であって、それだけではけっして客観を規定することはできない。それゆえ「超越論演繹」の最終「成果」として次のように言われる。「我々はカテゴリーによらずしては、いかなる対象も思惟することはできない。〔しかし〕これらの概念に対応する直観によらずしては、我々はいかなる思惟された対象も認識することはできない」(B165)。さらに特に今ここで問題となっている実体については、「実体という概念、すなわち主語として存在 (existieren) し得るが、けっして単なる述語としては存在することができない或るもの」について、「もし仮に経験的直観が私に適用の機会 (Fall) を与えてくれないならば、このような思考の規定に対応する何らかのものがはたしてあり得るのかどうかを、私はまったく知らない」(B149) とも言われ、カテゴリーの客観的使用の条件として、直観の必要不可欠な所以が述べられている。感性と悟性の共働によりはじめて認識に客観的妥当性が与えられるという事態を勘案すれば、直観無きところにカテゴリーの客観的意義無し、と言われるのは当然であろう。

　しかるに、カントが定式化した合理的心理学の推論の「小前提」における思惟する主体は、「それ自身内容に関してはまったく空虚な表象」(A345f./B404) であって、まさにいかなる多様も含んでいない「最も貧困な (ärmst) 表象」(B408) である。それは「単に思惟や意識の統一に関係する」(B411) 主体、要するに「意識の単なる形式」(A382) としての自我なのである。もしもこのような直観の多様を欠いた内容なき形式的主体にカテゴリーを適用しようとすれば、先に述べた理由から我々はカテゴリーの「超越論的使用」(vgl. A238f./B297f., A246/B303) を犯し、仮象の世界へと足を踏み入れることになる。この場合、実際にはカテゴリーの「論理的使用」しかできないものに対して、直観がそれに対応している場合にのみ許される実在的使用を行うという過ちを犯していることになる。ここに自我に関する弁証的な仮象が生じる。カントは「我々は、自我のこのような論理的意義以外には、主体並びにあらゆる思考の根底に基体として存しているところの主体それ自身についていかなる知識 (Kenntnis) も持っていない」(A350) と述べているが、このように言われるのも、まさに思

惟する自我がカテゴリーの適用範囲を超えているからである。それにもかかわらず、合理的心理学を擁護する者たちは思惟する自我を、単なる概念における実体ではなく、「実体化された意識（実体化された統覚）（das hypostasierte Bewußtsein（apperceptio substantiata））」（vgl. A402）と見なし、思惟する自我を常住不変なものとして実体化する。

このようにまず第一に、内容を欠き論理的・形式的な自我にカテゴリーを適用しようとすれば、カテゴリーの適用範囲を超えることになるから、思惟する主体としての自己を実体として認識することは不可能となる。しかし、思惟する主体は、上に言われたような単に「形式的」で「論理的意義」しか有さない自我にとどまるのであろうか。この点を明らかにするためにも、カントが実体的自己認識を否定するもう一つの理由へと考察を進めてみたい。

②思惟する主体を実体として認識することが不可能とされる所以を、「カテゴリーの根拠」という観点から考察してみると、この場合、先のカテゴリーの適用範囲の問題とは違って「超越論的心理学」のみに特有の事情があることが分かる。言い換えれば、「超越論的心理学」「超越論的宇宙論」「超越論的神学」（vgl. A334f./B391f.）が扱う三種類の理念は、それらが理念であるかぎり、それら全てが感性的直観の多様を欠き、カテゴリーの適用範囲外にあるという点では共通している。しかし、心理学が扱う思惟する自我とカテゴリーとの間には次のような独特の関係がある。「統覚は、それ自身カテゴリーの可能性の根拠である」（A401）という関係、あるいは「単なる統覚、すなわち『私は思惟する』は、一切の超越論的概念〔＝カテゴリー〕すら可能にする」（A343/B401）根拠であるという関係がある。つまり、カテゴリーは「私は思惟する」という定式と常に用いられ、しかも思惟する主体をまってはじめて思惟の制約となりうるという独特の関係があるのである。例えば、実体や原因（性）というカテゴリーに関して言えば、我々は「私は実体、原因等々を思惟する〔強調は引用者による〕」（A343/B401）という仕方でのみ、これらを使用することができるとされる。カテゴリーが人間的認識の制約であるかぎり、我々はこの形式に則って認識を行わなければならないのであるが、その制約は常に「私は思惟する」と

第二章　実体的自我から主体的自我へ

いう超越論的統覚と共に用いられる。カントが思惟する自我を「カテゴリーの運搬者（Vehikel）」（A348/B406, vgl. A341/B399）と形容するのもカテゴリーが思惟する主体に依拠することなしには思惟の制約であることはできない、という思惟する主体とカテゴリーの特殊な関係に基づいているからである。

　しかし逆に言えば、思惟する主体がカテゴリーの「根拠」や「運搬者」であるということは当然のことながら、この主体をカテゴリーによって認識することができないことをも意味する。つまり、自我を実体として認識するためには、「実体のカテゴリー」を必要とするが、そもそもこの思惟する自我自身がカテゴリーの可能性の根拠であるために、カテゴリーによってはこの自我を認識することは不可能となるのである。それゆえ、「この自我〔＝思惟する自我（魂）〕は」、「カテゴリーによって自分自身を認識すると言うことはできない」（A402）のであり、「自己意識一般は、あらゆる統一の条件であっても、それ自身無条件であるものの表象である」（A401）。その意味で思惟する主体は、未知なる「思考の超越論的主体＝X」（A346/B404）にとどまる。

　こうした事態を、カントは我々が我々自身を認識する際に生じる自己認識の「循環（Zirkel）」としても語っている。この循環とは、もし仮に思惟する主体が自己自身を認識しようとしても、我々は判断する際に「私は思惟する」という形式を「常にすでに利用しなくてはならない」がゆえに「不都合（Unbequemlichkeit）」が生じ、我々は「不断の循環の中を回る（sich in einem beständigen Zirkel herumdrehen）」破目になるというものである（vgl. A346/B404）。つまり、我々は何らかのものを認識する場合、常に認識の最高原理たる「私は思惟する」という形式に則って認識を行うわけであるが、自己認識も認識であるかぎり、「私は思惟する」という形式に則って認識されねばならない。ところが、私が私を思惟するということになれば、常にすでに「私」という表象は「私は思惟する」という命題のうちに含まれている。こうしたことは、私が「神」や「自由」を思惟し、認識する場合にはけっして生じないであろう。しかるに、私が認識の対象となる場合には、私が本来規定・認識しようとする当の私は、すでに「私は思惟する」ということのうちに含まれ、前提

第二節　実体的自我の超克

されている。したがって、「私は思惟する」ということによって自己自身を認識することは原理的に不可能ということになるのである。カント自身の言葉で言えば、「私は、そもそも客観を認識するために前提しなければならないものをそれ自身客観として認識することはできない」(A402) ということになる。

このように思惟する主体とカテゴリーの間には、カテゴリーの適用範囲が現象や経験の限界を超えるという他の理念にも当てはまるのとは別の、独特の関係があるがゆえに、思惟する主体は認識不可能となるのである。これが自己を実体として認識することができない第二の理由である。

しかし、まさに思惟する主体がカテゴリーの「根拠」や「運搬者」である点に、自我を積極的なものとして捉えるための契機がある。すなわち、思惟する自我は、自己自身を除く一切の対象——ただしもちろん、可能的経験の対象——の認識の根拠となりうるのである。事実、すでに引用した「思惟する自我が自己自身をカテゴリーによって認識することはできない」という趣旨のA402の引用は次のように続けられる。思惟する自我（魂）は、「カテゴリーによって自分自身を認識すると言うことはできない、かえって統覚の絶対的統一において、したがって自己自身によって、カテゴリーを認識し、そしてそのカテゴリーによって一切の対象を認識すると言うことができるのである」(A402)。主体としての自我を積極的に特徴づけるとするならば、思惟する自我それ自身はたしかにカテゴリーによって根拠づけられるような認識対象となりえないが、その反面、自分自身を除く一切の認識の「超越論的根拠」となりうるのである。そして、ここで言われている主体としての自我とは、もちろん「根源的で超越論的な制約」(A106f.) である「超越論的統覚」にほかならない。

ところで、そもそも統覚が一切の認識の根拠という積極的規定を持つのは、それが単に形式的自我として捉えられる場合よりも、むしろ「能力 (Vermögen)」、「機能 (Funktion)」という動的な観点から捉えられるときである。実際、「このようなカテゴリーの可能性、いやそれどころか、カテゴリーの必然性でさえもが、全感性とこれと共に一切の可能的現象が根源的統覚に対して持っている関係に基づいている」(A111) と言われる際、「一切のものは必然的

にこの根源的統覚において自己意識の汎通的統一（durchgängige Einheit）という制約に適っていなければならず、綜合の普遍的機能のもとに立たねばならない」（A111f.）と統覚の機能性が強調される。統覚がカテゴリーの根拠であり、認識に客観的妥当性を与えることができるのは、統覚が単に固定的な形式であるからではなく、多様を自発的に綜合的に統一する「能力」であり、そうした統一の「機能」を行使するからにほかならない。まさにこのために、統覚は「我々のあらゆる認識の根本能力（Radikalvermögen）」（A114）と言われるのである。

またカントが自我の特質を「能力」や「機能」のうちに見ていることは、「はたらき〔活動〕（Handlung, Akt）」という概念からも説明することができる。「あらゆる判断のうちにある自我は、直観でも、概念でもないし、何らかの客観の規定でも全然なく、かえって規定する主体の悟性のはたらき一般（ein Verstandes Act des bestimmenden Subjekts überhaupt）であり、自己自身の意識、純粋統覚そのものである」（Anthr. VII 398）。「純粋理性の一般課題」は「ア・プリオリな綜合判断はいかにして可能か」（B19）とされるが、このことからも分かるように、カントの認識論に従えば、認識とは我々にあっては判断というかたちをとる。そして「『私は思惟する』が私の全ての表象に伴うことができなければならない」（B131）という人口に膾炙したカントの言葉からも明らかなように、判断、あるいはそれに含まれる表象は、現実的に表象を伴っているかどうかは別としても、可能性としては常に超越論的統覚に関係していなければならない。しかしそうであるのは悟性、あるいは統覚が「はたらき」の主体であるからである。逆に言えば、「私は思惟する」における能動的自我は、まさにその能動性・自発性ゆえに規定不可能である。それは客体としての「規定されうる自己（das bestimmbare Selbst）」にはなりえず、常に「規定する自己（das bestimmende Selbst）」（B407）にとどまる。後者の「規定する自己」は「思惟作用（das Denken）」として前者の「規定されうる自己」から「区別」されねばならない（A402）。思惟する自己を理論的に認識できないのは、こうした主体的自我の非対象性に基づく。いずれにしろ、このようにあらゆる判断のうちにある自我、つまり思惟する自我は直観でも概念でも、客体としての自我でも

ない。そうではなく、悟性のはたらき一般、あるいは、あらゆる客体を規定する超越論的な主体である。

　そしてこのような「能力」としての主体は、具体的には「自然に対する立法者」とされる。合法則的な仕方で自然の認識が可能となるのは、「自然が統覚という主観的根拠に従う」（A114）場合であり、統覚が「自然に対する立法（Gesetzgebung für die Natur）」（A126）者となるからである。先ほど思惟する主体とカテゴリーの関係を考察した際、思惟する主体は「カテゴリーの運搬者」とされたが、このことからも分かるように、思惟する自我は思惟のア・プリオリな形式であるカテゴリーを駆使しつつ、自然の認識を可能にすることになる。「カテゴリーとは、現象に、したがって一切の現象の総括としての自然（質料から見られた自然（natura materialiter spectata））に、ア・プリオリに法則を指定する（vorschreiben）概念である」（B163）。統覚が「カテゴリーの根拠」であり、「自然に対する立法者」であるがゆえに、自然の合法則的な認識も可能となるであろう。このように、悟性あるいは統覚は自らの形式を自然に当てはめ、自然を強要することによって、「自然の主人（Herr der Natur）」（KU V 431）として自然界に君臨するのである。

　いずれにせよ、これまでの議論を総括しながら言えば、思惟する自我は、『ペーリッツの形而上学講義』における直接的な「直観」によって把握される自我でも、「合理的心理学者」の言うような「概念」（のみ）によって規定される実体的自我でもない。いやそればかりか、単に論理的で形式的な自我にとどまるものでもなく、むしろそれは、優れて「自然に対する立法者」として、現象としての対象を規定する「機能」や「能力」としての主体なのである。

第三節　自由な主体としての実践的統覚

　さて前節までの考察ですでに明らかにされたように、思惟する自我としての統覚的主体は「自然に対する立法者」であり、自然、あるいは自然の認識を可

能にする能力の主体であるとされた。しかし自我が単に主観ではなく、主体であり得るのは、「認識」の領域よりも、むしろ「実践」や「道徳」の領域においてであろう。そこで以下では、前章で述べられた「単なる統覚による自己認識」の議論を再検討することにより、主体的自我の一端を描き出すことにしたい。

　第一章の第三節で引用したように、カントは『第一批判』の「純粋理性のアンチノミー」において「統覚のみによる自己認識」について語っていた。それに従えば、通常我々は内感に帰することのできる規定を自らの現存在に付加することによって、経験的な仕方で自己自身を現象体として認識するのであるが、それだけでなく、我々人間主体は「単なる統覚を通じて自己自身」を「叡知的対象」としても「認識する」とされた（vgl. A546f./B574f.）。その際、問題となるのは、このような叙述がカント自身が否定しているパラロギスムスに当たらないかということであった。筆者はカントがこの問題を実践的場面へと移すことによって、その矛盾を回避しようとしていると考えた。実践的・道徳的自己認識への通路が示されることにより、統覚のみによって自己自身を認識するということを、自由の主体として自らを認識することであると解釈したのである。

　なるほど超越論的統覚を自由な主体と見なし、これを実践の領域に関係させようとする主張は少々奇異な感じがするかもしれない。というのも、本章第二節で示したように統覚は「自然に対する立法者」であり、カテゴリーを駆使しつつ、自然を統一的に把握してゆく点にこそ、統覚のはたらきがあると一般には考えられるからである。このような考えからすると、カントは統覚の活動範囲を認識の領域に限定しており、したがって、統覚が実践の問題に関わることなどあり得ないと思われるかもしれない。

　しかしながら、カントの生きた思想を垣間見ることができる『レフレクシオーン』において、統覚が自由であることが実際に次のように記されている。例えば、「現象は我々が触発されるかぎりでの表象である。我々の（自由な）自己活動性に関する表象は、我々が触発されない場合のような表象である、したがってそれは現象ではなく、統覚である」（Refl. 4723 XVII 688）とある。あるいは「活動的であるところの知性的存在者としての自己自身の統覚は自由である」（Refl.

第三節　自由な主体としての実践的統覚

6860 XIX 183）と端的に述べられてもいる。さらには「自己活動性の統覚は人格である」（Refl. 6861 XIX 183）と極めて実践と関連が深い人格として統覚が述べられている。これらの覚え書きからも、統覚が自由な主体であることを推測することは可能である。あるいは、さらに言えば、統覚と同様、通常、認識の能力と考えられる悟性も自由に関係することが、或る『レフレクシオーン』で次のように言われる。「我々と他の存在者の一切の行為は強制されているが、ただ悟性（そして悟性によって規定されうるかぎりでの意志）のみは自由であり、自己自身以外の何ものによっても規定されていない純粋な自己活動性である。このような根源的で不変の（unwandelbar）自発性なしには、我々は何事もア・プリオリに認識することはできない」（Refl. 5441 XVIII 182f.）。このように「悟性」が何らかのものを「認識」する場合でさえ、カントは「自由」や「純粋な自己活動性」との或る種の連関性を示唆している。まさにハイムゼートが指摘するように、純粋に理論的な自発性といえども、一種の精神の自由を前提しており、したがって、自発性の意識は、或る種の自由の意識でなくてはならないと言えよう[25]。悟性的・統覚的自我も己が「自由な主体」であるという自覚に支えられて、認識を可能にし、「自然に対する立法」権を行使し得るのである。

　しかし、そもそも統覚が自由であると解釈した場合、いかなる意味において統覚は自由と言われるのであろうか。また、これと連関して、この場合の統覚とはどのようなものであり、どのような性格を持つのであろうか。先の第一章では、テクストの一字一句のかなり細かい部分にまで拘って解釈してきたが、ここではむしろ事象に即した議論を行い、道徳や実践に関わる統覚の内実を明らかにしたい。そのためには、自由の主体としての統覚と通常の意味での統覚、すなわち「自然に対する立法者」としての「超越論的統覚」との異同を明らかにする必要があるであろう。

　カントは、自然の立法者としての超越論的統覚を『第一批判』においてしばしば「叡知者（Intelligenz）」と呼んでいる。第二版の「超越論的演繹」の「統覚」を「内感」から区別する箇所で「叡知者、および思惟する主体としての自我」（B155）と言っている。そしてその場合、思惟する主体としての超越論的統覚は、

第二章　実体的自我から主体的自我へ

「もっぱら己の結合能力を意識している」がゆえに「叡知者」(B158)とされる。しかもこの場合の結合能力とは、多様を綜合的に統一する自発性であり、前節の考察を踏まえてより具体的に言うならば、「自然に対して」行使される自発性であると言える。超越論的統覚が自然の立法者となるのは、まさに自然に対して自発性の機能を行使するからである。

しかるに、その叡知者は実践哲学においても登場する。例えば、『人倫の形而上学の基礎づけ』(以下『基礎づけ』と略記)では「〔道徳〕法則は、叡知者としての我々の意志から、したがって、我々の本来的自己から生じた」(GMS IV 461)とされ、道徳法則や意志との関係において実践的性格を持つものとされる。『第二批判』でも「純粋な叡知者」は「可想体」であり「行為する人格(die handelnde Person)」(KpV V 114)であると言われる。前段落で理論哲学において統覚が自発性のゆえに叡知者と言われたが、実践哲学において語られる場合の叡知者が自発的であることは言うまでもないであろう。実際、カントは『基礎づけ』で「理性的存在者が自らを叡知者として感性界ではなく、悟性界に属するものと見なす」場合に、悟性が感性的な所与と不可分であり、その自発性は「感性を使用することなくしては何も思惟することができない」のに対して、理性の方は「純粋な自己活動性」、「純粋な自発性」として「感性が悟性に提供する一切のものを」超えてゆく「自己活動性」としている(vgl. GMS IV 452)。このことから推察されるように、理論理性と実践理性の領域にわたってはたらき、その能力を行使するのが叡知者であり、しかも理論的叡知者と実践的叡知者は共に自発性という点で共通する。

それゆえ、こうした自発性のうちに理論的主体と実践的主体との連関を求めるのは、或る意味では当然なことであろう。例えば、G. マルチンも「我々は自発性において実践理性と純粋理論理性との連関を求める」[26]と述べつつ、「我々はこの場合、『私は思惟する』という純粋な理論的自己意識を自由の実践的自己意識から見る」[27]という解釈を行っている。

ただし理論的主体と実践的主体の同一性を自発性という観点から追求するとしても、両者が自発的であるという点を指摘するだけでは不十分である。なぜ

第三節　自由な主体としての実践的統覚

なら両者には次のような違いがある。それは、理論的な叡知者は「自然に対する立法者」として「自然」に関わるが、実践的な叡知者は自己に対する立法者として「自由」に関わる点である。『判断力批判』（以下『第三批判』と記す）の「序論」においてカントは、「理論理性」と「実践理性」は、それぞれ共に「ア・プリオリな構成的原理（constitutive Principien a priori）」を持つが、前者に関わるのが「自然概念」であり、後者に関わるのは「自由概念」であるとしている（vgl. KU V 168）。このように理論理性（悟性）は、自然に対する立法者として、自然に構成的な仕方で関わっている。これに対して実践理性は、自己に対して自律的な立法者として自由に関わる。理論理性と実践理性は共に理性であり、受容性の能力である感性から区別され、それらが自発的であるという意味で叡知者とされるが、両者には以上のような違いがある。あたかも経験的統覚、あるいは内感としての経験的自我が、純粋統覚としての超越論的自我と同一の自己でありながら、そのはたらきからすれば峻別されねばならないのと同様に、理論理性の主体と実践理性の主体は「自発的な叡知者」として同一でありつつも、それらが向かう事象からして両者のはたらきは区別されると考えられるのである。

　しかし、このような区別があるにせよ、やはりカントが「超越論的統覚」と「本来的自己」を同じ叡知者と考えている点は重要である。というのも、超越論的統覚は「自己意識」、「自己同一性」の「意識」（しかもはたらきの同一性の意識）であることを最大の特徴とするが、このことは実践的主体にも当てはまり、このことから自由であると言われる場合の統覚の性格が明らかになるからである。

　前節で引用したように、カントに従えば、「『私は思惟する』が私の全ての表象に伴うことができなければならない」（B131）とされるが、この命題は、「私の」表象を同一的である「私」に帰するという意味では、「分析的」（vgl. B138, B133 Anm.）であるとされる。しかしその根底には、「多様の綜合」あるいは「多様の綜合的統一」という綜合的な「はたらき」があり、この作用によって自己の同一性でさえもが可能になるという意味では、統覚の「分析的統一」はその

第二章　実体的自我から主体的自我へ

「綜合的統一」を「前提してのみ可能」となる（vgl. B133）。統覚の同一性は「自らのはたらきの同一性」（A108）、「機能の同一性」（ibid.）として認識の可能性の条件であり、このようなはたらきとしての意識の自己同一性と対象としての多様の「統一」がカントの自己意識の特性である。

そしてこうした「はたらき」における「自己同一性」と「統一性」は、次のような事柄を考えてみると、我々の実践においても成り立つことが分かる。つまり、我々が、或る行為を「私の」行為とするためには、自らが行った行為を自分自身が行ったものとしてまさに「同一の自我」に帰すことができなければならず、このことは、はたらきの「統一性」と「同一性」によって可能となるのである。いみじくもカウルバッハは「私は思惟する」と「私は行為する」という命題について次のように述べている。「カントはこの命題〔＝私は思惟する〕を次のような他の命題へと変形することもできたであろう。すなわち、我々自身が自然においてその統一を『なさ』なければ、いかなる統一も理解することができないという命題が妥当するかぎり、『私は思惟する』は『私は行為する』という意味において統一的で立法的な仕方で（einigend und gesetzgebend）一切の私の表象の内に現前している（gegenwärtig sein）のでなければならない、という命題へと変形することもできたであろう〔強調は引用者〕」[29]。カウルバッハは、認識においては「『私は思惟する』が私の全ての表象に伴うことができなくてはならない」という統覚のはたらきが成り立つだけではなく、実践の領域においても「『私は行為する』ということが私の全ての表象に伴うことができる」し、また「そうでなければならない」と考えるのである。この主張のうちには自然に対する立法者としての「超越論的統覚」と自らに対して立法的である自律的な「自由の主体」との類比が看取されるわけであるが、一切の私の行為を統一的に把握するというまさに「はたらき」の「同一性」があるがゆえに、カウルバッハのこのような主張も成り立つのである。

それゆえ、自由の主体のこのような実践的な自己同一性という性格を勘案し、理論的な領域における「超越論的統覚」に対して、我々はこれを「実践的統覚（praktische Apperzeption）[30]」とでも名づけることができるであろう。実践的統

覚の特徴は、超越論的統覚が自然の立法者として自然に向かうのに対して、まさに自己や自己の行為に向かい、その行為を統一し、自己同一性を保つ点にある。そもそも我々に自らの行為とその行為における自己同一性などなく、その都度「多彩で種々の自己 (vielfärbiges verschiedenes Selbst)」(B134) が行為を行ったものと考えるならば、行為における責任さえ成り立たず、責任と表裏一体の自由も考えられなくなるであろう。『倫理学講義』の「帰責について (De imputatione)」という節では、「帰責 (Zurechnung) においては、行為は自由に基づいて生じなければならない」[31]とされている。あるいは、『第三批判』でも「自由な原因性に関する我々の概念に従えば、良き振る舞いも悪しき振る舞いも我々に依拠する (beruhen)」(KU V 449 Anm.) とカントは述べている。良き行為をするにせよ、悪しき行為をするにせよ、その行為をまさに自己自身が為したものとして自らに帰し、その行為の責任を引き受けねばならないのは、我々が自由な主体であるからにほかならない。我々人間は自由な存在者であり得るがゆえに、自らの行為に対する責任を負うべきなのである。そしてそもそもこのことが可能であるのは、我々人間が自らが為した行為を自らが為したものとして「同一の自我」に帰することが「でき」、またそうで「なければならない」からであろう。そのかぎり、自由の主体としての実践的主体も「超越論的統覚」と類比的な構造を有すると言えよう。

むすびにかえて

以上のような考察によって、ヴォルフやバウムガルテンの影響のもとにあったカントがどのようにして「合理的心理学」で展開されている「実体的自我」やその認識を超克し、独自の自我論を展開していったのかが見定められた。それを本章の議論の流れに留意しつつ簡潔に述べると、『ペーリッツの形而上学講義』の「合理的心理学」の箇所では素朴に容認されていた実体的な自我論が『第一批判』においては「誤謬推論」として捉えられ、「はたらき」や「機能」

の「同一性の主体」として捉え直されることになる。また特に第三節では、本来の意味で「主体」と呼ばれるのは実践や道徳に関わる自我であるとの筆者の考えから、悟性と（実践）理性のはたらきを対比させつつ、第一章の統覚のみによる自己認識に関する解釈をさらに敷衍した。このことにより、私の行為を私自身に帰すことができなければならないという意味において「実践的統覚」という概念を提示するに至った。

　さてしかしながら、これまで筆者は「統覚」を「自由の主体」と考え、その際「自由」が「実在的なもの」であることを前提するような仕方で議論を進めてきた。しかし、もし仮に自由が実在性を持たなければ、自由な主体について語ることも無意味であろうし、我々人間主体が自己自身を自由の主体として認識するという筆者の解釈も（そして筆者の解釈が正しいならカントの議論も）空理空論になるであろう。しかるに、実際にカントが「自由の実在性」を示した（あるいは示すことができた）のは、『第一批判』ではなく、『第二批判』においてがはじめてである。しかも『第二批判』と同じく実践哲学や道徳哲学を主題とし、『第二批判』の三年前に公刊された『基礎づけ』には見られなかった或る種の「転回」が『第二批判』の「自由論」には見られる。それゆえ、次章ではまさに自由の問題を扱うが、上に述べた理由から、特に「自由の実在性の問題」について究明し、カントの自我や主体についての考察をさらに深める。

註

1) Cf. E. Cassirer, The Crisis in Man's Knowledge of Himself, in : An Essay on Man, New Haven, 1944（6th. ed. 1951）, p. 1.
2) R. Descartes, Meditationes de prima philosophia（Œuvres de Descartes / publiées par Charles Adam & Paul Tannery ; nouvelle présentation, en co-édition avec le Centre national de la recherche scientifique; VII）, Paris, 1996, p. 28.
3) R. Descartes, Principia philosophiae（Œuvres de Descartes; VIII）, Paris, 1996, p. 25. また『方法序説』にも「私〔＝自我〕」について「その本質または本性が思惟するということ以外の何ものでもない一つの実体」という叙述がある（cf. R. Descartes, Discours de la méthode（Œuvres de Descartes ; VI）, Paris, 1996, p. 33）。

註

4) 原文は、Und die Erkenntniß des Subjekts ist der wahre Gegenstand der Philosophie. Denn wir haben alle unsere Erkenntnisse nur dadurch daß wir uns erkennen. であるが、日本語として自然なものとなるように訳出した。特に Denn 以下の「我々」を必要以上訳出せず、Und はテクストの前後を確認した上で、本稿の日本語の流れに留意し、訳出しなかった。

5) 本章で主題的に扱う『ペーリッツの形而上学講義』とは、Metaphysik L_1 Kosmologie, Psychologie, Theologie nach Pölitz, in : XXVIII 193 – 350 を指す。この講義がいつ行われたのか、その正確な時期については残念ながら知ることができない。しかし、カント研究者たちの考証によって、この講義が『第一批判』第一版の出版前に行われた聴講者のノートを基にしていることは確かなものとされている（vgl. XXVIII 1341 – 1345）。

　ちなみに、この講義は、現在アカデミー版に収められているが、それ以前はペーリッツの編集によって一冊の書物として公刊されていたものである。ペーリッツの言うところに従えば、この講義は二つの異なったManuscripteからなるとされる。一つは、「日付のない」「第二のものよりも旧い」が、「詳細かつ内容豊かな」ものであり、「宇宙論、心理学、合理的神学」を含むものである（XXVIII 1511, vgl. XXVIII 1340）。これに対して、第二の原稿は、日付がはっきりしており、「1788年に」執筆されたものに、「1789年、ないし1790年に別の人の手によって加筆された」原稿であって、それには「序論と存在論」が含まれているとされる（XXVIII 1512, vgl. XXVIII 1340）。このため、アカデミー版では「宇宙論、心理学、合理的神学」を L_1 とし、「序論と存在論」を L_2 として別のものとして扱っている。

6) G. ツェラーは、体系の概念という点からヴォルフ、バウムガルテン、マイヤーとカントとの比較考察を行っているが、カントがヴォルフを評価した点は「徹底性（Gründlichkeit）の精神」（BXXXVI）であり、とりわけ体系の「叙述形式」である点を指摘している（vgl. G. Zöller, Die Seele des Systems : Systembegriff und Begriffssystem in Kants Transzendentalphilosophie, in : Architektonik und System in der Philosophie Kants, herausgegeben von Hans Friedrich Fulda und Jürgen Stolzenberg, (System der Vernunft : Kant und der deutsche Idealismus, herausgegeben von Wilhelm G. Jacobs, Hans-Dieter Klein, Jürgen Stolzenberg ; Bd. 1), Hamburg, 2001, S. 55）。またこのこととあわせて、ツェラーは（ヴォルフや）バウムガルテンの体系は存在論の根本概念を枚挙するだけで、その導出原理を欠いているので（Zöller, a. a. O., S. 62）、カントが彼らの体系を真の意味では「けっして体系ではなく、寄せ集め（aggregat）」（Zöller, a. a. O., S. 63, vgl. MM XXIX 805）にすぎないものと見なした点にも言及している。

7) ヴォルフは「形而上学においては、存在論、すなわち第一哲学が第一の場所を、一

91

第二章　実体的自我から主体的自我へ

般宇宙論が第二の場所を、心理学が第三の場所を、そして最後に、最後の場所を自然神学が占め」、論述の順序もこの順でなければならないとしている（cf. Ch. Wolff, Philosophia rationalis sive logica, pars 1, édition critique avec introduction, notes et index par J. École, Gesammelte Werke, 2. Abt. Lateinische Schriften, Bd. 1.1, Hildesheim / Zürich / New York, 1983, § 99 p. 45)。またバウムガルテンも「形而上学には存在論、宇宙論、心理学、および自然神学が属す（referri)」(A. G. Baumgarten, Metaphysica (Editio VII, 1779), Hildesheim, 1982, § 2 p. 1) としている。このように、ヴォルフとバウムガルテンの形而上学の体系は、四つの部門からなる。

　形而上学を含め、ヴォルフの哲学体系の区分については、ヴォルフの上掲書のJ.エコールによる序論 (cf. XXX)、あるいはこれと若干異なった区分をしている H. リューチェの次の論文の箇所を参照のこと (vgl. H. Lüthje, Christian Wolffs Philosophiebegriff, in : Kant-Studien Bd. 30, Berlin, 1925, S. 65)。ちなみに、エコールの指摘によれば、ヴォルフの「一般形而上学」と「特殊形而上学」に相当する区分は、すでに Bouju (Corps de toute la philosophie divisé en deux parties (1614)) や Micraelius (Lexicon philosophicum (1662)) によって行われていたとされる (cf. J. École, La métaphysique de Christian Wolff, Christian Wolff Gesammelte Werke, 3. Abt. Materialien und Dokumente, Bd. 12.1, Hildesheim, 1990, p. 59

8) Ch. Wolff, Philosophia prima, sive, Ontologia, edidit et curavit J. Ecole, Gesammelte Werke, 2 Abt. Lateinische Schriften, Bd. 3, Hildesheim / New York, 1977, § 1 p. 1.

9) Baumgarten, op. cit., § 4 p. 2.

10) Ch. Wolff, Philosophia rationalis sive logica, pars 1, § 78 p. 36.

11) Wolff, op. cit., § 58 p. 29.

12) Wolff, op. cit., § 57 p. 29.

13) Vgl. Ch. Wolff, Der vernünfftigen Gedancken von Gott, der Welt und der Seele des Menschen, auch allen Dingen überhaupt, anderer Theil, bestehend in ausführlichen Anmerckungen, mit einer Einleitung und einem kritischen Apparat von C. A. Corr, Gesammelte Werke, 1. Abt. Deutsche Schriften, Bd. 3, Hildesheim / Zürich / New York, 1983, § 35 S. 71, § 54 S. 121. Cf. Baumgarten, ibid.

14) Ch. Wolff, Philosophia rationalis sive logica, pars 1, § 73 p. 34.

15) バウムガルテンは『形而上学』の「経験的心理学」で感官（sensus）を「私の魂の状態」を表象する内感（sensus internus）と「私の身体の状態」を表象する外感（sensus externus）に分類しており、その註で sensus に Sinn というドイツ語を充て、sensus internus を der innere Sinn、sensus externus を die aeusre Sinnen〔die aussere Sinnen〕としている。Cf. Baumgarten, op. cit., § 535 p. 188.

16) 周知の通り、ヴォルフは「心理学」に関しては「経験的心理学」と「合理的心理学」

という二冊の書物を著し（Ch. Wolff, Psychologia empirica, edidit et curavit Joannes Ecole, Gesammelte Werke, 2. Abt. Lateinische Schriften, Bd. 5, Hildesheim, 1968, et psychologia rationalis, edition critique avec introduction, notes et index par Jean École, Gesammelte Werke, 2. Abt. Lateinische Schriften, Bd. 6, Hildesheim / New York, 1994)、バウムガルテンは『形而上学』の第三部「心理学」の箇所を「経験的心理学」と「合理的心理学」に分けて論じている（Baumgarten, op. cit., § 503 p. 173)。

17) 本文の叙述から明らかなように、『第一批判』と『ペーリッツの形而上学講義』で掲げられている四つの命題のうち、大幅に異なるのは「第四推論」の内容である。『ペーリッツの形而上学講義』と『第一批判』における四つの推論のうち前三者はほぼ同じ内容を表すが、最後の推論の内容が異なるという事実はすでに小倉志祥氏も指摘されるところであるが（『カントの倫理思想』、東京大学出版会、1972年、123頁参照）、『ペーリッツの形而上学講義』の第四推論は「魂は端的に自発的な行為者である」とされ、魂の絶対的自発性、すなわち「自由」に関するものである。これに対して、『第一批判』では、絶対的自発性とされる「超越論的自由」は、周知の通り、「合理的心理学」に関係する「純粋理性の誤謬推論」ではなく、「合理的宇宙論」に関係する「純粋理性のアンチノミー」において「自然必然性」と「自由」に関する「第三アンチノミー」として論じられることになる。しかし、カントが批判期においても依然として、魂を自由と考えていることは、例えば「自由の主体」という言葉がしばしば見出されることからも推察される（vgl. B431, Prol. IV 343, KpV V 6, u. s. w.）。実際、『第一批判』でも「第三アンチノミー」の解決の鍵となる「超越論的観念論」による「現象」と「物自体」との区別を念頭に置きつつ、「魂」、「人間の魂 (die menschliche Seele)」という言葉を用いたうえで、カントはその魂に関して「その意志が自由かどうか」を論じる場合、現象と物自体という「二重の意味」からこれを捉える場合には、矛盾は生じないと明言している（vgl. B XXVII）。『ペーリッツの形而上学講義』においては、カントは「超越論的自由」を素朴に容認しており、アンチノミーという問題からは自由を論じてはいないが、前批判期に行われたとされるこの講義でカントが「超越論的自由」について述べ、さらには「超越論的自由」と「実践的自由」に関する規定や両者の関係もすでに言及している点（これについては第三章の冒頭で若干触れる）は、あまり指摘されることはないが、大いに注目されるべきであろう。

　他方、『第一批判』の第四の推論について言えば、これは第一版では「観念性の誤謬推論」（A366）とされている。ちなみにスミスは、この第四推論は、魂の本性には関係しないとコメントしている。スミスに従えば、観念性の推論が関係するのはもっぱら客観的な現象に帰せられる存在の様態であるので、カントが観念性の誤謬推論を合理的心理学に取り入れたのは、カントの建築術的な要求に基づくとしている（cf. N. K. Smith, A Commentary to Kant's "Critique of Pure Reason", London, 1923, p. 463)。

第二章　実体的自我から主体的自我へ

スミスのように「第四誤謬推論」が魂の本性に関係しないと言い切れるかどうかは別としても、観念性という問題は、第二版ではむしろ「観念論論駁」というかたちで先鋭化されることになるのは事実であろう。

18) 例えば、『第一批判』の「経験の第一類推」は「実体」に関する考察であるが、ここでカントが特に重視しているのは「持続性」である（vgl. A182/B224）。またデカルトやスピノザの実体概念との対比で、カントが「持続性」という点を強調していることについては、次の箇所を参照。ML₂ XXVIII 563.
そして「魂」について言えば、実体的自我を容認にしている証左として本文で引用した『レフレクシオーン』では「持続可能（perdurable）であるということが実体の本質には属する」(Refl. 5297 XVIII 146) との叙述がある。批判期の著作でも魂が特に「持続」や「不死」と関係していることは、カントの三つの理念のうちの一つが「〔魂の〕不死」であることや『第一批判』第二版の「魂の持続性に関するメンデルスゾーンの証明に対する論駁」(B413ff.) 等の叙述からも明らかであろうが、『プロレゴメナ』第48節にはまとまった叙述がある（vgl. Prol. IV 335）。

19) Vgl. H. Heimsoeth, Transzendentale Dialektik, Berlin, 1966, S. 81.

20) 筆者がこうした見解を開陳したのは、初出一覧表にも示したように、1999年であるが、その後の我が国では「自己直観」という観点から『形而上学講義』における思惟する「自我」の「例外的」性格を指摘する八幡英幸氏の研究がある（「カントにおける自己直観・自発性・現実性——形而上学講義L1から『純粋理性批判』へ——」：『現代カント研究8 自我の探究』所収、カント研究会編、晃洋書房、2001年、73－75頁参照）。当該論文において八幡氏は、『形而上学講義』では「内的感官と統覚の区別がまだ明確ではなかった」点を「自己直観」理論から明らかにされている（同書76頁）。これは氏の炯眼であろう。

21) カントはこの引用箇所で、実体的なものが未知であることを「ひとはすでにずっと以前から気づいていた（Man hat schon längst angemerkt, ）」と言っている。周知の通り、substratum（ドイツ語ではSubstrat）は、「根底に置かれたもの」を意味するギリシア語のὑποκείμενονの訳語であり、概念史的に見れば、プラトンやアリストテレスにまで遡ることができるが、Historisches Wörterbuch der Philosophie によれば、近世哲学において「実体の概念がしばしば基体の概念によって説明されるのは、ロック以来である」とされる。そして「カントは時間規定の可能性の制約として、超越論的に変容させる仕方で、ロックとバークリーの意味における実体と基体の概念を用いている」との指摘がある（vgl. J. Ritter (Hg.), Historisches Wörterbuch der Philosophie, unter Mitwirkung von mehr als 700 Fachgelehrten in Verbindung mit Günther Bien et al., Bd. 10, Art. Substrat, Basel / Schwabe, 1998, S. 558)。このことからすると「基体としての実体的なもの」が我々にとって未知であるというカントの

註

考えは、ロックやバークリーに負うところが大きいと考えられる。

ちなみに、ロックは『人間知性論』2巻23章を「実体という我々の複合観念について」と題し、「実体」と「基体」との関係についておよそ次のように述べている。我々は或る事物に属すると考えられる単純観念を一つの主体に合一し、一つの名前で呼び、あたかもそれを単純観念であるかのように語りがちであるが、実はこれは単純観念の複合体であり、我々がこうした単純観念の複合体がそのうちで存立するような基体を想定するように習慣づけられているにすぎない。そしてこれこそが実体にほかならない。ロックはこうした「基体」を「純粋実体」とも呼び、これを「諸性質の何かわけの分からない支え」と言い、それが人間にとって未知であることを強調している（J. Locke, An Essay concerning Human Understanding, ed. by P. H. Nidditch, Oxford, 1975, p. 295）。「実体」や「基体」に関するロックの見解ついては以下の箇所も参照のこと（cf. Locke, op. cit., p. 95）。

本文でも触れたように、カントもあらゆる偶有性が内属する主体（基体）を、絶対的主語、究極の主体と呼び、特にこれを未知と考えるのは、ロックからの強い影響であろう。実際、筆者が調べたかぎり、本文で引用した『ペーリッツの形而上学講義』（L_2）の或る箇所でロックが実体を偶有性の担い手であり基体と称したとされている（vgl. ML_2 XXVIII 563）。

22）「思惟する自我」が「実体的なもの」との関係で考察され、認識不可能とされる見解は、ほかにも『第三批判』以降のカントの『形而上学講義』を基にした『形而上学講義 K_3』にも見られる。Vgl. MK_3 XXVIII 825.

23）ちなみに、誤謬推論とされる自我の「実体性」に関する証明は、第一版では以下のごとくである。

「その表象が我々の判断の絶対的な主語であり、したがって他の物の規定として用いられることができないものは、実体である。

思惟する存在者としての私は、私の一切の可能的な判断の絶対的な主語であって、私（Mir）〔＝自我〕自身についてのこのような表象は、他の何らかの物の述語として用いられることはできない。

それゆえ思惟する存在者（魂）としての私は、実体である」（A348）。

24）カテゴリーの「超越論的使用」とは、経験を「超えた」対象へとカテゴリーを適用することを意味し、経験の対象にカテゴリーを適用する「内在的使用」に対立する。しかるに、例えば、「超越論的演繹」や「原則の分析論」の議論が「経験の対象の可能性」を論じ、現象としての対象に関する認識の客観的妥当性を保証するための議論であることを勘案すると、「超越論的」とは、優れて経験や経験の対象の可能性の条件に関わるものと考えられる。ところが、カテゴリーの使用に関しては「超越論的使用」は「カテゴリーの誤用」（A296/B352）とされ、経験の対象、あるいはその認識

第二章　実体的自我から主体的自我へ

をア・プリオリに可能にするのは、むしろ「内在的使用」の方である。
　このことからも分かるように、カントは必ずしも「超越論的」という言葉を一義的に用いているわけではない。しかし『第一批判』（第二版）のカントの定義に従えば、「超越論的」認識とは、そもそも「対象にではなく、対象一般についての我々の認識の仕方——それがア・プリオリに可能であるべきかぎりにおいて——に関係する一切の認識」（B25）とされる。この箇所の「対象にではなく」、むしろ「対象一般についての我々の認識の仕方」に関わるという点を特に強調して読むとすれば、「超越論的」とは、ア・プリオリな次元で認識主体とその能力の反省に関係するもの一般を指すと考えられるであろう。実際、『プロレゴメナ』では「超越論的という言葉は、私の場合、事物に対する我々の認識の関係を意味するのではけっしてなく、我々の認識能力に対する我々の認識の関係を意味する」（Prol. IV 293）と言っている。あるいは、「認識の起源に関する認識は超越論的と呼ばれるが、いかなる経験においても見出され得ない客観に関する認識は超越的と呼ばれる」（Refl. 4851 XVIII 10）といった『レフレクシオーン』も見られる。したがって、ハイムゼートも言うように、「『超越論的』〔という概念〕がこの著作全体を通じて原則的に意味しているのは、人間理性に固有な『諸要素』とア・プリオリな概念と原則に対する人間理性の反省である」（Heimsoeth, a. a. O., S. 11）。またカウルバッハも同様に「それゆえ超越論的認識は、ア・プリオリに（apriorisch）認識されねばならないような対象に対する主体の立場について反省する」（F. Kaulbach, Immanuel Kant, Berlin / New York, 1982（2. durchgesehene Aufl.), S. 117）ものであると言い、認識主体の自己反省が超越論的立場であるとしている。このように考えれば、カテゴリーの超越論的使用も認識能力の批判的吟味によってはじめて可能となると言えるので、カテゴリーの超越論的使用という語法もけっして「超越論的」ということから逸脱するわけではない。
　ただし、カントの「超越論的」という言葉には「超越」の契機が存在することも確かである。このことについては、ファイヒンガー、クニッテルマイヤー、そして上で挙げたハイムゼートの議論を参照のこと。Vgl. H. Vaihinger, Kommentar zu Kants Kritik der reinen Vernunft, Bd. I ; herausgegeben von Raymund Schmidt, Neudruck der 2. Auflage, Aalen, 1922（1970), S. 468. Vgl. H. Knittermeyer, Transszendent und Transszendental, in : Festschrift für Paul Natorp zum siebzigsten Geburtstage von Schülern und Freunden gewidmet, Berlin / Leipzig, 1924, S. 201ff. Vgl. Heimsoeth, a. a. O., S. 11 Anm. 13.
　なお『第一批判』における「超越論的というターム」についてのいくつかの用法については、スミスの以下の議論も参照のこと（Smith, op. cit., pp. 74）。
25）Vgl. H. Heimsoeth, Persönlichkeitsbewußtsein und Ding an sich in der Kantischen Philosophie, in : Studien zur Philosophie Immanuel Kants : Metaphysische Ursprünge

und Ontologische Grundlagen, Köln, 1956, S. 251.
26) G. Martin, Immanuel Kant : Ontologie und Wissenschaftstheorie, Köln, 1951（4. durchgesehene und um einen dritten Teil vermehrte Aufl., Berlin, 1969), S. 209.
27) Martin, a. a. O., S. 208. また別の箇所でもマルチンは、「認識主体」と「行為主体」との連関性を次のように指摘している。「ひとは認識主観を行為主体から理解することができる。自発性に基づき行為し、自発性に基づき思惟するところの同一の主体が存在するのである。そしてこの主体は、空間および時間に現れてくる現象ではなく、この主体はまた叡知者として叡知的存在（ein intelligibeles Sein）を持っているのである」(Martin, a. a. O., S. 212)。ちなみに、マルチンは、こうした解釈とは別に『一般形而上学』という著作において「現象体と可想体の区別」という観点からカントが開陳した「思惟し行為する同一の人間」の問題について論じているが（vgl. G. Martin, Allgemeine Metaphysik : Ihre Probleme und ihre Methode, Berlin, 1965, S. 257)、この著作では「思惟する主体とは何であるか。いかにして現象と物自体は区別されるのか」という「二つの問題」をカント哲学の「アポリア」としている（Martin, a. a. O., S. 253)。このため「現象体であると同時に可想体である同一の人間」の「両者がいかにして区別されており、いかにして統一されているのか」に関する明確な叙述をカントの著作中には見出せないと述べている（vgl. Martin, a. a. O., S. 274)。それほどこの問題は難解な問題であろう。
28) ここでカントが「理論理性」と言っているのは「悟性」にあたると考えられる。言うまでもなく、「理論理性」を悟性と狭義の理性とに分けた場合、この狭義の理性は、悟性と同じく、それが理論理性であるという意味においては「自然」に関わるが、それは悟性のように「構成的」な仕方ではなく、「統制的」な仕方で自然に関わる。それゆえ、ここでカントがア・プリオリな構成的原理を持つとしているのは悟性と考えるのが妥当であろう。
29) F. Kaulbach, Kants Theorie des Handelns, in : H. Lenk (Hrsg.), Handlungstheorien interdisziplinär II (Handlungserklärungen und philosophische Handlungsinterpretation 2. Halbband), München, 1979, S. 651.

またタイヒナーもこれに近い表現をしている。すなわち「私は思惟する」は、「理論的認識の枠組みにおいてはたらく」場合と「実践的自己意識」として「私の意欲（mein Wollen)」を伴っている場合があると言っている（vgl. W. Teichner, Die intelligible Welt, Meisenheim am Glan, 1967, S. 114)。

ちなみにカウルバッハは、上の引用文献で、行為の概念を、「存在論的概念」、「超越論的概念」、「実践的概念」の三つに分けて、「はたらき」を分析しているが、第一の行為概念は自然における実体とその「はたらき」を意味し（vgl. Kaulbach, a. a. O., S. 645ff.)、第二の行為概念が自然に対する超越論的統覚の立法行為を表し（vgl.

第二章　実体的自我から主体的自我へ

  Kaulbach, a. a. O., S. 649ff.)、そして第三の行為概念が勝義の自由のパースペクティヴへと自らを移し入れる実践的主体の行為であるとされる（vgl. Kaulbach, a. a. O., S. 655ff.)。なおこれらの行為概念そのものは、以下のカウルバッハの著作において詳細に展開されている。F. Kaulbach, Das Prinzip Handlung in der Philosophie Kants, Berlin / New York, 1978.
30) 博士論文公聴会（平成14年2月1日、於京都大学大学院人間・環境学研究科）において「実践的統覚」ということについて、有福孝岳氏から氏自身がすでに「カウルバッハの行為論」(『倫理学の根本問題』所収、A. バルッツィ，F. カウルバッハ他、晃洋書房、1980年、361頁）において開陳している、との御指摘を頂いた。筆者の議論が、超越論的統覚との異同を明らかにしつつ、「自由」、およびそれと表裏一体の「責任」という契機に着目し、行為の「統一性」や行為における自己の「同一性」という別の観点から「実践的統覚」について論じていることをここでは強調しておきたい。
31) G. Gerhardt (Hrsg.), Eine Vorlesung über Ethik, Frankfurt a. M., 1990, S. 66（MC XXVII 288)。なお『倫理学講義』については、第四章の註7）を参照のこと。

第三章

カントにおける自由の実在性の問題

第三章　カントにおける自由の実在性の問題

はじめに

　我々ははたして自由であるのか、それとも我々は自由ではなく、我々の行為も全て自然の法則に服し、因果的に決定されているのか。自由と必然性の問題は古くから人間を悩ませてきたが、カントにとっても自由の問題はけっして小さな問題ではなかった。否むしろ、自由の問題こそ、批判期のカントの哲学的思惟の根本動機であったと言える。このことは、自由の概念は純粋理性の体系全体の「要石（Schlußstein）」を形作るという『第二批判』の「序文」にある言葉からも容易に推察される（vgl. KpV V 3f.）。また『形而上学の進歩に関する懸賞論文』でも「自由の実在性」は「空間と時間の観念性」と共に「形而上学がその周りを回っている二つの蝶番（zwey Angeln）」とされる（vgl. FM XX 311）。
　このようにカントにとって自由、あるいはその実在性は極めて重要な哲学的問題であるが、すでに前章までの考察で自我が「自由の主体」として自己自身を実践的に認識するというカントの自己認識理論について考察した。しかし、もし自由が実在的でなければ、「自由の主体」として自己を認識するということ、あるいは「自由の主体」について語ることすら空論となるであろう。その意味で我々にとっても自由（特にその実在性）の問題は重要なものとなる。
　その自由が『第一批判』で主題的に論じられるのは、「超越論的弁証論」の「純粋理性のアンチノミー」の箇所であり、そこでカントは有名な「超越論的自由（transzendentale Freiheit）」という概念を提示する。「超越論的自由」とは、『第一批判』の叙述によれば、自然の因果性を断ち切って「状態を自ら始める能力」（A533/B561, vgl. Prol. IV 346）である「絶対的自発性（absolute Spontaneität）」（A446/B474）としての自由を意味し、しかも実践的自由の可能性の根拠としての自由であるが、「超越論的自由」は、実は第二章でも大きく取り扱った『ペーリッツの形而上学講義』の「合理的心理学」の箇所でもすでに言及されている。

実際、「人間の魂は超越論的意味において（in sensu transscendentali）自由である」（ML₁ XXVIII 267）とされ、「自由の超越論的概念」が「絶対的自発性」と言い換えられる（vgl. ibid.）。また、実践的自由の可能性の根拠という点に関して言えば、『第一批判』においてカントは、「自由の超越論的な理念に自由の実践的な概念が基づくことは極めて注目すべきである」（A533/B561）と読者に注意を与え、「超越論的自由の廃棄（Aufhebung）は同時に一切の実践的自由を根絶するであろう」（A534/B562）と述べているが、『ペーリッツの形而上学講義』には次のような叙述がある。「我々は次のことを常に考えておかなくてはならない。すなわち、我々は合理的心理学のうちにいるのであり、ここではいかなる経験にも基づいてはならず、純粋理性の原理から絶対的自発性を証示（darthun）せねばならい。それゆえ、この場合私は実践的なものを超えてゆき、いかにして〔……〕実践的自由が可能であるかを問うのである」（ML₁ XXVIII 269）。このことからも「実践的自由」の「可能性」の根拠であり「絶対的自発性」としての「超越論自由」という概念規定自体は、すでに『ペーリッツの形而上学講義』に見られると言える。

　しかし、『ペーリッツの形而上学講義』と『第一批判』との決定的相違は、超越論的自由が「仮象の論理学」（A293/B349）とされる「超越論的弁証論」において論じられる点であり、しかも「合理的心理学」を批判する「純粋理性の誤謬推論」ではなく、「純粋理性のアンチノミー」において扱われる点である。言い換えれば、第二章で「魂の実体性」に関して考察したのと同様に『ペーリッツの形而上学講義』ではカントは「魂が自発的行為者」であることを証明しようとし、こうした見解を容認しているのに対して、これが『第一批判』においては「超越論的観念論」の立場から入念に検討され、しかも「心理学」ではなく「宇宙論」において「純粋理性のアンチノミー」として考察されることになるのである。

　その「純粋理性のアンチノミー」に関してカントは『第一批判』の第一版を出版した1781年にマルクス・ヘルツに、「通俗性（Popularität）」を考慮したならば、『第一批判』を「純粋理性のアンチノミーというタイトルで論じた箇所

から始めてもよかったでしょう」と手紙を宛てている（Brief. X 269f.）。また1798年には「私が出発した地点は、神の現存在や不死等の究明ではなく、純粋理性のアンチノミーでした。〔……〕これこそが、私を独断のまどろみ（der dogmatische Schlummer）からはじめて覚醒し、理性の見せかけの自己矛盾という醜聞（Skandal）を除去するために、理性そのものの批判へと駆り立てたのでした」（Brief. XII 257f.）とガルヴェに書簡を送っている。特にガルヴェ宛書簡で端的に述べられているように、カントはとりわけ「アンチノミー」という事態を重視している。カントにとって最も重要とも言える自由の問題を批判哲学の立場から述べている箇所が「純粋理性のアンチノミー」であることを勘案すれば、このことは当然とも言えよう。

　しかるに、本文で述べるように、自由の実在性という点に限定すれば、『第一批判』の「超越論的弁証論」の「アンチノミー」の箇所では自由は「宇宙論的意味における」（A533/B561）理念として扱われ、その実在性は示されない。また『基礎づけ』においてカントは、意志の自律という観点から自由を捉え直し、「自由の積極的概念」（GMS IV 447）を示すに至った。しかし『基礎づけ』でも「実在性」という点では『第一批判』と同様に[1]、自由の「客観的実在性は疑わしい」（vgl. GMS IV 455）とされる。そもそも理念の本質が可能的経験を超えるという点にあり（vgl. A621/B649, Prol. IV 328）、しかも我々が「知的直観」を持っていないかぎり、自由の客観的実在性も得られないはずである。ところが、『第二批判』では一転して、「自由の客観的実在性」が主張される。こうしたカントの自由論の転回はいかにして可能となるのか。しかもその実在性とはいかなるものなのか。本章ではこの問題を論じてみたい。

　そのために、本章では以下の手順で考察を進める。まず第一節において自由の実在性という点に関してカント自身がしばしば『第二批判』の立場と対照させる『第一批判』の「超越論的弁証論」、および『第二批判』と同じ意志の自律という実践的・道徳的地平で自由について論じている『基礎づけ』、これらの自由に関するカントの立場を実在性という観点から確認する。そして第二節においては、『第二批判』における「理性の事実」の議論を手がかりにしつつ、

自由の実在性が得られる根拠を示す。そして最後に第三節で実践理性の内在的・構成的原理について考察し、自由の実在性を特に「経験」との関連から見直すことによって、筆者なりの見解を開陳する。

第一節　蓋然的概念としての自由

　カントに従えば、アンチノミーとは「定立（Thesis）」と「反定立（Antithesis）」が同等の権利をもって、抗いがたく迫ってくる「人間理性の最も不思議な現象（das seltsamste Phänomen der menschlichen Vernunft）」（Prol. IV 339）である。その同等の権利をもって人間理性に迫り来るアンチノミーのうちの「自由」と「自然必然性（Naturnotwendigkeit）」を問題にしているのは、四つあるうちの第三のアンチノミーであるが、それは以下の「定立」と「反定立」からなる。

> 定立：自然の法則に従った原因性（Kausalität）は、世界の現象がことごとくそこから導出されうる唯一の原因性ではない。現象を説明するためには、さらに自由による（durch Freiheit）原因性を想定することが必要である（A444/B472）。
> 反定立：いかなる自由も存在せず、世界における一切のものは、もっぱら自然法則に従って生起する（A445/B473）。

　言うまでもなく、「定立」は自然の法則に従った原因性以外にも「自由による原因性」を認め、これに対して「反定立」は「自然法則に従った原因性」、すなわち自然の「因果性の法則（Gesetz der Kausalität）」のみを認める立場をそれぞれ表している。因果性の法則とは、最も一般的に言えば、「あらゆる変化は原因と結果の結合の法則に従って生じる」（B232）という原則であるが、ここで特に注意しなければならないのは、因果性の法則が、アンチノミーが問題にされる「超越論的弁証論」よりも前の「超越論的分析論」の「原則の分析論」における「経験」の「第二類推」ですでに扱われ、まさに反定立の主張そ

第三章　カントにおける自由の実在性の問題

のものを言い表している点である。言い換えると、「反定立」の主張は、『第一批判』の叙述の順序からしても、すでにその「客観的妥当性」が証明されたものと見なされねばならない。アンチテーゼは「自然に対する立法(Gesetzgebung für die Natur)」(A126)者としての悟性の一つの規則として、他の諸原則と共にそれ自身「すでに確立している」(vgl. A536/B564)のである。

　逆に言うと、自然法則に従った因果性を表す先の「反定立」の方はゆるがせにできない。もしこれを否定するならば、それまでの『第一批判』の「超越論的分析論」の叙述は無意味なものとなる。「独断のまどろみ」からカントを目覚めさせたのがほかならぬヒュームであり(vgl. Prol. IV 260)、ヒュームが因果律の絶対的必然性を批判し、自然科学の普遍妥当性を疑った点にあったことを勘案すれば、因果律の妥当性を否定することは、「必然性」と「厳密な普遍性」(B4)を兼ね備えた学としての自然科学そのものの可能性をも否定することに繋がり、懐疑論への扉を開くことにもなりかねないであろう。それゆえ「自然必然性」と「自由」を対比させながら、カントは『基礎づけ』で次のように述べている。「自由についての思想が自己矛盾したり、あるいは同様に必然的である自然と矛盾するなら、自由は自然必然性に対して全面的に放棄されねばならない」(vgl. GMS IV 456)。すでに述べたように、自然必然性はそれ自身すでに確立しており、自然法則の客観的妥当性は確実であるからである。

　したがって第三アンチノミーの問題は、結局、自然の因果性の法則を犯すことなく、同時に自由が可能であるかどうか、そしてもし可能であるとするならば、それはどのようにしてか、ということになる。第三アンチノミーは「一方で悟性を、他方で理性を満足させる」(A531/B559)ことによってのみ解決可能なのである。悟性の要求である自然必然性も理性の要求である自由の概念も双方放棄され得ない。両者の要求を満たすことが（広義の）人間理性の要求である。このように自然法則を犯さず、自由を救い出すことこそ、カントが第三アンチノミーで論じようとした問題である。

　こうした矛盾的対立を克服するためにカントが採った方途は「客観」を「現象」と「物自体そのもの」という「二様の意味において」(B XXVII)見、両

第一節　蓋然的概念としての自由

者の原因性を区別することである。例えば、「アンチノミー」の箇所で次のように言われる。「こうした存在者の原因性は、二つの側面から、すなわち、物自体そのものとして、その行為に従えば、叡知的（intelligibel）と見なされ、そして感性界における現象として、その行為の結果に従えば、可感的（sensibel）と見なされうる」（A538/B566）。すなわち、カントは、後者の原因性を「自然に従う原因性」とし、この原因性に基づく行為を感性界における出来事と見なし、徹頭徹尾、自然必然性に服するものと考える。だがその一方で前者の叡知的原因性に基づく行為の場合、たとえその行為の結果は現象であっても、その原因は空間や時間の制約に拘束されない「自由に基づく原因性」とし、「自然の原因性」から区別する。このことにより、カントは「自然必然性」と「自由」の間にある対立が「錯覚」であり、「見せかけの矛盾」であると考えるのである。

　ちなみに『第一批判』の「超越論的弁証論」における自由論は必ずしも意志を有する行為者に限定されるわけではない。アンチノミーが「心理学」でなく、「宇宙論」で述べられていることからも推察されるように、そこでは「宇宙論的」観点、つまり「世界の起源を理解するために」（A448/B476）、あるいは「世界の実体に自由に基づいて行為する能力」（A450/B478）があるかないか、という観点から自由は問題にされる。とはいえもちろん、カントはアンチノミーの解決の際に一つのモデルとして、しばしば実践的観点から自由を問題にしている。このことは前段落で引用した客観を現象と物自体という二様の意味において見るという第二版の「序言」の引用の直後に、カントが自由と自然必然性について言及する際、まさに同一の意志を二重に見ると言っていることからも分かるが（vgl. B XXVIIf.）、アンチノミーの箇所でもおよそ次のような叙述がある。主体は、彼の経験的性格に従えば、自然法則に従うが、彼の叡知的性格に従えば、つまり主体が可想体であるかぎり、同一の主体は感性の一切の影響や一切の自然必然性から自由なのである（vgl. A540f./B568f.）。この場合、単に世界における実体や事物としての客観のみならず、意志を持つ「行為主体（das handelnde Subjekt）」（vgl. A539/B567, A545/B573）へと、同一の事物を現象と物自体の二重の観点から見るという「超越論的観念論」のテーゼを、いわば「適

第三章　カントにおける自由の実在性の問題

用」し、行為主体の内部での自然必然性と自由の両立可能性をカントは示そうとしていると言える。実際、この考えは、後に言及する『基礎づけ』においては一層顕著である。

いずれにせよ、『第一批判』では、客観を「現象」と「物自体」という異なったパースペクティヴから見る「超越論的観念論」に基づき、第三アンチノミーの「定立」と「反定立」が「小反対（subcontrarium）」対当（vgl. FM XX 291, XX 328）の関係にあることが明らかにされ、これにより双方の命題が「修正された意味において真」（vgl. A532/B560）となり、アンチノミーの批判的解決が成就されることになる。その意味で「超越論的観念論」は、まさしく自由と自然必然性のアンチノミーを解くための「鍵（Schlüssel）」（A490/B518）である。『第一批判』において「現象が物自体そのものであるならば、自由は救われない」（A536/B564）、あるいは「我々が超越論的実在論の錯覚（Täuschung）に屈服しようとするならば、自然も自由も残らない」（A543/B571）と言われるのもまさにこのためである。

しかし、注意すべきは、第三アンチノミーの考察を終えるにあたって、カントがそれまでの議論を回顧しつつ、次のように述べている点である。「十分に注意しなければならないことであるが、我々が以上のことによって証明しようとしたのは」、「自由の現実性ではない。〔……〕さらにまたけっして自由の可能性でもない」（A557f./B585f.）。この言葉からも明らかなように、カントは「超越論的弁証論」で自由の現実性や可能性の問題についての究明を行わなかったのである。その理由としてカントは、「経験法則に従ってけっして考えられてはならないものを、経験からけっして推論することはできない」し、また「ア・プリオリな単なる概念からは」自由の「可能性を認識することはできない」としている（vgl. A558/B586）。このことは、或る意味では物自体を概念によって思惟することはできるが、認識することができないとする「超越論的観念論」の立場からの当然の帰結であろう。それゆえカントは続けて、ここで「我々が成し遂げることができたのは、このアンチノミーが単なる仮象に基づくにすぎないこと、また自然は自由に基づく原因性と少なくとも矛盾しないことであ

り」、このことのみが「重要だったのである」(A558/B586) と述べている。

このように『第一批判』の「超越論的弁証論」でのカントの関心は、「自由の現実性」や「可能性」を確証することにあるのではなく、「自由が自然と矛盾なく考えられる」ことを示すことにあった。言い換えれば、「自由の蓋然性」を示すことにあったのである。「蓋然的」という言葉を、カントは次のように定義している。「いかなる矛盾も含まないが〔……〕その客観的実在性がいかなる仕方によっても認識され得ない概念を蓋然的と名づける」(A254/B310)。まさに「超越論的弁証論」でカントが示そうとしたことは、「自然必然性」と「自由」が「矛盾なく考えられること」である。ゆえに、「超越論的弁証論」では自由は客観的実在性を保証されていないと解せよう。ここで証明されたのは「自由に関する論理的・可能的な思考 (der logisch-mögliche Gedanke) の妥当性」にすぎず、けっしてその「実在可能性 (Realmöglichkeit)」が証明されたわけではないのである[3]。

では『基礎づけ』ではどうであろうか。現象と物自体の「超越論的区別」を行いつつ、自然と自由の両立を図る姿勢は変わらない。ただし『基礎づけ』においては「客観」を二重の観点から考察することについては言及されず、「主体」や「自己」を「二重の仕方で表象し、考える」(vgl. GMS IV 457) ことが主要問題となる。これは、すでに述べた自由を「宇宙論的」観点から考察する『第一批判』とは異なり、『基礎づけ』の立場が、自由をもっぱら我々の「意志の自由」として考察することに基づいているのであろう。自由を道徳的・実践的なものとして考察する『基礎づけ』においては、対象の置き入れではなく、いわば、自己の置き入れが問題となるのである。

主体や自己を「理性的存在者」と言いつつ、カントは次のように述べている。「理性的存在者は、叡知者 (Intelligenz) としては自分を悟性界の一員と見なし、ただ悟性界に属する作用因として〔見るかぎり〕自らの原因性を意志と呼ぶ。にもかかわらず他方では、自分を感性界の一片 (Stück) として意識しており、そのうちでは彼の行為は意志の原因性の単なる現象として見出される」(GMS IV 453)。このように『基礎づけ』でも「超越論的観念論」のテーゼを「行為

主体」に適用しつつ、「感性的自己」と「叡知的自己」のそれぞれに固有の原因性を考えることで、「同じ人間の行為の自由と自然必然性との間にはいかなる真の矛盾も見出されない」(GMS IV 456) ことが明らかにされる。『基礎づけ』でも自由と自然必然性が「見せかけの矛盾（Scheinwiderspruch）」(ibid.) であることが示されるのである。

また自由の実在性という点に関して言えば、先の『第一批判』と同様、『基礎づけ』においても自由の実在性は示されない。「自由は、その客観的実在性が自然法則に従ってはいかなる仕方でも、だから何らかの可能的経験においても証示されることのできない単なる理念である」(GMS IV 459)。カントに従えば、我々にとって認識可能なのは、悟性の立法によって可能となる自然や経験の領野にあるものである。「経験」こそが「豊饒な低地（das fruchtbare Bathos)」(Prol. IV 373 Anm.) なのである。それゆえ『基礎づけ』でも理性概念と悟性概念の相違を際立たせつつ、次のように言っている。「したがって自由は、その客観的実在性がそれ自体では疑わしい理性の理念にすぎないが、自然は、その実在性を経験の実例に即して証明し、また必然的に証明せねばならない悟性概念である」(GMS IV 455, vgl. Prol. IV 329)。このように『基礎づけ』でも自由が悟性概念によって可能となる自然と同じような実在性を持ってはいないことが改めて強調される。以上のように『第一批判』と同様、『基礎づけ』においても自由の実在性は依然として示されないままである。

第二節　「理性の事実」による「自由の演繹」

ところが、カントは『第二批判』において一転、自由の実在性を主張する。『第二批判』の「序文」で『第一批判』における自由論を回顧しつつ、カントは次のように述べている。「自由の概念を思弁的理性は、ただ蓋然的に、すなわち考えることが不可能でないものとして掲げることができたにすぎず、この概念に客観的実在性を保証することはできなかった。〔……〕自由の概念は、実践

第二節　「理性の事実」による「自由の演繹」

理性の必当然的な（apodiktisch）法則によってその実在性が証明されているかぎり、純粋理性、〔のみならず〕思弁理性でさえもの体系の建物全体の要石を形作る」（KpV V 3f.）。

　このようにカントに従えば、『第二批判』で自由の概念は実在性を獲得するとされる。ここで自由が体系の「要石」と言われているが、これは自由の実在性が得られることによってはじめて、『第一批判』における思弁的観点からは自由と同様に蓋然的にとどまった「神と〔魂の〕不死」という他の理念の実在性も保証されるからである（vgl. KpV V 4）。こうした「体系」の「要石」としての自由とその実在性についてカントは、或る『レフレクシオーン』で次のように言っている。「自由の概念は、その実在性が理論的独断的（theoretisch dogmatisch）には認識され得ない理性概念であるが、しかしまた、実践的・定説的（practisch=dogmatisch）な証明が可能であるばかりでなく、この証明と必然的に結びつけられている唯一の概念である。この概念から神と不死も流出する。それゆえこの二つもまたもっぱら実践的定説的である」（Refl. 6428 XVIII 713）。このように自由の概念は、神と魂の不死とがそこから流出すると言われるほどカント哲学にとって重要な位置を占めるが、これも自由が蓋然的ではなく、客観的実在性を得るからなのである。[4]

　その自由の実在性の重要性について『形而上学の進歩に関する懸賞論文』で「空間と時間の観念性」と関係させつつ、カントは次のように述べている。「形而上学がその周りを回っている二つの蝶番がある。すなわち、第一に空間と時間の観念性に関する説であるが、これは理論的原理に関して超感性的なものを、しかし我々にとっては認識不可能なものを単に指示するのである〔……〕。第二には、認識可能な超感性的なものの概念としての自由の概念の実在性に関する説である。しかしこの場合には、形而上学はもっぱら実践的・定説的である」（FM XX 311）。あるいは同じことであるが、『レフレクシオーン』では「空間と時間の観念性と自由の概念の実在性」が「形而上学全体の二つの主要原理（Cardinalprincipien）」との叙述もある（Refl. 6344 XVIII 669, vgl. Refl. 6353 XVIII 679）。このように「空間と時間の観念性」と「自由の概念の実在性」は、形而

第三章　カントにおける自由の実在性の問題

上学にとって極めて重要な位置にある原理とされ、しかもそれらが「蝶番」と言われるほど両者の間には密接な連関がある。それゆえにこそ『第一批判』では「超越論的観念論」が「自由」と「自然必然性」に関する第三アンチノミーを解く「鍵」（A490/B518）であると言われたのである。

しかしながら、前節で確認したように、『第一批判』では「超越論的観念論」が第三アンチノミーを解く「鍵」と言われたにもかかわらず、自由は「蓋然的な概念」にとどまった。言い換えると、たとえ客観と主体の双方を、それぞれ「現象」と「物自体」という「二重の意味」において見るという「超越論的観念論」の主張が「自由の実在性」と密接に結びついているとしても、『第一批判』で開陳されたこのテーゼに基づくのみでは自由の「実在性」を示すことはできないと考えられる。また「宇宙論的意味」における自由ではなく、自律的・道徳的自由として明示した『基礎づけ』においてさえ、「自由の客観的実在性」を保証することはできなかった。自由が体系の要石とされる『第二批判』において、自由の実在性はどのようにして獲得されるのであろうか。

このことを考察する際に、特に注意しなければならないのは、我々には「知的直観」が容認されないにもかかわらず、いかにして理念である自由の実在性が与えられるのか、ということである。ちなみに「カテゴリー」と「理念」の関係に関して言えば、理念は「無制約者にまで拡張されたカテゴリー」（A409/B436）と言われるほど、カテゴリーと密接な連関がある。しかし、カテゴリーとの決定的な相違は「まさに理念の固有性はいかなる経験もそれにはけっして適合しないという点に存する」（A621/B649, vgl. Prol. IV 328）ことである。理念が経験に適合しないのは、それに対応する直観の多様が与えられないためである。それゆえ、カントは『第一批判』の「超越論的弁証論」では「超越論的理念に関しては、我々がカテゴリーに関して演繹を提供することができたように、本来、いかなる客観的演繹も可能ではない」（A336/B393, vgl. A663f./B691f.）と述べている。しかも『第二批判』でも「直観は、このような場合〔＝実践哲学において〕も、超感性的なものとしては我々に不可能である」（vgl. KpV V 45）とされる。つまり、実践哲学においても「知的直観」は許容

110

第二節　「理性の事実」による「自由の演繹」

されず、我々は「知的直観」によって自由の実在性を保証することはできない。したがって、「自由」という「理念」の実在性について論じる際には、「知的直観」を持たない我々がどのような原理に基づいて、しかもどのような根拠によってその「実在性」について語りうるのかという点に十分に留意しなければならない。

　まず前者の原理ということに関して言えば、カントは『第二批判』で次のように述べている。「ところでただ重要なのは、この〔自由を考えることが〕できるということ (Können) が、〔実際に自由〕であるということ (Sein) へ変化させられるであろうことである。すなわち、現実的な事例において或る種の行為が〔……〕そのような原因性（知性的で、感性的に制約されていない）を前提するということが、いわば一つの事実を通じて (gleichsam durch ein Factum) 証明されうるということが重要なのである」(KpV V 104)。この言葉から明らかなように、単に考えられることが矛盾でないという蓋然的な意味での自由が現実的な自由となるのは、或る「事実」を通じてである。また別の箇所では「いまや実践理性は〔……〕自由に対して実在性を（もっとも、実践的概念として、実践的使用のためにすぎないのであるが）得させる。つまり、思弁理性批判では単に思惟されることができたにすぎないもの〔＝自由〕を事実を通じて確証する」(KpV V 6) と言われている。

　これらの引用で言われていることは、ほぼ次の二点である。まず第一には、自由は理論理性にとっての「思弁的概念」としてではなく、実践理性に対する「実践的概念」として実在性を得る。しかも第二に、自由は或る「事実」を「通じて」実在性を獲得するとされる。言い換えれば、カントは、自由が実在性を得る原理をこの「事実」のうちに求めるのである。以上が上の引用から読みとれることであるが、「理論理性」と「実践理性」との関係において「実践理性の優位」という思想がカント哲学全体の根底に存していることを勘案すれば、実践理性によってはじめて自由の実在性が得られるとする第一の点は、或る意味では当然の帰結とも言えよう。それゆえ、上の引用において特に重要なのは、或る「事実」によって「自由の実在性」が得られるというカントの主張である。

第三章　カントにおける自由の実在性の問題

自由の実在性という問題を解明するためには、この事実がいかなるものであるのかを、まずは明らかにせねばならない。

『第二批判』の「序言」や「序論」でカントが読者に注意を促しているように、そもそも第二批判が「純粋実践理性批判」ではなく、単なる「実践理性批判」と名づけられるのは、実践哲学においては、理論哲学と対照的に批判されるのが経験と結びついた理性であるからである（vgl. KpV V 3, 16）。『第二批判』においてカントが試みるのは、むしろ経験的なものから純粋な理性、しかもそれが実践的であることの証明である。実際、カントは次のように述べている。「この分析論が証示するのは、純粋理性が実践的であること、すなわち、一切の経験的なものから独立にそれ自身で意志を規定し得ることであり、しかもこのことは一つの事実――純粋理性は我々のもとでこの事実のうちで自らを実際に（in der That）実践的に証明するのであるが――を通じてそうなのである」(KpV V 42)。このように『第二批判』の前半部分をなす「分析論」の最重要課題は、「意志の規定」に関わる「実践理性」が「一切の経験的なものから独立」純粋であることを示すことであり、いわば「純粋実践理性の存在証明」を行うことであると言える。しかも上の引用から明らかなように、この純粋実践理性の存在が「事実を通じて」、「事実のうちで」証明されるとされている。すなわち、これまで「事実」と言われていたのは「純粋理性の事実」あるいは「純粋実践理性の事実」にほかならない。

その「純粋理性の事実」についてカントは『第二批判』の別の箇所で次のように述べている。「誤解することなく、この道徳法則を与えられたものと見なすためには、この事実がけっして経験的事実ではなく、純粋理性の唯一の事実であり、純粋理性がこの事実を通じて根源的に立法的なものとして（我かく欲し、我かく命ず (sic volo, sic jubeo)）現れることに十分注意しなければならない」(KpV V 31)[5]。この引用からまず第一に読みとれることは、「理性の事実」が「経験的事実」などではなく、まさに「純粋理性の事実」であり、その「理性の事実を通じて」理性が「根源的に立法的なもの」として現れる点が強調されていることであるが、すでに前段落の引用からも明らかなように、この根源的に立

第二節　「理性の事実」による「自由の演繹」

法するものは「実践理性」である。したがって、「理性の事実」とは、まず第一に、それを通じて純粋理性が自らの立法的性格を自覚する事実であり、要するに「純粋実践理性の自覚（Selbstbewußtsein der reinen praktischen Vernunft）[6]」にほかならないと言える。また第二には、「道徳法則」という語があることからも分かるように、その事実を通じて理性が自らの「根源的立法的性格」を自覚する法則とは「道徳法則」のことであり、ここでは「理性の事実」と「道徳法則」との関連が指摘されている。しかも「この道徳法則を与えられたものと見なすために」とあり、純粋実践理性の根源的立法性格の自覚にとって「道徳法則」が不可欠のものとして描かれている。このことから「理性の事実」とは、我々に「道徳法則を与えられたもの」として自覚せしめる契機であると言えよう。以上の二点が、これまでの考察から言える「純粋理性の事実」の性格である。

　ところで、我々が事実という言葉を使う場合、例えば、それは厳然たる事実だ、といった具合に「事実」という語のうちには理屈を捏ねてもけっして或る事柄を否定することができないといった意味が語法的にも含まれていると考えられる。カントもこうしたことに鑑み、「純粋理性の事実」の事実性を、前段落で述べた「理性の事実」の特色と関連させながら『第二批判』において次のように述べている。

「純粋意志の、あるいはこれと同じことであるが、純粋実践理性の客観的実在性は、道徳法則においてア・プリオリに、いわば一つの事実によって与えられている。というのも経験的な原理に依存してはいないけれども、不可避的である意志規定を一つの事実と呼ぶことができるであろうから」（KpV V 55）。この引用には「純粋実践理性の客観的実在性は、道徳法則においてア・プリオリに、いわば一つの事実によって与えられている」との叙述があるが、すでに指摘した『第二批判』の「分析論」の重要な課題が「純粋な実践理性」の「存在」を証明する点にあることや「理性の事実」が「道徳法則」と緊密な関係にあることを勘案すれば、この引用は先に筆者が指摘した「理性の事実」の性格を端的に物語っていると言えよう。しかもこの引用では、「理性の事実」が事

113

実たる所以が「不可避的な意志規定」という言葉で説明されている。そしてこの「不可避的な意志規定」を行うのは「道徳法則」(厳密に言えば、「定言命法」としての「道徳法則」)であろう。それゆえ、『人倫の形而上学』の後半部分をなす「徳論 (Tugendlehre)」の「準備原稿」においては次のような記述が見られる。「我々は格率に普遍的立法の資格を与えること (qualification) を何故に我々の権能 (Befugnis) の制約として想定すべきかと問われれば、このことに関してはいかなる根拠もそれ以上挙げられない。この法則〔=道徳法則〕が我々のうちに、しかも最上のもの〔として〕存在することは事実 (res facti) なのである」(Vorarbei. Tugend. XXIII 377f.)。ここでは「道徳法則」が我々のうちに存在することがもはや「権能」を示すことのできない「事実」とされ、とりわけ「理性の事実」の事実性が道徳法則それ自身に帰せられている。

それゆえ、カントは不可避的に我々の意志を規定する道徳法則が我々に迫り来ることを『第二批判』において次のように述べている。「我々はこのような根本法則の意識を理性の事実と名づけることができる。なぜなら、我々はそれを理性の先行的な与件から (aus vorhergehenden Datis)、例えば、自由の意識から理屈を捏ねて引き出す (herausvernünfteln) ことはできないのであって (というのもこの自由の意識は予め我々には与えられてはいないから)、むしろ根本法則の意識がそれ自身だけでア・プリオリな綜合命題として我々に迫ってくるからである」(KpV V 31)。「理性の事実」には「道徳法則を与えられたもの」と見なす契機が含まれているとすでに述べたことや先の段落で「道徳法則」が「最上」のものであるという言葉があったことからも分かるように、この引用で「根本法則」と言われているのはもちろん「道徳法則」である。そしてこの引用では、特に「理性の事実」が事実たる所以が、道徳法則が我々に迫ってくることのうちにあるとされている。このように、ここでも「理性の事実」の事実性がまさに「否定し得えない」(KpV V 32) ものとして描かれているが、しかし、このことよりも本段落冒頭の引用箇所でさらに重要なのは、「根本法則」と言われている「道徳法則の意識」がどんなに理屈を捏ねても「自由の意識から」は「引き出せない」とされ、むしろこの「道徳法則の意識」が「それ自身

第二節 「理性の事実」による「自由の演繹」

で我々に迫ってくる」と言われている点である。なぜなら、このことから自由の客観的実在性の証明である「自由の演繹」が行われ、自由の実在性を得られる「根拠」が示されるからである。

　実際、カントは『人倫の形而上学』において「自由の演繹」について次のように述べている。「自由の概念」は「その可能性のいかなる理論的演繹も可能ではない。それは理性の事実としての理性の実践的法則（定言命法）からのみ推論されうるのである」（MS VI 252）。ここでカントは「推論」という控え目な表現をしているが、理論的には自由の演繹が不可能であることを明言しており、これと対比させるかたちで、「自由の概念」を「理性の実践的法則（定言命法）」から引き出すことができると言っている。つまり、ここでカントは理論的には不可能な「自由の演繹」が、実践的には可能であり、それが「定言命法」に基づき行うことができるとしているのである。あるいは、1793年の冬学期に行われたとされるヴィギランティウスによるカントの講義記録『人倫の形而上学講義』にも次のような叙述がある。「義務の認識（Kenntniß）なくしては、自由を自覚することすら不可能でさえあるだろう」（MSV XXVII 506）。ここでは「演繹」や「道徳法則」という言葉こそ使用されてはいないが、「定言命法」としての「道徳法則」が常に「義務」の意識を伴うことを勘案すれば、その「義務の認識」がなければ「自由」は「可能でない」と言われているこの箇所は、実質的に「定言命法」としての「道徳法則」による「自由の演繹」について述べていると解せるであろう。

　ちなみに「自由と道徳法則との演繹」を巡る『基礎づけ』と『第二批判』との違いについて言えば、『基礎づけ』でもカントは「純粋実践理性に基づく自由の概念の演繹、これと共に定言命法の可能性」について論じようとしている（vgl. GMS IV 447）。しかし実際に為されたのは、このうちの後者、すなわち「定言命法の演繹」である。しかも、その演繹も定言命法の「唯一の前提」（GMS IV 461, vgl. IV 447）とされた自由の可能性が理解できないがゆえに、極めて消極的な仕方で終わっている（vgl. GMS IV 463）。他方、『第二批判』でも「純粋実践理性の原則の演繹について」（KpV V 42）と名づけられた節がある。しか

第三章　カントにおける自由の実在性の問題

しそれにもかかわらず、この節題とは裏腹に、「道徳法則」の演繹は「無駄に試みられた演繹（vergeblich gesuchte Deduction）」（KpV V 47）と形容され、その演繹は結果として行われることがない。[8]

実際、『第二批判』の当該箇所を繙いてみると「道徳法則の客観的実在性は、いかなる演繹によっても、すなわち思弁的理性であれ、経験的に支えられた理性であれ、理論理性のあらゆる苦労によっても証明され得ない。〔……〕にもかかわらず、道徳法則の客観的実在性はそれ自身だけで確立している」（KpV V 47）と言われている。このように道徳法則、あるいは定言命法は「純粋実践理性の原則の演繹について」と名づけられた箇所でも、我々読者の予想に反し、あるいは期待を裏切り、「演繹」されることがない。しかし、道徳法則は演繹されないとされる一方で、『第二批判』においては、道徳法則は「それ自身いかなる正当化の根拠も必要としない」（KpV V 47）とされる。ここで道徳法則の正当化が必要ではないということの意味は、この段落の引用にもあるように「道徳法則の客観的実在性」はすでに「それ自身だけで確立」しており、しかも理性の事実として確立しているということである。そしてそのかぎりで道徳法則の演繹はむしろ不要ということになる。道徳法則の演繹が行われなくとも、自由の演繹は可能なのであり、この点に気づいたことこそ、ベックの言う「真に驚くべき転回（a truly astonishing turn）」[9]であり、『基礎づけ』と『第二批判』の決定的に異なる点である。[10]

しかし、「道徳法則」が「理性の事実」であるとしても、翻ってなぜ「道徳法則」から「自由」が「演繹」されると言えるのであろうか。その根拠はどこにあるのであろうか。本節においてすでに引用した箇所で、カントは「自由の意識から」「道徳法則の意識を理屈を捏ねて引き出すことはできない」と述べていたが、その際、「自由は予め我々の意識に与えられていない」ことを強調していた（vgl. KpV V 31）。このことは道徳法則の意識が自由の意識に認識のうえでは先行し、けっして後者から前者を演繹できないことを意味する。というのも我々が自由を意識できるとしても、それは「自然のメカニズム」から独立なものとして、あくまで「消極的に」（KpV V 29）意識されるだけだからで

第二節　「理性の事実」による「自由の演繹」

ある。「知的直観」を持たないという我々の有限性を勘案すれば、自然からの独立性という、いわば、消極的意味における自由は意識できても、「知的直観を要する」「積極的概念」としての「意志の自由」(KpV V 31 vgl. GMS IV 447)を直接意識することはできない。これに比して、「当為の意識」や「定言命法」としての「道徳法則」は、むしろ我々が有限的であるがゆえにこそ、「汝為すべし」と断言的な命令のかたちをとり「不可避的な事実」として我々に直接迫りくる。

　それゆえ、さきほど引用したヴィギランティウスによるカントの『人倫の形而上学講義』にも次のような記述がある。「私が自由に行為するのは、直接的な意識によってではない。むしろ定言命法から私がいかに行為すべきかを推論したからである」(MSV XXVII 507)。すでに述べたように、積極的な意味における自由を我々は直接には意識できない。むしろ我々が直接意識できるのは「道徳法則」である。このように道徳法則が我々を直接的に拘束することについて、カントは『第三批判』で「我々が自由を使用する理性の形式的条件である道徳法則は、我々をそれ自身だけで拘束する(verbinden)」(KU V 450)と言っている。ここで道徳法則が「それ自身だけで我々を拘束する」と端的に述べられているが、このような表現をカントがするのも、自由の意識が直接与えられないとしても道徳法則が「汝為すべし」と断言的に命令し、不可避的に我々を強制するからであろう。

　こう言ってよければ、我々が知的直観を持っていなくとも、あるいは知的直観を持たない感性的で有限的な存在者であるからこそ、「定言命法」としての「道徳法則」が「自由」よりも先に意識され、我々に迫り来るのである。だから『第二批判』でも「我々が直接意識するのは道徳法則であって」(KpV V 29, vgl. V 4 Anm.)、けっして自由が先に意識されるのではないとカントは述べる。「我々にはこの法則が最初に現れる」(KpV V 29)のであり、自由は定言命法である道徳法則を通じて我々に顕わになる。「もし道徳法則が存在しないならば」、我々に「自由は知られないままであろう」(KpV V 30)と言われるのもこのためである。まさに「道徳法則は自由の認識根拠(ratio cognoscendi)」(KpV V 4

117

Anm.) なのである。先に『人倫の形而上学』の VI 252 から「理論的」には「不可能」であるが、「実践的」には「自由の演繹」は「可能」であるとのカントの見解を引用したが、カントが自由の演繹を「定言命法」としての「道徳法則」によってのみ可能であると考えるのもまさに人間の有限性に基づいた道徳法則と自由とのこのような先後関係のためである。

ちなみに、上に述べたように『第二批判』においてカントは「道徳法則」と「自由」の間に成り立つ二つの根拠を区別し、「道徳法則」としての「定言命法」が「自由」よりも先に意識されるという見解を表明したわけであるが、こうした考えをカントは最晩年まで抱き続ける。実際、『オプス・ポストゥムム』には次のような叙述が散見される[11]。「いかにして自由の概念は可能であるのか。〔それは〕定言的に命令する義務の命法によってのみ〔可能である〕」(OP I. Conv. XXI 29)。あるいは、その『オプス・ポストゥムム』を執筆していた時期の1800年に書かれたとされる『レフレクシオーン』でも「自由の概念とその実在性が証明されうるのは、定言命法による以外にはない」(Refl. 7321 XIX 316) とされている。また自由と道徳法則との関係に関して、特に象徴的なものとしては次のような言葉も見られる。「自由の概念の実在性は、それゆえ、直接的に（無媒介的に）(direct (unmittelbar)) 示されたり、証明されることはできない。かえって或る媒介原理(ein Mittelprincip)を通して間接的に(indirect)のみ明示され、証明されることができるのである」(OP I. Conv. XXI 30)。この最後の引用にある自由の実在性を証明する「媒介原理」とは、もちろん、「定言命法」としての「道徳法則」であり、我々は道徳法則を介することによってのみ我々が実際に自由であることを自覚できるのである。だからこそ、「道徳法則」が不可避的な事実として我々に「与えられる」という「理性の事実」を開陳した『第二批判』において「道徳法則は、思弁哲学が未規定のままにしておかねばならなかったことを、つまり、その概念が思弁哲学においては消極的にすぎなかった原因性に対して法則を規定し、そしてこの原因性の概念にはじめて客観的実在性を得させる」(KpV V 47, vgl. V 49) とカントは考えたのである。ここに「定言命法」としての「道徳法則」が自由に「実在性」を与える「根

拠」がある。

　もっとも周知の通り、「道徳法則は自由の認識根拠である」が、他方で「自由は道徳法則の存在根拠（ratio essendi）」（KpV V 4 Anm.）でもある。道徳法則を介さなければ、我々に自由の自覚は生じないが、同様に我々が自由でなければ、道徳法則はまったく無意味なものとなるであろう。「それゆえ自由と無条件的な実践的法則は、互いに一方は他方を引き合いに出す（wechselweise aufeinander zurückweisen）」（KpV V 29）とも『第二批判』で言われている。このような意味では「道徳法則」と「自由」は表裏一体であり、自由によって道徳法則は正当化され、正当化ということを「演繹」と解するならば、「道徳法則の演繹」も行われているとも言えるであろう。そして「道徳法則」が「事実」であり、これが自由と表裏一体であって、両者が相互に根拠づけあっているとすれば、「自由」もまた「事実」と解することができるであろう。

　実際、『第三批判』の第91節においてカントは、まさに自由を「客観的実在性」を持つ「事実（(res facti) Thatsachen）」とし、さらに「極めて注目すべきこと」として自由の理念こそ「純粋理性の理念のうちで、その対象が事実であり、可知的なもの（scibilia）のうちへと数え入れられねばならない唯一の理念」であると言っている（KU V 468, vgl. V 467）。このような言明と上述の道徳法則の自由に対する直接性や認識根拠としての先行性を加味すれば、道徳法則を理性の直接的事実、これに対して自由を理性の間接的事実とでも名づけることもできるであろう。いずれにしても「自由の実在性」を保証する根拠は「道徳法則」にあり、『第二批判』において「道徳法則」を「理性の事実」と解することによって「自由の実在性」の保証は可能となったのである。

第三節　実践理性の内在的・構成的原理と自由の実在性

　これまで見てきたように、自由は道徳法則を通じてはじめて実在性を得る。この実在性は、その権利・根拠が理論的に保証されるのではなく、実践的に保

証されるのであるから「実践的実在性（praktische Realität）」（KpV V 49, V 48）あるいは「道徳的・実践的実在性」（Fried. VIII 416）と言われてしかるべきであろう。他方、理論理性は自由の実在性を証明することができず、せいぜい「自由の概念を理性の統制的原理」（KpV V 48）として示したにすぎなかった。それゆえ、カントは『人倫の形而上学』においても理論理性にとって自由が「超越的」であり、けっして理論理性の「構成的原理」たりえないことを強調しつつ、次のように言っている。「自由の概念は純粋理性概念であって、まさにそれゆえ理論哲学にとっては超越的、すなわち、可能的経験においてはそれに適したいかなる実例も与えられることができない理性概念であり、それゆえ、それは我々に可能な理論的認識のいかなる対象をなすのでもなく、したがって断じて思弁理性の構成的原理としてではなく、もっぱらその統制的原理として、しかも単に消極的原理として妥当し得るにすぎない。しかし、自由の概念は理性の実践的使用においては実践的原則を通じて、その実在性を証明するのである」（MS VI 221）。

　カントは、こうした事態を『第二批判』でも思弁理性（理論理性）にとっては自由やその他の理念が「超越的で単に統制的」であったのに対して、実践理性にとっては「内在的で構成的」（KpV V 135）となると言っている。ここでカントが内在的・構成的と言っているのは、三つの理念が実践理性の「必然的客体」である「最高善を現実化するための可能性の根拠」となり、理論的には蓋然的であった理念が実践的にはとにかく「客体を持つ」という意味であるが（vgl. KpV V 135f.）、しかし、他方で構成的、あるいは内在的という術語は「（可能的）経験」に関わる語でもある。つまり、元来、構成的原理とは「経験の可能性および感官の対象の経験的認識の可能性の原理」（vgl. A509/B537）の謂いであり、内在的原則は、「可能的経験の限界を超え出る」超越的原則に対して、「その適用が徹頭徹尾、可能的経験に制限されている原則」（A295f./B352, vgl. Prol. IV 373f. Anm.）を意味している。

　そして、実際、こうした語法は『第二批判』にも見られる。道徳法則は、「思弁的に振る舞おうとした場合に理念と共に常に熱狂的に（überschwenglich）なっ

第三節　実践理性の内在的・構成的原理と自由の実在性

た理性に、はじめて客観的実在性を、単に実践的実在性にすぎないのであるが、〔とにかく〕与えることができるのであり、したがって理性の超越的使用を内在的使用（経験の領野（Feld）において理念そのものによって作用する原因であるという）へと転化させるのである」(KpV V 48)。ここで言われているように、実践理性の内在的使用とは、理性が理念によって「経験の領野において」作用する原因となるという意味であり、『第一批判』で言われたカテゴリーの内在的使用と同じ意味で使われている。しかるに、理念とは「超感性的」、「叡知的なもの」であり、まさにそれが可能的経験のうちにない点にその本質があったはずである。「感性界の出来事（Begebenheiten）として、現実に経験において与えられている行為に関しては、我々はこのような結合〔＝知性的で、感性的に制約されていない原因性に従った結合〕を見出すことを望むことができなかった。なぜなら、自由による原因性は、常に感性界の外に、叡知的なもののうちに探し求められねばならないからである」(KpV V 104f., vgl. V 70)。このように、自由の原因性は感性界の外や叡知的なもののうちに探し求められなければならない。とすれば、経験のうちで自由の実在性が示されるというのは、一見すると、カントの自由論の矛盾であり、瑕疵であるように映る。最後にこの点について開陳し、自由の実在性に関する論究を終えたい。

　結論から言えば、「純粋実践理性の原則」たる「道徳法則」も「理論理性の原則」が「構成的」と言われる場合と同じように、或る「経験」を構成すると考えられるために、自由も経験のうちで実在性を証示すると解釈できるのである。このように私が考えるのは、そもそも我々人間にとっての行為とは身体を伴った行為であり、そのかぎり自由という原因性によって可能な行為も経験や現象界・感性界と何らかの関係を持たねばならず、カントもまたそう考えていたからである。

　『第二批判』で「自由のカテゴリー」を提示する際、それらが叡知的なものに関わることを示唆しながらも、カントは次のことを強調する。「経験的な規定根拠に服していない原因性の一種としての自由は、この表〔＝自由のカテゴリーの表〕において自由によって可能となる行為に関して、感性界における現

第三章　カントにおける自由の実在性の問題

象として考察される、したがって自由はこうした行為の自然可能性（Naturmöglichkeit）のカテゴリーに関係する」(KpV V 67)。この引用で自由の原因性は経験的な規定根拠によっては規定されない叡知的な原因性であるが、そうした原因性によって可能な行為もやはり感性界や経験において何らかのかたちをとり、現象すると言われている。

　あるいは『第三批判』では「理論理性」のみならず「実践理性」もまさに「ア・プリオリな構成的原理（constitutive Principien a priori）」を持つとされ（vgl. KU V 168)、理性は異なった二つのはたらきをしていると考えられるが、その『第三批判』では「悟性と理性は二つの異なった立法を経験という同一の土地（Boden）に持つ」(KU V 175) と言われている。これらのことからカントも自然の原因性のみならず、自由という原因性によって可能となる行為も「感性界」や「経験」という領野においてのみ実現可能と考えていたことが分かる。あるいは、同じく『第三批判』においてこれまで本章で考察してきた「理性の事実」という点からカントは「一切の事実 (alle Thatsachen) は自然概念に属すか」、「それとも自由概念に属すかのいずれかである」と言い、特に後者に関して「自由概念はその実在性を理性の原因性によって、この原因性によって感性界において可能となる或る種の結果に関して〔……〕十分に証示する」（vgl. KU V 475）と明確に述べている。ここでは特に自由の原因性に基づく行為の結果と感性界との結びつきが特に強調されているが、「理論理性と実践理性」の双方が「ア・プリオリな構成的原理」を「経験」という「同一の土地」に持つことを考えれば、自由の原因性が感性界へと何らかの影響を及ぼすのは当然であろう。上に述べたように、我々人間にとっての行為は身体を伴った行為であり、そのかぎり経験や現象界・感性界は、自由という原因性によって可能な行為の実現の場と考えられるのである。

　自由な主体がなす行為の特質を、まさに人間の身体性を勘案しつつ、カウルバッハは次のように言っている。「自由な主体は同時に現象の領域へと落ち込んでいる力という立場へと自らを移し入れる（sich selbst auf den Stand einer in den Erscheinungsbereich fallenden Kraft versetzen）かぎり、叡知的性格の体制

第三節　実践理性の内在的・構成的原理と自由の実在性

（Verfassung）から経験的性格の立場をも自らに与えるのであって、この立場から自由な主体は因果的な作用の連関のうちへと介入する（in die kausalen Wirkungszusammenhänge eingreifen）ことができるのである。行為の経験的性格は、自ら選ばれ自由に引き受けられた身体性（Leiblichkeit）であり、身体としての『私は行為する』である。私は身体として原因－結果の生起を引き起こす。身体は、『物体（Körper）』つまり、物質的事物であるのみならず、同時に自由である。身体は行為の遂行において、自由の立場から空間時間的（raumzeitlich）な現象の領域へと入り作用を及ぼすのである」。このように心身一如である人間の場合には、自由な主体といえども、身体を抜きにして現実的な行為について語ることは不可能である。自由な行為が原因－結果の系列のうちで発現するためには、人間主体は自らの身体を用いて、その行為を現象界へともたらさなくてはならない。そのかぎり自由の実在性が行為を通じて経験において示されうると考えるのもけっして不自然なことではないであろう。

　事実、次のような叙述がある。「人間理性のうちには、いかなる経験によっても我々に知られることはできないが、それにもかかわらず、経験において表され、それゆえまた（しかもア・プリオリな原理に従って）端的に示されうる結果において自らの実在性と真実性（Wahrheit）とを証明する或るものがある。これは自由の概念、および自由から生じる定言的な、すなわち絶対的に命令する命法の法則である」（Fried. VIII 416）。このように経験によっては知られないはずの自由は（ここでは「純粋理性の事実」である定言命法としての道徳法則も）自らの実在性を「行為そのものを通じて」「行為において」経験のうちで証すのである。

　ところで前節で述べたように「理性の事実」である「道徳法則」は、「自由の認識根拠」として自由と不可分の関係にあった。それゆえ、カントは特に道徳法則によって自由の実在性が示されることを強調しつつ、『第三批判』において次のように述べている。「自由という理念」だけがその実在性を「純粋理性の実践的法則によって、またこれらの法則に適いつつ、現実の行為において、したがって経験において証示されうるのである」（KU V 468）。上に述べたよ

123

第三章　カントにおける自由の実在性の問題

に人間の行為が身体を介して行われ、常に現象界における実現をめざすものであり、道徳法則が自由の認識根拠であることを勘案すれば、ここで言われている実践的法則とは「道徳法則」にほかならず、その道徳法則を通じて、自由は自らの実在性を「現実的な行為において」証すのである。それゆえ、カントは理性の実践的・道徳的使用における「経験の可能性」についても次のように言っている。「純粋理性は、なるほどその思弁的使用においてではないが、或る種の実践的使用において、つまり道徳的使用において、経験の可能性の原理を含んでいる、つまり、道徳的指定に適って（den sittlichen Vorschriften gemäß）人間の歴史のうちに見出されることができるであろう行為の可能性の原理を含んでいる」（A807/B835）。このように理性はその道徳的使用において或る種の「経験を構成」し、実践理性は「行為の可能性」の原理となる。

ただし、ここで十分注意しなければならないのは、このような「経験」は、たとえ結果としては自然法則によって可能となる経験と同じ事象と見なされるとしても、その原因性が自由の原因性であり、自然の原因性や自然のメカニズム（vgl. KpV V 97, V 87）によって機械的に引き起こされたものでないかぎり、我々人間にとってその経験の意味は異なるということである。さもなければ、我々が行為について語る際、一切の行為は自然法則のみによって説明可能と考えねばならず、その場合には、もはや行為の「責任」を問うことは不可能となり、「道徳法則」や「理性の実践的使用」について語ること自体まったく無意味であることになろう。

第二章第三節でも述べたように、カントの『倫理学講義』には「帰責（Zurechnung）においては、行為は自由に基づいて生じなければならない」との記述があり、カントは「自由」と「責任」を表裏一体のものと考えている。我々が行為の責任を問うことができるのは、その行為が自由意志に基づいて為された場合のみであり、逆に我々人間が自由な存在者であり得るがゆえに、自らの行為に対する責任を負うべきなのである。そして、その自由は自然からの独立を意味するだけではなく、したがってまた「無法則的（gesetzlos）」自由でも、没法則的で勝手気ままな放縦でもない（vgl. GMS IV 446）。カントにおける勝

第三節　実践理性の内在的・構成的原理と自由の実在性

義の自由とは、道徳法則に基づいて自己自身の意志の規定根拠となりうるという道徳的・自律的自由である。それゆえ、『倫理学講義』には「自由」と「(道徳)法則」との密接な関係を強調しつつ、「帰責」について述べている次のような記述がある。「全ての帰責は、或る行為が人格の自由から生じたかぎりで、或る種の実践的法則との関係においてのその行為についての判断である。それゆえ、帰責には自由な行為と法則がなければならない」[17]。あるいは、ほぼ同じことであるが、「講義録」ではなく、「著作」からの引用としては『人倫の形而上学』に次のような叙述がある。「人格とは行為に対して責任を帰することのできる主体である。それゆえ、道徳的人格性とは、道徳法則のもとにある理性的存在者の自由にほかならない」(MS VI 223)。このように、我々が自分自身をも含めて或る人に自らが行った行為に「責任」を持つべきであると主張できるのは、その人物が「自由」であることが前提条件なのであるが、その「自由」は「道徳法則」(これまでの議論では「理性の事実」として)と結びついている[18]。そしてとりわけ、上の『人倫の形而上学』の引用において「人格」の「道徳的」性格が強調されていることからも明らかなように、我々が自他の行為の責任を追求することができるのは、行為を「自然必然性」や「自然法則」に関係させるのではなく、まさに「自由」や「道徳法則」に関係させるからである。

　こうしたことからコンハルトは人間的行為について次のように言っている。「人間の行為は、空間的・時間的世界において起こる。したがって、それは、一切の現象と同じく、自然の合法則性に従っている。このことを否定することは、人間の行為を絶対理性的（absolut vernünftig）なものとして特徴づけようとすることを意味するであろうし、それによって人間の有限性の構成要素は無視されるであろう。それにもかかわらず、〔人間の〕行為は、自然現象としてだけでは理解されえないし、したがってまた理論理性を手がかりにしては完全には説明されえない[19]」。たしかに、すでに述べたように人間の有限性を勘案すれば、人間的行為は時空の世界において現象し、そのかぎり、自然事象の一契機を構成するものと見なされる。しかし他方で、それが自発的で自由な意志に基づいてなされたものであるかぎり、人間の行為を自然のメカニズムに従った

第三章　カントにおける自由の実在性の問題

自然の一片としてのみ理解するだけでは不十分であろう。我々が道徳法則を自然法則と別種の法則と見なし、「当為」を「存在」から区別する所以がここにある。

このように考えれば、我々の行為がたとえ経験や現象と関わるとしても、道徳法則が可能にする経験は、自然のメカニズムにまったく支配された経験とは何らかの意味で異なると考えられる。道徳法則によって構成される経験は、起源からすれば、自然の立法者である理論理性によって可能となる経験から区別されねばならず、「道徳法則」や「理性の実践的使用」によってはじめて可能となる経験という意味で、この経験は「道徳的経験」ないしは「実践的経験」と言われるべきものであろう。[20]それは「道徳性の結果をその目的のうちに示す経験」であり、まさに「世界における原因性としての道徳性の概念に客観的な、ただし実践的な実在性を付与する」(vgl. Rel. VI 7 Anm.) ことができる経験なのである。本節において「自由は純粋理性の実践的法則によって経験において実在性を示す」という主旨のカントの文言を引用したが、その自由の認識根拠である道徳法則は我々人間の道徳的・実践的行為の可能性の原理として「実践的意味における経験」を構成するのである。

以上のように人間の行為の本質を勘案すれば、自由は「経験の領野」のうちにその実在性を証示すると考えられるのであり、「経験を可能にする」という意味での実践理性の「構成的使用」という事態も理解し得るであろう。したがって、自由の実在性が経験において示されるということを、カント自由論の瑕疵などではなく、むしろ人間的行為に関する深い洞察の所産であると結論づけたい。

むすびにかえて

本章においてこれまで考察してきたことから、『第一批判』や『基礎づけ』で得られなかった自由の実在性は、「理性の事実」である「定言命法」として

の「道徳法則」を通じてその「実践的実在性」を獲得することになることが明らかになった。その自由とは、たしかに叡知的なものであり、叡知界の実在性をも我々に示すのであるが、「叡知的」であると同時に「感性的」である我々人間の現実的な行為は感性界や現象界において行われる。その意味では、本章最終節で述べたように、「自由」は「経験」のうちでその実在性を示すものとしても現実的なものとなると考えられるであろう。

ところで、上に述べたように我々人間は一方では悟性的存在者としては叡知界の住人であるが、他方では感性的存在者として感性界の住人でもある。人間の行為がそもそも現象界や経験に関わるのは、まさに我々人間存在が「身体」を持った「感性的存在者」としての一面を持つからにほかならない。こうした人間存在のありさまは、「実践哲学」においては「感情」の問題として立ち現れてくる。そして、この問題は、カントにあっては「尊敬の感情」ないしは「道徳的感情」というかたちで、特に「人間の有限性」の問題に関係してくる。それゆえ、次章を「カント実践哲学における感情の問題」とし、カント実践哲学における「感情の意義」を人間の有限性に留意しつつ明らかにしたい。

註

1)『第一批判』の自由論と『基礎づけ』および『第二批判』の自由論との関係について言えば、たしかに『第一批判』における自由の概念と『基礎づけ』や『第二批判』における自由の概念は、前者があくまで「宇宙論的意味における自由」であるのに対し、後者はその特殊な形態である「実践的・道徳的自由」であり、位相を若干異にしている。このため、『第一批判』の「超越論的自由」と『基礎づけ』以降の実践的・道徳的自由を一緒に論じることには無理があるのではないかという批判があるかもしれない。

しかしカントは『第二批判』の冒頭で『第一批判』が「蓋然的」にしか想定し得なかった自由に、『第二批判』における議論がはじめて実在性を得させると言い、『第二批判』において超越論的自由が絶対的意味において確立するともはっきりと言っている（vgl. KpV V 3）。あるいは同じく『第二批判』の別の箇所でもカントは自由の概念を先に（vorher）超越論的連関において考察し、これを蓋然的概念として欠くべか

第三章　カントにおける自由の実在性の問題

らざるものとし、その後に（nachher）理性の実践的使用に赴くことを強調し（vgl. KpV V 7)、折に触れて、蓋然的にとどまった『第一批判』の自由に関する議論と『第二批判』の議論と比較対照させている。これらのカントの言葉を勘案すれば、「超越論的自由」と「実践的・道徳的自由」が類と種において区別されるにせよ、少なくとも「自由の実在性」を問題にする場合には、両者を共に論じることが許されるであろう（この点については、次の註２）の特にキーゼヴェッター宛書簡の後半部分を参照のこと）。

よしんば、『第一批判』における「超越論的自由」と『基礎づけ』以降カントが問題にする「実践的・道徳的自由」が必ずしも同じ概念ではなく、両者を一緒に論ずることを認めない人にとっても『基礎づけ』と『第二批判』の自由の概念が、自律を基礎にした自由の概念であり、同じ自由の概念であることは、よもや否定しないであろう。筆者は、本文で「理性の事実」に関する叙述を行う際、『基礎づけ』と『第二批判』における立場の相違も視野に入れつつ、自由の実在性について論じている。

２）『第一批判』の「超越論的弁証論」での自由に関する議論が、必ずしも意志を持つ存在者に限定されるわけではなく、したがって、必ずしも実践的道徳的観点から為されたものでないことについて、カントは1790年４月20日付けのJ. G. K. Ch. キーゼヴェッター宛書簡の中ではっきりと次のように言っている。「自由の可能性は、それが道徳法則に先立って（vor）考察されるならば（純粋理性批判で〔そうであったように〕)、感性界におけるいかなる根拠によっても規定されないかぎりでの、世界存在者一般の原因性の超越論的概念を意味します（このことで特に意志による原因性を示そうとは思いません）、そしてこの箇所ではその原因性がいかなる矛盾も含まないということだけが示されるのです」（Brief. XI 154f.）。ここで言われているように『第一批判』で行われたのは、自由を「世界存在者一般の原因性」に関して考察することであり、「世界の実体に自由に基づいて行為する能力」（A450/B478）があるかないかを考察するものである。宇宙論における超越論的自由は、必ずしも意志に関わらず、実践的・道徳的レベルに限定されるものではない幅広い意味を持つ。

あるいは本文でも触れたように『ペーリッツの形而上学講義』では「超越論的自由」は「合理的心理学」で究明されるが、この講義でも「超越論的自由」は必ずしも「意志」には関わらないとされている。「我々は次のことを常に考えておかなくてはならない。すなわち、我々は合理的心理学のうちにいるのであり、ここではいかなる経験にも基づいてはならず、純粋理性の原理から絶対的自発性を証示せねばならい。それゆえ、この場合私は実践的なものを超えてゆき、いかにして〔……〕実践的自由が可能であるかを問うのである。それゆえ、ここでは意志が問題なのではない、これはたぶん後に自由な意志に適用されうるが、むしろ私は一切の経験の根底に自我、あるいは基体を置くのであって、これについてもっぱら超越論的述語を陳述するのである」

（ML₁ XXVIII 269）。

　ちなみにハイデガーも絶対的自発性としての超越論的自由と自己立法としての自律的自由の関係について次のように言っている。「絶対的自発性、それは自律と同じではないのか。〔……〕両者が連関するのは明らかであるが、同じではない。絶対的自発性は、状態を自ら始める能力であるが、自律は理性的意志が自ら立法することである。絶対的自発性（超越論的自由）においては、意志や意志の法則が問題なのではなく、或る状態を自ら始めることが問題なのである。〔……〕自己立法として行為へと自己を規定することは、理性的存在者一般の人間的行為という特殊な領域において或る状態を自ら始めることである。自律は一種の絶対的自発性であり、この絶対的自発性が自律の普遍的本質を限定する。絶対的自発性としてのこうした本質性格に基づいて自律は可能となる。そもそも絶対的自発性が存在しないならば、自律も存在しない。自律はその可能性に従えば、絶対的自発性に基づいており、実践的自由は超越論的自由に基づいている」（M. Heidegger, Vom Wesen der menschlichen Freiheit : Einleitung in die Philosophie (Gesamtausgabe Bd. 31 hrsg. von H. Tietjen), Frankfurt a. M., 1982, S. 24f.）。

　たしかにそうである。しかし、超越論的自由が人間の有意的行為（しかも当為に関わる道徳的行為）に当てはまると同時に、自律的自由こそが本来の人間的自由であると考える点はカントの自由論の特色であろう。実際、先のキーゼヴェッター宛書簡において、カントは続けて次のように言っている。「さて、先の超越論的理念は、道徳法則によって実現され（realisieren）、理性的存在者（人間）の一性質である意志において与えられます。なぜなら、道徳法則は自然（感官の対象の総括）に基づくいかなる規定根拠も許さず、また原因性として自由の概念は肯定的に認識され、しかもこの概念は循環を犯すことなく、道徳的な規定根拠と相関的であるからです」（Brief. XI 155）。自由の超越論的概念、すなわち超越論的自由は、たしかに意志の原因性のみを意味するのではないが、道徳法則によってはじめて実現されるとされる。このことからも明らかなように、意志との関係において超越論的自由は実在性を与えられ、具体的な人間的自由となるであろう。

　それゆえ、A. メッサーもカントの「自由の概念」を（i）単に適法性（Legalität）に関わる選択意志（Willkür）の外的使用における自由（vgl. A. Messer, Kants Ethik : Eine Einführung in ihre Hauptproblem und Beiträge zu deren Lösung, Leibzig, 1904, S. 328f.）、（ii）感性的に触発されるがそれに規定されない自由な選択意志としての実践的自由（実践的意味における自由）（vgl. Messer, a. a. O., S. 329f.）（iii）道徳法則と密接に結びついている道徳的自由（vgl. Messer, a. a. O., S. 331f.）、（iv）超越論的自由、理論的（思弁的）自由（vgl. Messer, a. a. O., S. 335f.）の四つに分類し、超越論的自由が実践的自由の前提となっていることを承認しつつも（vgl. Messer, a. a. O.,

第三章　カントにおける自由の実在性の問題

S. 341)、特に第三の道徳的自由を通常我々が真の自由（wahre Freiheit）と呼ぶと述べている（vgl. Messer, a. a. O., S. 334)。

3）Vgl. R. Hiltscher, Kant und das Problem der Einheit der endlichen Vernunft, Würzburg, 1987, S. 96, S. 122.

　　ちなみにカント自身によれば、「実在的可能性（reale Möglichkeit）」は、矛盾律のみに基づく「論理的可能性（logische Möglichkeit）」とは区別され、「実在的可能性の証明は、概念の客観的実在性を証明〔すること〕である」（FM XX 325, vgl. B XXVI Anm.）とされる。それゆえ、ベックも、ヒルチャーとまったく同じく『第一批判』のアンチノミーの箇所でカントは「自由の（実在的）可能性ないしは自由の実在性（the (real) possibility or the reality of freedom）」を確立しなかったと言っている（cf. L. W. Beck, A Commentary on Kant's Critique of Practical Reason, Chicago, 1960, p. 188）。またスミスも周知の『第一批判』のコメンタリーにおいて当該箇所に関して「可能的可能性（a possible possibility）」という表現をしている（N. K. Smith, A Commentary to Kant's "Critique of Pure Reason", London, 1923, p. 517）。いずれも『第一批判』の「第三アンチノミー」を解決した段階では自由がいまだ実在性を持たないことを念頭に置いた表現であろう。

4）ちなみに、カントは『第一批判』において理性が必然的に関心を抱くものとして「神」「自由」「〔魂の〕不死」を挙げており、これら三つの理念がそれぞれ『第一批判』の「超越論的弁証論」において批判的に検討され、その結果、上述の三つの理念は、理論理性ないしは思弁理性にとっては「蓋然的概念」にとどまることになる。これら三つの理念は『第二批判』において「客観的実在性」や「現実性」を得ることになるわけであるが、これらが同じ意味において客観的実在性を得るわけではない。「魂の不死」と「神」は、自由が実践的実在性を獲得することによってはじめてその実在性が付与されることになる。このことは『第二批判』の「弁証論」の目次が端的に示すように、「魂の不死」と「神の現存在」は「要請」されるものとされている。これに対して、自由は主として「分析論」で論じられ、「弁証論」で論じられる「最高善」とは別に、その実在性は（本章が示すように）「理性の事実」として「確証」されるのである。その意味でも自由は体系の要石として独自の位置を占めると言えるであろう。

5）後に本文や本章の註11）でも示すように、『オプス・ポストゥムム』〔＝『遺稿』〕においても理性の事実に相当する考えが多く見られるが、この sic volo sic iubeo という文言も『遺稿』の第１束において見られる。Sic volo sic iubeo stet pro ratione voluntas (OP I. Conv. XXI 23, 28)。『第二批判』の場合、「我かく欲し、我かく命ず」ということしか語られていないので、この文言が「理性の事実」とどのような関係にあるのかは不明である。これに対して『遺稿』では「意志が道理〔＝理屈〕の代わりであれ」と続けられる。このように、本文の次段落で示す「理屈を捏ねてもけっして

否定できない」という趣旨の言葉が、『遺稿』では加えられることによって、「理性の事実」と sic volo sic iubeo との関係もよりよく理解できるであろう。

6) Hiltscher, a. a. O., S. 86. またヒルチャーは「理性の事実」に関して「自律的実践理性の自覚（Selbstbewußtsein der autonomen praktischen Vernunft）」、さらには「純粋実践理性の統覚」(ibid.) と表現しているが、いずれも理性の事実の特質、すなわち「根源的で、もはや演繹され得ない、純粋理性が実践的であり得るという事実（die ursprüngliche, nicht mehr zu deduzierende Tatsache des Praktischseinkönnens der reinen Vernunft）」(Hiltscher, a. a. O., S. 87) という特質を念頭に置いた表現であろう。

7) ちなみに、ペイトンは、『基礎づけ』の議論はたしかに自由を前提することを擁護することはできるが、いまだ自由を正当化するには至っていないと指摘する（cf. H. J. Paton, The Categorical Imperative : A Study in Kant's Moral Philosophy, London, 1947（Chicago, 1948）, p. 244）。それゆえ、彼に言わせれば、最終的に『基礎づけ』でカントは道徳性の最高原理の演繹に「失敗」しているとさえされる（cf. ibid.）。

8) ベックは「この節のタイトルにもかかわらず、カントは純粋実践理性の原理の演繹が存在し得ることを否定している」と言い、さらに「一見すると（prima facie）」としながらも、カントはこの節の「題名を付け間違った（misnamed）」と評している（Beck, op. cit., p. 171）。

9) Beck, op. cit., p. 173. またヘンリッヒも、『基礎づけ』ではカントは三度「演繹」という言葉を使っているのに対して、その二年後の『第二批判』では演繹を断念するという事態について、両者の間には「直接的な対立」があり、カントは「転向（Umkehr）を余儀なくされた」と言っている（D. Henrich, Die Deduktion des Sittengesetzes. Über die Gründe der Dunkelheit des letzten Abschnittes von Kants >Grundlegung zur Metaphysik der Sitten<, in: Denken im Schatten des Nihilismus : Festschrift für Wilhelm Weischedel zum 70. Geburtstag am 11. April 1975, hrsg. von Alexander Schwan, Darmstadt, 1975, S. 63, vgl. S. 84）。

10) 新田孝彦氏も『第二批判』と『基礎づけ』との違いに着目し、「『実践理性批判』を『基礎づけ』から区別しているのは、この、道徳法則が「純粋実践理性の根本法則」である（理性の〈事実〉である）という洞察にほかならない」としたうえで、特にこの内実を「『基礎づけ』においては、純粋実践理性〔自律〕と道徳法則との関係は、認識と存在のいずれの秩序においても、前者が後者を根拠づける」と「想定されていたのに対して、『実践理性批判』においては、〔……〕両者の認識根拠と存在根拠としての根拠づけの循環構造が自覚された」との解釈を行っておられる（『カントと自由の問題』、北海道大学図書刊行会、1993年、291頁）。『第二批判』で道徳法則と自由を巡って「認識根拠」と「存在根拠」の区別が明言される点を勘案すれば、新田氏のこの解釈は正鵠を射たものであると言えよう。

第三章　カントにおける自由の実在性の問題

11) 「定言命法がはじめて自由の概念へと導く」（OP I. Conv. XXI 19）。「自由の概念は、事実に、すなわち定言命法に基づいている」（OP I. Conv. XXI 36, vgl. 21）。あるいは「自由の概念が、法の概念や義務の概念がそれに基づけられうる基礎（Basis）なのではない、そうではなく逆に義務の概念が自由の概念の可能性の根拠を含んでいるのであって、この自由の概念は定言命法によって要請されるのである」（OP I. Conv. XXI 16）とある。こうした記述が『遺稿』には散見される。

12) 「認識根拠」と「存在根拠」の定義については、前批判期の論文『形而上学的認識の第一原理についての新解明』の第4命題を参照（cf. Nova I 392）。

13) F. Kaulbach, Kants Theorie des Handelns, in: H. Lenk（Hrsg.）, Handlungstheorien interdisziplinär II（Handlungserklärungen und philosophische Handlungsinterpretation 2. Halbband）, München, 1979, S. 658.

14) また、神、自由、不死の三つの純粋理性理念（Vernunftidee）のうち、自由だけがその客観的実在性を、自然において可能となる結果を通じて証明する超感性的なものである、とも言われる。このことについては、KU V 474 を参照のこと。

15) G. Gerhardt（Hrsg.）, Eine Vorlesung über Ethik, Frankfurt a. M., 1990, S. 66（MC XXVII 288）．

16) 例えば、『第一批判』で嘘をついた人が、その嘘についての責任を問われ、自らの振る舞いに対して責めを負わねばならないことが、およそ次のような仕方で述べられている。或る人が「悪意に満ちた嘘（eine boshafte Lüge）」をついた場合、その人は彼の置かれた環境や性格の所為にするかもしれない。しかしながら、その人物が彼の所行に関して当然非難され、その責任を負わなければならないのは、彼のこれまでの状態がどうであれ、彼が自由な主体であり得たからであり、別の行為を為しえたからにほかならない（vgl. A554f./B582f.）。また『第二批判』でも盗みをはたらいた人の行為を、自然法則に支配された自然必然性の観点から見るのではなく、その行為の先行状態に関わらず、自由であるとすることが、とりわけ道徳法則と自由、帰責の観点から論じられている（vgl. KpV V 96f.）。このようにカントにおいては「自由」と「責任」は表裏一体である。

17) Gerhardt, a. a. O., S. 66（MC XXVII 288）．『倫理学講義』の同じ箇所には、「それゆえ、帰責においては自由な行為と法則が結合されていなければならない」との叙述もある。

18) 中島義道氏は「責任能力の主体が同時に認識能力の主体」でなければならないという観点から、道徳法則の意識である「理性の事実」について興味深い解釈をされている。中島氏に従えば、道徳法則を事実として意識している人格は、常に同時に世界と自己とをア・プリオリに構成する能力を事実として有している主観、すなわち「超越論的統覚」にほかならず、理性の事実は、超越論的統覚が世界と自己とをア・プリオ

リに構成する事実と不可分に結合している、とされる（中島義道、『空間と身体』、晃洋書房、2000年、243頁参照）。筆者も中島氏のこの考えにまったく賛成であるが、本書第二章との関連で言えば、筆者は、中島氏が「超越論的統覚」とされている主体を、道徳的行為を可能にしつつ、自らの同一性をも同時に可能にするという意味で、むしろ実践的な統覚と解釈したい。

19) K. Konhardt, Die Einheit der Vernunft : Zum Verhältnis von theoretischer und praktischer Vernunft in der Philosophie Immanuel Kants, Königstein, 1979, S. 82.

20)「道徳的経験（moral experience）」という表現は、ベックがコメンタリーの中で採用しているものであり、実践理性も「経験の可能性の原理」を持ちうるとする『第一批判』の引用箇所に関する解釈は、彼から示唆を得た（cf. Beck, op. cit., p. 171）。そのベックは道徳的経験について、「道徳的経験は、ここでは可能的経験が第一批判において有しているのと同じ地位を有しているであろう」（Beck, op. cit., p. 172）と言っている。そして同じコメンタリーの「理論理性と実践理性の統一」と題された節では、自由の理念が或る種の経験に対して構成的であることを次のようにも言っている。「実践的領域では、自由の理念はそれが適用される経験に関して構成的である。なぜなら経験は、(その理念によって規定されるように) 為されるべきものに関係するのであって、自由の理念と無関係にたまたま存在するものに関わるのではないからである」（Beck, op. cit., p. 48）。

またカントの言う自我には超個人的で抽象的な「意識一般」という面だけでなく、個体的自我の側面があると考えるハイムゼートも「定言命法」や「自律」の思想がまさにこの私という「個別的主体の個体的・人格的な行為遂行（Vollzug）」にも関係すると解釈し（H. Heimsoeth, Persönlichkeitsbewußtsein und Ding an sich in der Kantischen Philosophie, in : Studien zur Philosophie Immanuel Kants : Metaphysische Ursprünge und Ontologische Grundlagen, Köln, 1956, S. 253）、「理性の事実」との関連において、道徳法則を「道徳的経験（sittliche Erfahrung）」という経験へと関係させている（Heimsoeth, a. a. O., S. 252）。

第四章

カント実践哲学における感情の問題

第四章　カント実践哲学における感情の問題

はじめに　問題の所在

　カントの倫理学の特徴の一つに「意志の自律（Autonomie des Willens）」が数え入れられることについては誰しも異論はないであろう。このことは『基礎づけ』において「道徳性（Sittlichkeit）の最上原理としての意志の自律」（GMS IV 440）と題された節が存在することや『第二批判』でも「意志の自律」が次のような「定理」とされていることからも知ることができる。すなわち『第二批判』でカントは「意志の自律が全ての道徳法則とそれらに適合する義務の唯一の原理である。これに反して選択意志（Willkür）の全ての他律（Heteronomie）は責務（Verbindlichkeit）の基礎とまったくならないばかりか、むしろ責務の原理と意志の道徳性に対立する」（KpV V 33）としている。「意志の自律」が「道徳性の最上の原理」や「義務の唯一の原理」とされていることからも分かるように、カントによれば、或る行為が「道徳性」を持つのは、ひとえに意志が自律的に自らを規定し、「義務から〔＝に基づいて〕（aus Pflicht）」行為が為される場合に限られ、意志が道徳法則以外の何らかのものによって規定される場合には、その行為は道徳性に反しさえする。このようにカントの批判的倫理学に従えば、行為が道徳的であるか否かは、意志が自律的であるか、そうでないかに掛かっている。

　しかしこのことを逆に言えば、感性的な「衝動（Antrieb）」や「傾向性（Neigung）」、「感情（Gefühl）」によって意志が規定されることは、「意志の他律」にほかならず、そのような他律的意志やそうした意志によって為される行為は道徳性を持たないことを意味することになる。「行為のあらゆる道徳的価値の本質は道徳法則が直接に意志を規定する点にある。意志規定が、たしかに道徳法則に適って（gemäß）行われるが、いかなる種類のものであれ感情を介してのみ行われるならば、〔……〕その行為はなるほど適法性（Legalität）を含むであろうが、道徳性（Moralität）を含みはしないだろう」（KpV V 71）。ここで端

的に言われているように、道徳的価値を持つ意志は道徳法則によって直接的に規定される意志のみである。感情を介して行われる行為は、外面上は道徳法則に適うという意味でたしかに適法的ではあるが、けっして道徳的ではない。感情と道徳的価値を持つ意志は、相容れないものとされ、両者の関係は異他的である。

そればかりではない。カントは『基礎づけ』の中で「虚栄心（Eitelkeit）や利己心（Eigennutz）」からでなく、生まれつき同情心に富み、喜んで他人に「善行を施す」人々の行為に関してでさえも次のように述べている。「こうした行為はどれほど義務に適い（pflichtmäßig）、どれほど愛すべき（liebenswürdig）だとしても、それにもかかわらず、けっして真の道徳的価値を持たない。〔……〕なぜなら、その格率には道徳的内容、つまり、そのような行為を傾向性からではなく、義務に基づいて為すという内容が欠けているからである」（GMS IV 398）。我々の常識的感覚からすれば、利己心からでなく、他人の幸せや他人のためを思って或る人が行為をする場合、その行為は「善行」と見なされるであろうし、そしてそのような行為をする人は「善人」と言われるに値すると考えられるであろう。

しかしこれまでの説明からも分かるように、カントに従えば喜んで善を行う人の場合でさえも、その行為が「傾向性」から為されるならば、何ら道徳的価値を持たないとされる。ここにカントの倫理学が「厳格主義（Rigorismus）」であると言われる所以があるわけであるが、「良心の咎め（Gewissensskrupel）」という短い詩においてシラーが行った有名なカント批判もまさにカント倫理学のこうした厳しさに向けられている。「私は喜んで友人たちに尽くす。しかし、私は残念ながらそれを傾向性から行っているのである。それゆえ、私は自分が道徳的でないということにたびたび悩まされるのである」[1]。カントの倫理学の厳格さに対して異議を唱えるシラーは、人間の本性はカントが考えているほどエゴイスティックなものではなく、人間には自己愛に基づくのではない「美しき魂（schöne Seele）[2]」が存在すると考える。シラーは感情が意志決定に参与し得ることを主張し、傾向性と義務を美的に融和させるはたらきを感情のうちに

第四章　カント実践哲学における感情の問題

認める点でカントを批判するのである[3]。

　たしかに、これまでに引用したカントの言葉を見るかぎり、カントの実践哲学における感情の果たす役割は極めて消極的なものにとどまる。そしてそのかぎりでは、シラーのカント批判は正鵠を射たもののように映る。しかし、はたして本当にシラーがカントを揶揄するように、カントの実践哲学において感情の意義は認められないのであろうか。もし認めるとすれば、それはどのような意味においてであるのだろうか。

　本章ではこの問題を中心に論じる。そのために筆者は、まず第一節において、カントが実践哲学において感情をどのような観点から問題にし、どのような意味でそれを批判するのかを明確にするが、本章ではハチスンの説にも留意しつつ、この問題を究明する。というのも、この後すぐ述べるように、前批判期のカントはハチスンのモラル・センスという概念に着目しており、この概念が「尊敬（Achtung）の感情」というかたちでカント独自の意味を担った概念として『基礎づけ』や『第二批判』において開陳されることになるからである。或る意味ではハチスンのモラル・センスを批判的に継承したのが「尊敬の感情」であると考えられる。それゆえ、第二節では「尊敬の感情」の特質を、「自ら惹き起こされた感情」という言葉の意味の解明を通じて、浮き彫りにする。またこのことと同時に先ほど冒頭で述べられた「意志の自律」と「尊敬の感情」との関係についても考察し、尊敬という感情がカント倫理学において占める位置を見定める。こうした考察を行った後、第三節では、本書全体のテーマが「カントの自我論」であるから、人間主体において「感情」が果たす役割について論究し、カント実践哲学における感情の意義を明らかにする。

第一節　道徳の第一原理としての感情批判

　先に述べたように、批判期のカントは道徳哲学の領域における感情のはたらきに対して消極的な評価を与えているように見えるが、前批判期の1760年代

第一節　道徳の第一原理としての感情批判

半ばまでは必ずしもそうではなかった。例えば、1764年に出版された『自然神学と道徳の原則の判明性に関する考察』(以下『判明性』と略記)[4]の最終節においては次のように言われている。「近頃になってはじめて以下のことが洞察され始めた。つまり真を表象する能力は認識であり、しかし善を感じる (empfinden) 能力は感情であり、両者はけっして互いに混同されてはならないということである」(Deutlichkeit II 299)。ここで言われているように、真偽を判定する認識能力と善悪に関する能力は区別されなければならず、しかも後者の能力をカントは「感情」と考えている。あるいは、ほぼ同時期の『1765年から66年にかけての冬学期講義計画の公告』の「倫理学」の項目においては「行為における善悪の区別と道徳的正当性 (Rechtmäßigkeit) についての判断はまさに直接に証明という迂路を経ずに人間の心 (Herz) から、感情 (Sentiment) と呼ばれるものを通じて容易に正しく認識されうる」(Winter. 1765. II 311) との見解をカントは表明し、道徳や実践における感情のはたらきに着目している。さらに言えば、1760年代半ばのカントの講義を伝えている『ヘルダーの実践哲学講義』では「自由な行為に直接結びついている快」が「道徳的感情 (Moralisches Gefühl)」と呼ばれ (vgl. PPhH XXVII 4)、これを「根本感情 (Grundgefühl)、良心の根拠 (Grund des Gewißens)」とする叙述も見受けられる (vgl. PPhH XXVII 5)。

そして「道徳的感情」は英語の「モラル・センス」の訳語であるとされるが、[5]周知の通り、モラル・センスという概念を道徳哲学の中心にすえるのは、シャフツベリーやハチスンである。それゆえ、『判明性』においてはハチスンらを評価する次のような叙述がある。「ハチスンその他の人が道徳的感情という名のもとに」道徳に関する第一原理に関して「見事な所見の端緒を提供した」(Deutlichkeit II 300)。あるいは、先の「講義計画の公告」においても「一切の道徳性の第一根拠の探求においてやはり最も進んでいるシャフツベリー、ハチスン、そしてヒュームの試み」(Winter. 1765. II 311) との記述が見られる。

ただしカントは、感覚(感情)に道徳の第一原理を置くモラル・センス学派の人々の道徳論を「最も進んでいる」と評価するその一方で、前段落の最後の

第四章　カント実践哲学における感情の問題

引用においても彼らの考察を形容する際、「不完全であり、欠点を有しているけれども」(Winter. 1765. II 311) と条件付きで評価している。同様に『判明性』においても「責務の最上の根本概念」に関して「そのための第一原則を決定するのは、認識能力であるか、それとも感情（欲求能力の内的第一根拠）であるのかをまず明らかにしなければならない」(Deutlichkeit II 300) とされており[6]、このことからカントが道徳における感情の役割を認めつつも、はたして本当に道徳的感情を道徳の第一原理とすることができるのかどうかという点に関しては極めて慎重な態度をとっていることが分かる。ここにはカントのためらいを感じさせるような一定の留保が表明されているが、この留保が後に或る種の否定的評価へと変わってゆくのである。

『基礎づけ』や『第二批判』以前で、実践哲学における感情のはたらきを批判的に捉えているのは、1770年の『可感界と可想界の形式と原理』においてである。この論文は、カントがケーニヒスベルク大学の論理学と形而上学の正教授に就任した年に公刊されたものであり、この論文において、カントは「道徳哲学の規準 (criteria) を快または不快の感覚〔＝感情〕へと (ad sensum voluptatis aut taedii) 還元した者が非難されるのは当然である」とし、このうちに「エピクロス」や近代では「シャフツベリーとその追従者たち」を数え入れている (Mund. II 396)。しかしここでの実践哲学や道徳哲学に関する議論はわずかなものにとどまる。そしてよく知られているように、この論文以降、『第一批判』の第一版が出版される1781年までカントは一冊の書物も出さず、実践哲学や道徳哲学が主題的に論じられるのは、1785年の『基礎づけ』や1788年に公刊された『第二批判』である。この二つの著作以前で、実践哲学に関するまとまった叙述が見られ、実践哲学における感情に関する考察の手がかりとなるのは、『ポヴァルスキの実践哲学講義』とメンツァーが編集した『カントの倫理学講義』（以下『倫理学講義』と略記）[7]である。とりわけ後者は、『基礎づけ』や『第二批判』の叙述の基礎となる考えが豊富に見られる。それゆえ、本章では『倫理学講義』を積極的に活用したい。

『倫理学講義』において感情に関する次のような叙述がある。「道徳法則は、

第一節　道徳の第一原理としての感情批判

定言的に（kategorisch）命令する。それゆえ、道徳性は感受的な（pathologisch）原理に基づくことはできない、すなわち自然的感情（das physische Gefühl）にも道徳的感情（das moralische Gefühl）にも基づくことはできない。実践的規則において感情に訴えかけようとするこうした方法もまったく哲学に反している（ganz der Philosophie entgegen sein）」。この引用から分かるように、『倫理学講義』では、汝為すべしと無条件的に命令する命法として『基礎づけ』において明確に定式化される「定言命法」の思想を先取りするようなかたちで「道徳法則」の定言的性格が語られ、それと共に道徳性が感情に基づくことはできないと明言されている。しかも、この引用箇所で「自然的感情」であれ、「道徳的感情」であれ、そもそも感情のうちに道徳性の原理を求める思考法自体が「哲学に反する」とされている。このことから、カントが極めて強い調子で感情を道徳の原理と見なすことに反対していることが読みとれる。

　こうした倫理学における感情への考え方は、『基礎づけ』や『第二批判』においてもほぼそのまま踏襲されることになる。例えば、『基礎づけ』ではカントは「自然的感情」と「道徳的感情」の上に築かれた道徳哲学を「道徳性の一切の偽の（unecht）原理の源泉」の上に築かれたものと見なしており（vgl. GMS IV 441ff.）、『第二批判』でも「道徳性の原理における実践的実質的規定根拠」の表を掲げた際に（vgl. KpV V 40）、カントは自然的感情と道徳的感情は「明らかに道徳性の普遍的原理としてまったく役に立たない」（KpV V 41）と述べている。このように1770年以降、カントは1760年代半ばの考えとは明らかに異なった立場を表明するようになるのである。

　ところで、そもそも『判明性』や「講義計画の公告」におけるカントの関心は、感情を「道徳の第一原理」としてもよいかどうかであった。したがって、カントの立場の変更は道徳の第一原理・根本原理を巡るものであり、結局のところ、道徳的感情を道徳の第一原理にすることはできない、とカントが断定した点にあると言えるであろう。実際、『可感界と可想界の形式と原理』でカントは実践哲学における感情のはたらきに対して或る種の批判を加えていたが、その直前で次のように述べている。「道徳哲学は、価値判断の第一原理を提供

第四章　カント実践哲学における感情の問題

するかぎり、純粋悟性によってのみ認識され、それ自身純粋哲学に属する」(Mund. II 396)。あくまで道徳哲学が価値判断の「第一原理」を問題にするかぎり、その原理は知性的・理性的でなければならず、それゆえ感情を道徳の第一原理とする「シャフツベリーとその追従者たち」は批判されたのである[9]。

こうしたことをカントは『基礎づけ』においては次のように言っている。「それ〔＝道徳的感情〕は、二三の人々によって我々の道徳的判定の規準（Richtmaß）と間違って称された。なぜなら道徳的感情は、むしろ法則が意志に対して及ぼす主観的な作用の結果（Wirkung）と見なされねばならないから」(GMS IV 460)。ここで「道徳的感情」について、それが「法則が意志に対して及ぼす主観的な結果」である、と言われているが、このことの意味は今は措くとして（この点については第二節で後述する）、ここでカントは道徳的感情が「道徳的判定の規準」となることを間違いだとしている。これらのカントの言葉からカントが実践哲学において感情を批判するのは、感情を「道徳的善悪の確実な判定規準」、「道徳の最高原理」と見なす点にあることが分かる。要するに、感情に対するカントの批判の矛先は、感情を道徳の基礎づけにとって十分とする説に対して向けられているのである[10]。

では、なぜカントは感情に道徳の基礎を置く人々を批判するのであろうか。これは二つの面から考えることができるように思われる。一つは、「自然的感情」と「道徳的感情」の性質の面から、いま一つには、感情が「主観的」で「偶然的」であるというカントの考えから説明できるように思われる。

まず、前者について開陳するが、そのためには「自然的感情」と「道徳的感情」とカントが呼ぶ感情が具体的にどのようなものであるのかを説明しておく必要があるであろう。これに関しては、『倫理学講義』において次のような記述が見られる。

「自然的感情」について言えば、「自然的感情の本質は自己愛（Selbstliebe）のうちにあり、それには二種類あって、虚栄心と利己心の感情である。自己愛は、自分自身の利益（Vorteil）をめざし、これは、それによって我々の感官を満足させる利己的原理（ein eigensüchtiges Principium）である」とされる。そ

第一節　道徳の第一原理としての感情批判

して、このような原理に基づいた道徳説を唱える代表者として「古代ではエピクロス」、「近世ではエルヴェシウスとマンドヴィル」の名が挙げられている[11]。要するに、「自然的感情」とは、利己的原理に基づき「あらゆる傾向性を満足（Satisfaktion）[12]」させる感情である。したがって、これを道徳の原理とした場合には、極端な場合、自らの幸福や満足を得るためだけの行為を善とし、これを推奨する道徳的体系が築かれる虞があると考えられる。他方、「道徳的感情」に関しては、道徳上の問題に関して「それによって何が善であり、何が悪であるかを人が区別することのできる根拠」が「道徳的感情」とされ、「シャフツベリーとハチスン」がその説を「はじめて唱えた者」として挙げられている[13]。自然的感情に関して「利己的原理」という言葉が使われ、マンドヴィルの名が挙げられているのに対して、道徳的感情の提唱者としてシャフツベリーとハチスンの名が挙げられていることからも推察されるように、カントがここで念頭に置いている「道徳的感情」とは「利他的感情」からなされた行為を善と見なす感情・感覚である。

ちなみに、『ポヴァルスキの実践哲学講義』では「道徳的感情の体系をハチスン以上に論じた人はいなかった」（PPhP XXVII 108）との叙述が見られ、カントはモラル・センス学派の中でも特にハチスンを重要視しているが、ハチスン自身によれば、モラル・センスとは「我々がそれによって徳と悪徳を知覚し、他人のうちにあるそれらを是認したり否認したりする」ものと定義されている[14]。ハチスンのこの言葉からモラル・センスとは、有徳な行為と有徳でない行為を知覚し、自他の善なる行為を是認し、悪である行為を否認する能力、要するに、「道徳的な善と悪[15]」を判定する能力であることがまず分かる。そしてハチスンは「我々が道徳的に善いまたは悪いと理解する全ての行為は、理性的行為者に向かう或る感情（Affection）から生じると考えられる[16]」と言っている。ハチスンに従えば、我々の行為は全て感情から生じると考えられわけであるが、その感情から生じた行為に関する善悪の「知覚」能力、したがって善悪を直覚的に判定する能力がモラル・センスなのである。またハチスンが有徳であり善と見なす行為は「仁愛（benevolence）」という利他的感情から為された行為である。

143

第四章　カント実践哲学における感情の問題

　ハチスンは、人間の心中には、ホッブズやマンドヴィルが言うような「自愛心や個人的利害の欲求」だけでなく、他人の利益や幸福を望む仁愛が存在すると考えており、彼によれば「他人の善を熱望する（study）我々の本性」である仁愛という「本能」こそ、有徳な行為の「真の起源」[17]とされる。

　さて、「利己的原理」に基づく「自然的感情」が道徳の普遍的第一原理となりえないのは、カントに従えば、それが「自己愛」の原理に基づき、「道徳性を覆す」虞があるためとされる（vgl. GMS IV 442）。自然的感情を道徳の基礎に置くとすれば、その性格からして極端な場合には、手段を選ばない利己的原理が道徳の原理になりかねない。人間に自らの幸福を追求する性向があることは確かであり、そうした事実を否定するのは欺瞞であろうが、その事実認定と道徳の原理を利己的原理のうちに置くことはまた別問題であるとも考えられるであろう。自らの幸福のみを追求することは許されず、道徳の基礎はそこにはあり得ないと思われる。我々人間が社会的・共同体的存在であり、専制君主のように特権を持つ特別な存在者でないかぎり、そうした道徳理論は破綻せざるを得ないであろう。

　では利己的原理に基づくとされる「自然的感情」だけでなく、利他的行為を是認する「道徳的感情」までもカントはなぜ批判するのであろうか。それは「利他的感情」である「仁愛」に基づいてなされたと考えられる行為もその行為の動機をつぶさに考察してみれば、そのうちに「自己愛の密かな衝動（geheimer Antrieb der Selbstliebe）」（GMS IV 407）が存在していることが往々にしてあるからである。つまり、どれほど他人のためにという動機からなされ、利他的と見える行為も実際には、「至るところで愛しき自己（das liebe Selbst）に突き当たり」（GMS IV 407）、自己の幸福を目的にして行われることがあるからである。

　こうした事態をカントは『基礎づけ』でおよそ次のように分析する。生まれつき同情心に富み傾向性から他人に慈善を施す人の場合や、あるいは、他人に慈善を施すという行為そのものよりも、むしろ他人に慈善を施した時に生じる快や自己満足のために慈善を行う人の場合は、もし彼の同情心が曇らされる程の不幸な状態に彼が置かれたとしたら、その人は最後には以前のように他者に

第一節　道徳の第一原理としての感情批判

快く慈善を施さないことが十分考えられる（vgl. GMS IV 398）。このようなカントの人間観察やそれに基づく分析のうちに、我々は人間の自己愛への根深い傾向とそれを見抜くカントの冷静な批判的眼差しを看取することができるわけであるが、本章の冒頭で述べた「虚栄心や利己心」からでなく、喜んで他人に「善行を施す」人々の行為に対して、カントが厳しすぎるとも思えるほど批判をするのもこうした「自己愛」や「自己の幸福」という人間なら誰しも持っている根深い傾向のためであると言える[18]。それだからこそ、「何らかの対象が現実に存在することから感じられるべき快、あるいは不快のうちに選択意志の規定根拠を置く実質的な原理」は、いかに利他的に見えても、結局は「自己愛の原理あるいは自らの幸福の原理にことごとく属するかぎり、まったく同種的である」（KpV V 22）とカントは考えるのである。

　ちなみに、カントもシャフツベリーやハチスン等のいわゆるモラル・センス学派の主張するように人間には「虚栄心や利己心」と言った「自己愛」の感情だけでなく、喜んで他人に善行を施す仁愛が備わっていることを認めないわけではない。実際、カントは「自然的感情」と「道徳的感情」を比べると、後者の方が「道徳性とその尊厳により近い」としている（vgl. GMS IV 442）。しかし、「ハチスンによって想定されたモラル・センス（moralischen Sinne）」がたとえ「他人の幸福への同情（Theilnehmung）の原理」（vgl. GMS IV 442 Anm.）であるとしても、カントがそれを他律的原理のうちに数え入れているのは、人間の内にある「愛しき自己」や「傾向性」の根深さのために人間の心が往々にして曇らされることがあるからである。このような理由から、カントは利他的感情としての「道徳的感情」でさえも、道徳の絶対的な普遍的原理たりえないと見なし、それを批判するのである。

　以上のような性質を「自然的感情」と「道徳的感情」が持つために、カントは感情を批判するわけであるが、感情が道徳の第一原理となり得ないとカントが考えるのは、結局、感情が主観的で偶然的な状況に左右されるからにほかならない。感情が主観的であることについては、『倫理学講義』の「感情に訴えることは哲学に反する」というすでに引用した箇所に続けて、次のように述べら

145

第四章　カント実践哲学における感情の問題

れている。「全ての感情は、個人だけに妥当するにすぎないのであって、他人には理解不可能（keine Begreiflichkeit）である[19]」。あるいは、『ポヴァルスキの実践哲学』でも「感情に基づき判断し得る一切のものは、個人的妥当性（private Gültigkeit）しか持たない」。それゆえ「自然的感情であれ、道徳的感情であれ、感情に基づく道徳性の原理は、我々にいかなる道徳論も道徳性の規準（canon）も与えることはできない」（PPhP XXVII 119）との叙述が見られる。このようにカントは感情が主観的で個人的妥当性しか持たないということから、「自然的感情」であれ「道徳的感情」であれ、およそ感情と呼ばれるものを道徳の第一原理とすることに対して反対する。あるいは、感情が偶然的性質を持つことについては『倫理学講義』において次のように言われている。「しかしながら、自愛に道徳性の原理が基づいている場合には、道徳性の原理は偶然的根拠に基づく。なぜなら行為がそれに従って私に利益（Vorteil）をもたらすかどうかという行為の性質は、偶然的な状況に基づくからである。〔道徳性の〕原理が道徳的感情に基づいている場合、その場合には人は行為を適意（Wohlgefallen）または不適意（Mißfallen）に従って、嫌悪（Ekel）あるいは総じて趣味の感情に従って判定するのであり、そうなれば道徳的原理もまた偶然的根拠に基づいているのである。なぜなら、或る人はそれに快適さ（Annehmlichkeit）を抱くが、他の人はそれに不快感（Abscheu）を抱くことがあり得るからである[20]」。この引用箇所では、さしあたって「自愛」という感情が問題にされているが、すでに考察したように、「自愛」ではなく「仁愛」に基づき利他的とされる「道徳的感情」の場合も実際には「密かな自己愛」が潜んでいることを否定できないし、それが感情であるかぎり、主観的なものにとどまり、こうした感情の主観的性質を論拠に、カントは道徳的感情を「偶然的根拠」に基づくとしている。このようにカントに従えば、感情は個人にのみ通用する主観的なものであり、しかもそれに基づくと主体の行為も偶然的状況に左右されるとされる。

　感情が本当に単に主観的であり、相互に理解不可能かどうかという点については多くの議論を要し、即断することはできないが、感情が偶然的で様々な状況によって左右されることは同情心から行為する人を例にした先のカントの叙

第一節　道徳の第一原理としての感情批判

述からも首肯しえるであろう。ちなみに、ハチスンも人間の心の内に自愛心が存在することを無視するわけではない。むしろハチスンも「自愛心（self-love）」（すなわち「自己愛」の感情）が「仁愛」の情と結合する場合を認めており、両者の関係について次のように言っている。「しかし、次のことがここで認められなければならない。すなわち、全ての人間は仁愛と同様に自愛心を持っているのだから、これら二つの原理が一緒になって人を同じ行為（Action）へ促すこともあるかもしれないし、それゆえそれらは同じ肉体を行動（Motion）へ駆り立てる二つの力と考えられることができるのであって、あるときには共同し（conspire）、またあるときには互いに無関係であり、そしてあるときには或る程度において対立するということが認められなければならない」[21]。このようにハチスンの道徳説は、人間の心の内に自愛心があるという事実をけっして無視しない。むしろ仁愛を否定し、全てを自愛心へと還元したり、逆に人間の内に自愛心が潜むことを否定し、全てを仁愛へと還元するような人間的事実を無視した考えこそ、ハチスンは厳しく批判するのである。

　しかし、ハチスンの上の説明によれば、「自愛心」と「仁愛」は、我々を行為へと駆り立てる「二つの原理」であり、あるときには一緒になり、またあるときには対立しつつ人を行為へと駆り立てるとされている。「仁愛」と共に「自愛心」も万人の心の内に等しく備わり、これらをいわば、等根源的に行為の原理とするならば、我々が有徳な善なる行為をなすか、それとも悪しき行為をなすかは、結局、その人が置かれている状況、精神の状態の変化等々の偶然的な事情に左右されると言えるであろう。このことは、友人に対して喜んで尽くす善良な人々が同情心を曇らされたときには急に冷淡になる、というすでに見たカントの分析にまさにそのまま当てはまる。カントの分析は、感情が偶然的な事情に左右される性質のものであることを見事に言い当てているのである。

　それゆえ『基礎づけ』でカントは次のように述べる。「経験的原理は、その上に道徳法則を基礎づけるためにはまったく役立たない。なぜなら、それでもって道徳法則があらゆる理性的存在者に区別なく妥当すべき普遍性とこの普遍性によって理性的存在者に課せられる無条件的な実践的必然性とが廃棄されるの

147

は、それらの根拠が人間的本性の特殊な仕組み（besondere Einrichtung der menschlichen Natur）、あるいは人間的本性が置かれている偶然的状況から取り出される場合だからである」（GMS IV 442）。カントがハチスンを批判するのは、感情が偶然的状況に左右されるという性格を持つからにほかならない。ハチスンはたしかに人間は心の内に「仁愛」という利他的感情を持つという事実を指摘し、善悪を直覚的に判定するモラル・センスという能力を道徳の原理としたが、カントの目には、そうした事実を指摘するだけでは不十分に見えたに違いない。道徳的感情が行為に関する普遍的で必然性を備えた客観的判定「規準」とはなりえないのは、このような感情の性格によるのである。

　カントは、むしろ行為の客観的判定原理と行為の主観的原理を区別すべきであると考える。このことは『倫理学講義』において「責務判断〔＝判定〕（Dijudikation der Verbindlichkeit）の原理と責務実行ないし責務遂行（Exekution oder Leistung der Verbindlichkeit）の原理」が区別される文脈で端的に次のように語られる。「ここでは規準（Richtschnur）と動機（Triebfeder）は区別されなければならない。規準とは責務判断の原理であり、動機とは責務実行の原理である。このことが混同されたので、道徳における一切のことが間違ったのである。何が道徳的に善であり善でないかが問題である場合には、それは、私がそれに従って行為の善性（Bonität）を判定する判断の原理である。しかし、こうした法則に適って生きていくように私を動かすものが何であるかが問題である場合は、それは動機の原理である」[22]。あるいは同じことであるが、次のような叙述もある。「一切の道徳的判定の最上の原理は悟性の内に存し、この行為を行う道徳的な原動力（Antrieb）の最上の原理は心の内に存する。この動機が道徳的感情である。〔だが〕こうした動機の原理は判定の原理と混同されることはできない。判定の原理は規範（Norm）であり、原動力の原理は動機である。動機は規範の代わりにはならない」[23]。このように、カントは或る行為の善悪を客観的に判定する原理を「規準」や「規範」と言い、それを行為の主観的原理である「動機」から厳密に区別する。

　本節の最初に前批判期の感情に関するカントの見解を確認した際、『判明性』

においてカントは道徳的感情について「不完全であり、欠点を有しているけれども」(Deutlichkeit. II 311)と述べていたが、そこでは単なる欠点の指摘にとどまっていた。それは、おそらくこの時点では、行為の「判定能力」である「客観的原理」と行為の「実行能力」である「動機」を明確に区別せず、それぞれが何であるかということにカント自身が想到していなかったためであろうと推察される。それゆえ、行為の主観的原理と客観的原理を明確に区別している如上の『倫理学講義』の箇所はカントの倫理学上の発展を裏づけるものとして重要であると筆者には思われる。カントは、『倫理学講義』や『基礎づけ』、『第二批判』では「道徳的感情」という主観的なものを、むしろ「動機」という行為の推進原理として積極的に自らの体系に取り入れてゆくことになる。この点については本章第三節で詳しく論じるが、いずれにしろカントが「道徳的感情」を批判するのは、感情というものが偶然的な状況に左右されるからにほかならない。

ここまでの考察から、次の二点が明らかにされたであろう。すなわち、まず第一にカントが（道徳的）感情を批判するのは、それを「道徳の第一原理」とする場合である。そして第二にその批判の論拠は、利他的行為を行っているつもりでも人間の傾向性は根深く、自己満足や自己幸福のために行為を行っているという可能性をけっして払拭できないからであり、しかも、感情が偶然的状況に左右される性質を持つという点にあった。

第二節　尊敬の感情とは何か

先に述べたように、カントはハチスン等によって主張される「道徳的感情（モラル・センス）」を批判している。しかしその一方で、カントは特に『第二批判』において尊敬は「本来道徳的感情である」(KpV V 80)と言い、尊敬を「唯一真正の道徳的感情（das einzige ächte moralische Gefühl）」(KpV V 85)であるとも述べている。このことからも分かるように、カントは、いわば、「道徳的感情」

第四章　カント実践哲学における感情の問題

を「尊敬の感情」という彼独自の概念へと深化発展させている。以下では、尊敬という感情の特質を明らかにすることによって、次節で議論する実践哲学における感情の意義の解明へ繋げたい。

さて、その尊敬の感情にカントが言及する際、「感性的感情（das sinnliche Gefühl）」という言い回しを使っている箇所が『第二批判』の「純粋実践理性の動機論」に存在する。「我々のあらゆる傾向性の根底に存している感性的感情は、たしかに我々が尊敬と呼ぶ感覚の制約である」（KpV V 75）。ここで「感性的感情が尊敬の制約である」とカントが言っていることの解明は、後に（第三節で）行うとして、上の引用で「感性的感情」と言われていることは注意を要する。というのも、もし「感情」がことごとく感性的であるならば、感情をわざわざ「感性的」と形容する必要などないであろう。逆に言えば、カントが「感性的感情」と言うことの裏には感性的でない、あるいは感性的と考えるだけでは説明が不十分な感情の存在を示唆していると推察されよう。

実際、カントは上の引用文を続け次のように述べている。「しかし、その〔＝感性的感情の〕規定原因は、純粋な実践理性のうちに存しており、したがってこの〔尊敬という〕感覚は、その起源のために感受的であると言われることはできず、かえって実践的に惹き起こされた（praktisch gewirkt）と言われなければならない」（KpV V 75）。このようにカントによれば、その「起源」からすれば、尊敬の感情は感性的・感受的でなく、実践的に惹き起こされた感情とされる。

それにしても感情が感性的あるいは感受的ではない、そして実践的に惹き起こされたというのは、一体どのような事態を言い表しているのであろうか。

まず感性的でないということに関して言えば、周知の通り、『第一批判』で「我々が対象から触発される仕方を通じて表象を受け取る性能（Fähigkeit）（受容性）」（A19/B33, vgl. A51/B75）が感性と定義され、「主体の表象の性能（Vorstellungsfähigkeit）が客観によって触発されることによってのみ可能である」（B72）直観が感性的直観と言われる。これらの言葉からも明らかなように、「感性的である」とは、「触発」をメルクマールとしており、我々主体が対象・

客観に対して受動的であることを意味している。そして主体が対象に対して受動的であることを加味すれば、その対象は、我々の外にある対象であると考えられる。したがって「感性的感情」とは、外的対象によって主体が触発されることにより主体の内に受動的に惹き起こされた感情と言えるであろう。逆に言えば、「感性的でない」感情とは、少なくとも外的対象の触発によって惹き起こされるような感情とは別種の感情であると考えられよう。

　しかし、尊敬の感情が「外的対象」による触発によって生じたものでないとすれば、通常我々が考えているような感情からどのように区別されるのかが問題にされて当然であろうし、尊敬の感情を惹き起こす「根拠」も問われなければならないであろう。そもそも尊敬の感情は、どのようにして生じてくるのであろうか。この点についてカントは『基礎づけ』で次のように説明している。「しかしながら、尊敬は、たとえ感情であるにせよ、けっして〔他からの〕影響 (Einfluß) によって受け取られた感情でもなく、理性概念によって自ら惹き起こされた感情 (selbstgewirktes Gefühl) であり、したがって、傾向性や恐怖に基づいてもたらされる第一の種類に属する全ての感情とは種的に異なっている」(GMS IV 401 Anm.)。ここでカントは通常の感情と尊敬の感情との違いを明確にしようと努めているわけであるが、通常の感情に関係する「傾向性」は『基礎づけ』の別の箇所で「欲求能力が感覚に依存すること」(GMS IV 413 Anm.) と定義されている。このことを勘案すれば、傾向性に基づく感情とは、総じて「感覚的」であり、したがって、「外的対象」が我々の感官を「触発した結果」として「惹き起こされた感情」であると言える。また恐怖に基づく感情についても外的対象によって主体が触発される点では、やはり「感受的な感情」のうちに数え入れられる。これに対して「尊敬」という感情は、外的対象による「影響」のもとにもない、言い換えれば、外的対象にその「起源」を持たない感情であり、ここでは「理性概念」によって「自ら惹き起こされた感情」であるとされている。通常、或る感情が惹起するのは、過去の記憶や想起によるものを別とすれば、或る対象が我々の感官を触発し、その反応として主体の内にその感情が生じてくると考えられよう。主体はその際、感情を惹き起こす

第四章　カント実践哲学における感情の問題

当の対象に対して「受動的」である。さしあたって、「自ら惹き起こされた」という意味において「尊敬の感情」は、通常我々が感情と呼んでいる外的対象によって惹き起こされる「感性的感情」ないしは「感受的感情」から区別されることになる。

さて、このような自ら惹き起こされる尊敬の感情は、「意志規定」や「原因性」といった極めて実践的・道徳的な「根拠」が問われるという点でも「感受的な感情」から区別される。この点についてカントは『第二批判』で次のように述べている。尊敬の感情は「感官の対象によって惹き起こされたであろうような感情として感受的に可能なのではなく、もっぱら実践的に、すなわち理性の、先行する（客観的な）意志規定と原因性によってのみ可能である」（KpV V 80）。このようにカントに従えば、感官の対象によって惹き起こされたのではない尊敬の感情は、理性に基づく客観的な意志規定や理性の原因性によって惹き起こされる感情である。そして本章の冒頭でも述べたように「意志の自律」を道徳の根本原理と見なすカントにとっては、意志規定の「根拠」は理性や理性が自らに与えた法則、すなわち「道徳法則」となる。したがって、尊敬は必然的に「道徳法則に対する尊敬」というかたちをとり、「道徳法則」のうちにその「根拠」を持つ感情を意味することになる。実際、次のような叙述がある。「それゆえ、道徳法則に対する尊敬は、知性的な根拠によって惹き起こされた感情であり、この感情は我々がまったくア・プリオリに認識し、その必然性を洞察することのできる唯一の感情である」（KpV V 73, vgl. KpV V 79）。尊敬の感情は「道徳法則」という「知性的な根拠」により惹き起こされた感情であり、実践理性の法則たる「道徳法則」にその起源を持つ特殊な感情である。

『第二批判』の結語に存し、後にカントの墓碑銘の一部にもなった「我が内なる道徳法則」（KpV V 161）という有名な文言や「〔道徳〕法則は、叡知者としての我々の意志から、したがって、我々の本来的自己から生じた」（GMS IV 461）という言葉からも分かるように、道徳法則は我々の「外」にではなく、我々自身の内（心中）に存している。感性的で感受的な感情が「外」から惹き起こされた感情であって、「外的対象」による「触発の結果」として生じる感情で

第二節 尊敬の感情とは何か

あるとするならば、尊敬の感情は、我々の「内」から、すなわち我々自身から惹き起こされた感情なのである。

したがって、カントが尊敬の感情を道徳的感情と言うときには、ハチスンのそれから区別されなければならない。「（道徳的感情という名で呼ばれる）こうした感情は、それゆえ、もっぱら理性によって惹き起こされる」(KpV V 76)。この文言から明らかなように、ここでカントが提示する「道徳的感情」は「理性によって惹き起こされた」と特徴づけられる感情であり、当然、ハチスン等の掲げる道徳的感情とは性格を異にしている。ハチスンの道徳的感情（モラル・センス）は、道徳的善悪の判定基準であるが、あくまでそれは、その起源を感覚のうちに持つものであり、「理性」や「道徳法則」にその根拠を持たなかった。それに対してここでカントが語っている道徳的感情は、感覚ではなく「理性によって」「自ら」が惹き起した「自発的」感情である。この点でも尊敬の感情は「感受的な感情とはまったく比較されることができない独特な感情」(KpV V 76) であると言えよう。

このようなカント倫理学に独自の尊敬の感情は、「知性的な根拠」としての「道徳法則」によって惹き起こされ、道徳法則は叡知的な「本来的自己」から生じて来るものであるから、カントは「尊敬の感情」と「道徳法則」との関係について『基礎づけ』で次のように述べている。「法則による意志の直接的な規定と、そのような規定の意識は尊敬と呼ばれる。したがって、尊敬は法則が主体へと及ぼした結果と見なされるのであって、法則の原因と見なされない」(GMS IV 401 Anm.)。尊敬は、道徳法則によって惹き起こされた感情であるから、意志を規定する「第一根拠」とはなりえない。あくまで道徳法則が主体に及ぼした作用の「結果」、あるいは「影響」(KpV V 74) が尊敬の感情という仕方で主体の内に生じてくるのである。

こうした道徳法則と尊敬の間に成り立つ原因と結果という関係は、人間が備える他の道徳的特質についても当てはまる。後に『人倫の形而上学』でつぶさに分類されるように「道徳的感情、良心、隣人愛、そして自己自身に対する尊敬（自己尊重(Selbstschätzung)）」等は「経験的起源を持つものではなく、道

徳法則が心性に及ぼした結果として、道徳法則の意識に続いてのみ生じることができる」(MS VI 399) とされる。この引用にある「良心」や「隣人愛」などは、常識的に考えても好ましいものであろうが、こうした感情に類する心情状態は、それらが道徳的なものとされる場合には、全て道徳法則に基づく。カントの場合、やはり道徳法則が道徳の第一根本原理なのであり、その他一切のものはこの原理に基づく。

　我々は感情と道徳法則との間にあるこうした関係をいくら強調しても、強調しすぎることはないであろう。というのも、もし仮に感情（それがいかなる感情であれ）が道徳法則に代わって意志を規定する「根拠」であるとするならば、このことこそ「意志の他律」にほかならず、したがって、本章の冒頭で述べたように「意志の自律」を「道徳性の最上の原理」としているカントの批判的倫理学の根幹を揺るがすことになるであろう。実際、カントも「実践的な、あるいは、道徳的な感情という名で呼ばれるいかなる特殊な種類の感情も、道徳法則に先行するものとして、そして道徳法則の根底に存するものとして仮定される必要はない」(KpV V 75) と『第二批判』で述べている。尊敬の感情が「実践的に惹き起こされた」ものとして性格づけられるのは、あくまでその「根拠」が「道徳法則」という「実践理性の根本法則」に根差しているからであって、逆に尊敬の感情が道徳法則の根拠となることではけっしてない。このように、理性に起源を持つ道徳法則が主体に及ぼした結果が尊敬の感情である、と主張することによって、尊敬という感情と実践理性（つまり意志）の原理は両立し得ることになる。

　そしてこのことを裏面から見るならば、道徳法則が意志の直接の規定根拠となった場合に、その結果として感情が伴うことをカントはけっして否定しはしないと解釈できるであろう。否そればかりか、『第二批判』の或る箇所では意志規定に際して、道徳的感情を伴うことは必然的であるのみならず、「道徳的感情」を養うことは義務であるとさえ言われている。「自由の力によって人間の意志が道徳法則によって直接規定されうるのと同じように、またこの規定根拠〔＝道徳法則〕に従う頻繁な実行は、最後には主観的に自己自身についての

第二節　尊敬の感情とは何か

満足の感情（Gefühl der Zufriedenheit mit sich selbst）を惹き起こすことができる。このことを私はけっして否定しない。むしろ、本来それのみが道徳的感情と名づけられるにふさわしいこの感情の基礎を作り、これを陶冶する（cultiviren）ことは義務にさえ属す。しかし、義務の概念がこの感情から引き出されることはできない」（KpV V 38）。このようにカントは、道徳法則を意志の直接の規定根拠と考え、道徳の確実な第一原理であると考えるが、そう考えながらも、道徳法則による意志規定によって或る種の「満足の感情」が生じることをけっして否定しない。むしろ道徳の第一根拠さえ見誤らなければ、道徳的感情は不要でないばかりか、それを養うことは有益かつ「義務」とさえ見なしているのである。

　ベックも言うように、カントが倫理学の領域において感情を追放するのは、感情が理性的原理の源泉であるという誤った位置に置かれているかぎりにおいてであって、意志規定が何らかの随伴感情なしに起こらねばならない、あるいは随伴感情なしに起こりうると考えることは誤りであろう[24]。カントは我々の行為に或る種の感情が伴うことをけっして否定しない。むしろ、次節で示すように、人間の場合、義務に基づいた行為も結果としては感情を伴った行為とならざるを得ない。カントが否定するのは、義務に基づく行為と感情に基づく行為を混交し、感情や傾向性を行為の判定の原理にすることである。

　以上のように本節では、まず尊敬の感情が我々の内なる「道徳法則」によって実践的に惹き起こされた感情であり、「道徳法則」が行為主体に及ぼした「影響」ないしは「結果」という特質を持つことが明らかにされ、そこからさらに尊敬の感情が「意志の自律」の原理にけっして抵触するものでないことも明らかにされた。それゆえ、本章第一節の議論を踏まえ、さしあたって次のように結論づけてよいであろう。すなわち、カントが「道徳的感情」を批判するのは、「意志規定の第一原理」と見なす場合であり、かつそのかぎりである。

　次節では、このような見解を踏まえたうえで、我々人間にとって尊敬が「不快」や「苦痛」の感情として現れる一方で、「高揚」というポジティヴな規定をもつものとして現れるという事実を導きの糸にして、尊敬の感情の持つ意義

について考察する。

第三節　尊敬の感情の二側面と人間の有限性

　前節では、尊敬の感情の特質として、それが我々の「内なる道徳法則」によって実践的に惹き起こされた感情であり、「本来的自己」から発現した感情であることが明らかにされたが、第二節の冒頭で注意したように、カントは尊敬の感情について「我々のあらゆる傾向性の根底に存している感性的感情は、我々が尊敬と呼ぶ感覚の制約である」（KpV V 75）と言っている。尊敬の感情は、「道徳法則」や「本来的自己としての叡知者」に起源を持つ感情であるにもかかわらず、感性的な感情がその尊敬の感情の「制約」である、とは一体何を意味するのであろうか。

　この点について、カントは次のような説明を与えている。「さてこの際、注意すべきことは次のことである。すなわち、尊敬が感情に及ぼす結果、したがって理性的存在者の有する感性に及ぼす結果であるなら、尊敬はこの感性を前提するということ、それゆえまた道徳法則が尊敬を課す（auferlegen）ような存在者の有限性（Endlichkeit）を前提するということである。そして〔また〕最高存在者、すなわち一切の感性から自由な、それゆえ、感性が実践理性のいかなる障害でもあり得ない存在者には、法則に対する尊敬を与えることはできないということである」（KpV V 76）。このように尊敬の感情は、感性的なものから完全に自由である神聖な存在者のうちに生じるものではなく、「感性」や「有限性」を「前提」したうえではじめて生じる感情である。尊敬の感情は己の有限性を自覚する存在者にだけ生じる感情なのである。しかし、その一方で尊敬は理性的存在者の持つ感性に及ぼした結果として生じてくるので、まったく理性を持たない感性的存在者にも、それを感じることはできないと考えられる。尊敬の感情は、感性的・感受的に触発されるのみで、それに不可避的に強制されてしまう存在者にも感じることができない感情であり、要するに「有限的な

第三節　尊敬の感情の二側面と人間の有限性

理性的存在者」（KpV V 25, 32, 80, 82）、「理性的で〔はあるが〕自然存在者としての人間（Mensch als vernünftige Naturwesen）」（MS VI 379）に固有の感情なのである。カウルバッハの巧みな表現を借りて言うならば、「諸々の『理性的な』存在者（"vernünftige" Wesen）は、直ちに『理性』存在者〔＝理性体〕（Vernunft‐Wesen）ではない」のであり、尊敬の感情は、理性的であると同時に有限的な存在者である「理性的存在者」にのみ関係するのである。

　しかもこの場合の有限性とは、感性的に触発される意志における有限性である。カントは『第一批判』において「根源的直観（intuitus originarius）と派生的直観（intuitus derivativus）」とを区別することにより（vgl. B72）、人間の直観の有限性を表現するが、これとの対比で言えば、『ペーリッツの哲学的宗教論（Philosophische Religionslehre nach Pölitz）』にもあるように、人間の意志は、「根源的意志（voluntas originaria）と派生的意志（voluntas derivativa）」（RP XXVIII 1101）のうち、後者にあたる。それは「神聖性」を表す「意志の絶対的な、あるいは無制限的な（unbeschränkt）道徳的完全性」（RP XXVIII 1075）から区別されなければならい（vgl. GMS IV 414）。むしろ人間の意志は「道徳的に不完全な意志」であり、尊敬の感情はそうした有限的で不完全な存在者に固有の感情である。「感性的感情が尊敬の感情の制約である」という言葉も、尊敬の感情が有限的な理性的存在者に固有の感情であることを念頭に置いた表現と考えることにより、理解可能なものとなるであろう。

　ところで、上に述べたように尊敬は、道徳的に有限的な理性的存在者に固有な感情と考えられるが、そうした存在者の意志はまさにその有限性ゆえに、必ずしも道徳法則に一致するとは限らない。それゆえこのような存在者にとって道徳法則は「命法」となる。カントに従えば、「全ての命法は、当為によって言い表され、そしてこの当為によって命法が示すのは、自らの主観的性質に従えば、理性の客観的法則によって必ずしも規定されない意志に対する理性の客観的法則の関係（強制（Nöthigung））である」（GMS IV 413）。有限的な存在者にとっては道徳法則という客観的原理は、主観的原理である格率と常に一致するとは限らない。後者を前者に一致させるためにはその意志に「強制」を加え

157

第四章　カント実践哲学における感情の問題

ることが必要とされる。あるいは同じことであるが、『第二批判』でも次のように述べられる。道徳法則は「あらゆる有限的な理性的存在者の意志にとっては、義務の法則、つまり、道徳的強制の法則であって、この法則に対する尊敬による、そして自らの義務に対する畏敬（Ehrfurcht）に基づいてその行為を規定する法則である」（KpV V 82）。道徳法則は、感性的な衝動や傾向性に触発され、必ずしもその意志が道徳法則に一致するとは限らない有限的存在者にとっては、強制の意識を伴った義務の法則となる。道徳法則は、傾向性を撤廃せよと我々に強く命じ、傾向性を屈服させようとする。

それゆえ、感性的に触発される傾向性の主体にとっては、尊敬は「快の感情ではない」（KpV V 77）。それは「不快の感覚」（KpV V 78）であり、「苦痛」（KpV V 73）ですらある。いやそれどころか、感性的に触発される有限的存在者にとっては、道徳法則に従うことやその結果として生じる尊敬の感情は「自己否定（Selbstverleugnung）」（GMS IV 407）そのものである。たしかに、「道徳法則」は、自己愛や傾向性そのものを否定するわけではない。むしろ道徳法則が打ち砕くのは「自負」である。傾向性の主体である感性的自己が、自らを立法的であると見なすような越権を行うことが自負であるが、このような思い上がった自負こそ道徳法則は容赦なく打ち砕く。[27] 感性的に触発される主体にとっては尊敬の感情は、強制の意識を伴い自己に打撃を与える「不快」の感情として現象する。このように道徳法則によって惹き起された尊敬は、感性的に触発される有限的な存在者にとってはネガティヴな仕方で現象せざるを得ない。

しかし、尊敬の感情は、人間主体にとって上のような「単に消極的作用（negative Wirkung）」（KpV V 78）のみを意味するわけではない。尊敬は、その一方で「積極的感情」（KpV V 73, 79）であるとも言われる。先には「不快」の感情とされた「尊敬の感情」は、例えば、『第三批判』において、まったく逆に「それ自体すでに快の感情」（KU V 222）とされ、「（道徳的感情における）快」（KU V 289）と言われる。あるいは、『オプス・ポストゥムム』やその他の草稿には次のような叙述がある。「快の感情が法則に先行するならば、この感情は感受的である。その反対であれば、この快は道徳的である」（OP VII. Conv.

XXII 117, vgl. Refl. 7320 XIX 316)。この引用では直接的には「尊敬」の感情という言葉はないが、道徳法則に先んじる「感受的な快」との対比のもと「道徳的な快」(vgl. MS VI 378)の感情の存在が示唆されており、このことからもこの「快の感情」が「尊敬の感情」であることが推察されよう。実際、ある『レフレクシオーン』においてカントは「行為に関する快は、法則に先行するか、それとも法則に続いて生じるかのいずれかである。後者の場合、この快は尊敬である」(Refl. 5615 XVIII 255)と記している。

　こうした尊敬の感情が我々人間にとって「不快」だけを意味するものではなく、同時に「快」の感情でもあることに関しては『第二批判』の中でさらに詳しく次のように述べられている。「尊敬の感情は、法則のもとへの服従(Unterwerfung)として、すなわち命令として(この命令は感性的に触発される主体にとっては強制を告げ知らせるのであるが)いかなる快も含まず、そのかぎりでむしろ行為に対する不快を自らのうちに含む。しかしこれに反して、この強制がもっぱら自らの理性の立法によってのみ行われるがゆえに、この感情はまた高揚(Erhebung)を含み、そしてそれゆえ感情に対する主観的作用は、純粋実践理性がその唯一の原因であるかぎり、ただ純粋実践理性に関する自己是認(Selbstbilligung)と呼ばれうる」(KpV V 80f.)。ここで端的に言われているように、尊敬の感情には「不快の感覚」とは別の「高揚の感情」という側面がある。また、この引用から高揚の感情が道徳「法則に服従」する「感性的に触発された主体」から叡知的で本来的な自己への高まりを含意していることも読みとれる。言い換えれば、尊敬の感情を抱くことによって、我々は「感受的に規定されうる自己」(KpV V 74)の立場から「最上の立法者としての純粋実践理性の主体」(KpV V 75)の立場へと自らが高まることを感じ、その自己を「是認」するのである。このように尊敬の感情が「自負」を打ち砕くことは、「不快」だけ意味するわけではない。たしかに感性的自己にとっては「不快」ではあるが、「理性的」で「本来的な自己」にとっては同時に「快」なのである。

　尊敬の感情は、有限的な理性的主体にとっては快であると同時に不快であるというかたちで現象するわけであるが、この事態はけっして矛盾ではない。経

験的ないしは感性的自我と叡知的自我をまったく同一の主体と見なす場合には、尊敬の感情が主体にとって快と不快の感情となって出現するというのはたしかに矛盾であろうが、しかし少なくとも自己を同一でありながらも、同時に「感性的・感覚的自己」と「理性的・叡知的自己」という二重のパースペクティヴから見、両者を区別する「超越論的観念論」の立場からすればけっして矛盾ではない。ブヘナウの言葉を借りると「快と不快は二つの感情（zwei Gefühlen）ではなく、二重の感情（Doppelgefühl）」[28]なのである。

　それゆえ、先の純粋実践理性の自己是認の意味を明らかにしつつ、カントは次のように言っている。「感性的側面において道徳的な自己尊重の要求を貶めること、すなわち謙抑（Demüthigung）は、知性的側面においては法則そのものの道徳的な、すなわち実践的な尊重を高めることである」（KpV V 79）。このように感性的側面に照らし合わせて見れば、自己を譲り渡し「自己否定」を意味する謙抑が知性的側面や立法の主体から見られると、むしろ「自己是認」へと繋がってゆくことになる。「我々がひとたび自負を捨てて、あの尊敬に実践的影響力を許したとき、再び我々はこの法則のすばらしさ（Herrlichkeit）を飽きることなく見ることができるのであり、魂は、神聖な法則が自らと自らの脆弱な本性とを超越するのを見る程度に応じて、自らが高められると信じる」、この点においては我々が尊敬の感情を感じることは「それほど不快なことではない」（KpV V 77）のである。尊敬の感情には、このように我々に自らの叡知的な側面を自覚させ、「神聖である道徳法則の主体」（KpV V 87, vgl. V 131）へと自己を高めてゆくという重要なはたらきがある。尊敬の感情は、いわば、「自己自身との対話的・弁証法的（mit sich selbst dialogisch-dialektisch）」[29]構造を有しているのである。この本来的自己へと自らを高める点にこそ、尊敬の感情が「積極的感情」と呼ばれる理由があり、尊敬の感情の役割がある。

　ちなみに本章の冒頭でカント倫理学の厳格主義を批判していたシラーは、人間のうちには「義務への傾向性（Neigung zu der Pflicht）」[30]が備わっていると考える。シラーは「人間は快と義務を結びつけてよいばかりでなく、結びつけるべきである。したがって人間は自らの理性に喜んで服す（mit Freuden

第三節　尊敬の感情の二側面と人間の有限性

gehorchen) べきである」[31]と主張するのである。しかし、こうしたシラーの発想は、神聖な意志と有限的な意志を厳密に区別するカントにとってはあり得ない。たしかにこれまでの考察からも明らかなように、カントも義務を履行することによって、或る種の快が生じることがあり得ることを認めている。しかし、この快は感性的自己にとっては「苦痛」であり、「快」などでは全然ない。そしてカントが、二重のパースペクティヴに立脚しつつも、我々人間が有限的な理性的存在者であることを常に念頭に置き、道徳法則を「命法」として語ることを考えると、カントの立場からすれば、或る行為の結果として「義務と快の感情を結びつけてもよい」とは言えるが、シラーのように両者を積極的に結びつける「べき」とは言えないであろう。すでに考察したように、快を得るために行為を行うならば、その行為は「道徳性」を持たず、せいぜい「適法性」を持つにすぎないであろうし、そもそも快が義務と結びつくかどうかは有限的な人間の力の範囲外にあると考えられる。

　さて話題を「尊敬の感情」の積極的側面に戻すと、尊敬が我々人間存在にとって真に重要な意義を持っているのは、「動機」としてはたらく場合である。感性的であると共に理性的であるという我々人間の二重の構造をすでに指摘したが、このような存在者にとって、動機の問題が重要になってくるのは当然のことであろう。先の「高揚」の感情と「謙抑」の感情との対比からも明らかなように、我々人間は、一方で感性や欲望の赴くままに自己を貶めることもできるし、まったく逆に叡知界の領域にまで自らを高めてゆくこともできるからである。感性的であると同時に理性的である存在者にとっていかなる動機に基づいて行為を行うのかという問題がここに生じてくる。

　カントに従えば、動機（Triebfeder, elater animi）とは、自らの理性が、その本性によるだけでは、必ずしも客観的法則に一致しない存在者の意志の主観的な規定根拠であるとされる（vgl. KpV V 72）。要するに、動機とは純粋叡知者でない、どこまでも感覚的・感性的側面を有する理性的な存在者にのみ固有のものである。神のごとき神聖な存在者は、おそらくは自ら欲するところに従っているだけでも自ずと善を為すであろう。これに対して感覚的・感性的に触発

161

される人間存在は、自らの行為の格率が必ずしも道徳法則に一致するとは限らない。それゆえにこそ、客観的原理である道徳法則を主観的原理である格率にするための動機が不可欠となるのである。そして主観的格率を客観的道徳法則に一致させるための動機こそが「道徳的感情」である。

　この点についてカントは『第二批判』において「道徳的感情」の役割を明確にしつつ、次のように述べている。「（道徳的感情という名で呼ばれる）このような感情は、それゆえ理性によってのみ惹き起こされる。この感情が役立つのは、行為の判定でも客観的な道徳法則そのものを基礎づけることでもない。むしろ道徳法則を自らのうちで格率にするための動機として役立つにすぎない」（KpV V 76）。あるいは、或る『レフレクシオーン』でも次のような記述がある。「道徳的動機は、悟性を実践的に説得する客観的強制力（vis obiective necessitans）持つだけではなく、主観的強制力をも持つはずである〔……〕」。そしてカントはこれに続けて、この「主観的制約」を「感情」と呼んでいる（vgl. Refl. 5448 XVIII 185）。これまで考察されたことからも明らかなように、尊敬の感情は道徳的行為の判定原理となりえないし、道徳の原理である道徳法則を基礎づける役割を果たすこともできない。感情によって行為の善悪を判定しようとするならば、偶然的条件に左右されることになろうし、快・不快の感情を道徳法則に先行させ、道徳の原理を樹立しようとすれば、「意志の他律」に陥るであろう。しかし、道徳的感情は道徳の客観的原理ではないにせよ、「主観的原理」として、道徳法則を自らの格率とするように主体を導くのである。意志の唯一の客観的規定根拠である道徳法則と行為の主観的原理である格率とを一致させるよう主体を動かす契機となる点に尊敬の感情の積極的なはたらきがある。

　しかも、我々有限的理性存在者にとって行為の「動機」が必要不可欠なものとなるのは、善悪を客観的に判定する理性やその法則である道徳法則だけでは、行為を実行することができないからである。このことは『倫理学講義』においてはっきりと述べられている。カントは、道徳的感情を道徳的判断の客観的原理と見なすことはできないと言った後で、行為の客観的原理と行為の実行の原理の違いを強調しつつ、次のように述べている。「行為の客観的原理については、

第三節　尊敬の感情の二側面と人間の有限性

しかし先ほど語られた、行為の主観的原理、すなわち行為の動機は道徳的感情であるが、これを我々は先に別の意味で批判した。道徳的感情は、道徳的判断によって触発される性能（Fähigkeit, durch moralisches Urteil affiziert zu werden）である。私が悟性によって〔或る〕行為が道徳的に善であると判断する場合、私がそのように判断したこの行為〔＝善き行為〕を行うにはなお多くのものが欠けている。この判断が行為するように私を動かすならば、この動かすものは道徳的感情である。〔……〕悟性はもちろん判断することはできる。しかしこの悟性の判断に或る力を与えること、道徳的感情が、行為を実行するように意志を動かす動機となること〔強調は引用者〕[32]」が必要なのである。ここで端的に語られているように、善悪の判定の客観的基準であるのは（広義の）悟性や理性であるが、しかし善悪の「判定基準」が明確になったとしても、我々はその善をいまだ実現することはできない。善を実現し、実際に行為を実行するためには「動機」が必要不可欠なのである。この点についてカントは『倫理学講義』で「人間が一切の行為を判断することを学んだとしても、人間にはそのような行為を実行する動機が欠けている[33]」と述べている。

　我々が個体的存在であるということから、実際に行為を遂行するには「客観的・普遍的」原理である道徳法則によるだけでは十分ではないということは或る程度推察されるが、このことも結局は、「道徳法則」と行為の主観的原理である「格率」が事実的には必ずしも一致するとは限らず、両者が乖離する可能性に常に晒されている有限的存在者の構造に帰着するであろう。すでに述べたように道徳法則は、客観的で普遍的であるが、感性的に触発される有限的な我々人間にとっては「命法」となる。その意味において我々には行為の主観的原理たる格率と行為の客観的原理たる（道徳）法則を一致させるように努めなければ、善を実際に行うことは可能ではない。有限的な我々人間主体にとっては「客観的に実践的な強制を主観的に推進してゆく力（die subjectiv treibende Kraft）」(ML₁ XXVIII 258)が必要不可欠なのである。そしてこのような「主観的な力」こそが、カント的意味での「道徳的感情」、すなわち「尊敬の感情」にほかならない。『倫理学講義』では「道徳法則には実行力（exekutive Gewalt）が欠け

163

ており、この実行力が道徳的感情なのである。道徳的感情は善と悪の区別をせず、むしろ動機である[34]」との叙述がある。この箇所は、客観的に善悪の判定基準となる道徳法則と主観的に行為を実行する動機との違いが端的に看取される箇所であり、実践的行為におけるそれぞれの役割・意義が明確に語られている箇所であると言えよう。

　さらに我々が悟性や理性、あるいは道徳法則のみによっては善を実現できないという事態を、事象に即しつつ、「知」と「行」の関係にまで敷衍すれば、およそ次のように言えるであろう。我々は道徳法則という客観的原理によってたしかに善悪の判定ができる。しかし、我々は善悪を分別したからと言って、そこから直ちに善を為すわけではない。むしろ我々は、その傾向性の深さゆえに、誘惑に負け、悪と重々承知しつつも、その悪を為してしまうことの方が多いのではないだろうか。あるいは場合によっては、むしろ悪であるからこそ、快く思わない人に対して時として意図的に悪を為すこともあるのではないであろうか。我々は道徳法則によって客観的に判定される善が何であるかを知るだけでは、その善を現実化することは極めて困難であると言わねばならない。「知」と「行」が必ずしも一致するわけではない有限的な存在者にとっては、「認識された善」を「主体的に実践」してゆくためには、「駆動力」が必要であり、カントは、尊敬の感情、あるいは（カント的意味での）道徳的感情のうちにこれを見出したのである。それ自身行為の客観的な判定原理となり得ない尊敬という感情が、主体の内に動機として現れ、主観的・主体的に善なる行為を推進してゆく力となる点にカント哲学における感情の意義は存している。

むすびにかえて

　本章ではカントの実践哲学における感情の意義を究明するというテーマのもと、前批判期の著作にも触れながら、「道徳的感情」を中心に考察を行ってきた。『判明性』で「道徳的感情」を道徳の「第一原理」にすえることができるかど

うかをカントが躊躇していたことを思い起こすならば、カントは行為の「客観的判定原理」と「主観的実行原理」とを区別することにより、道徳的感情を行為の客観的判定原理としてではないが、行為の実行の主観的原動力として自らの体系に積極的に取り入れたとも言えるであろう。カントは道徳的感情（モラル・センス）を、ハチスンのように道徳の規準・第一原理と見なすことには反対するが、それを主観的・主体的な動機という原理として自らの体系のうちに保持したのである。そして尊敬の感情が行為の動機であるということからすると、尊敬の感情には、一方で我々が感性的で有限的な存在者であることを自覚せしめ、他方で単に感性的であるだけの存在者には到達不可能な、無限で神聖な存在者へと接近してゆく契機を与えるという積極的なはたらきが存していると言えるであろう。

　ところで、本書第一章の第二節で、悟性が「内感」を規定する作用である「自己触発」について論じたが、尊敬という道徳的感情が「自ら惹き起こされた感情」であり、叡知的な「本来的自己」から生じた内なる「道徳法則」による「影響」や「結果」である点、さらには感性的自己と叡知的自己という二重の自我による自己関係を基にしている点を勘案すれば、尊敬の感情とは「実践的自己触発」と言えるであろう。本章までは、主として前批判期と三つの批判書を中心として批判期のカント哲学について論究してきたが、『オプス・ポストゥムム』ではカントの自我論は新たな展開を見せる。例えば、「自己触発」について言えば、『オプス・ポストゥムム』ではこれが批判期には必ずしも明確には述べられなかった「自己定立論」と関連させられながら論じられ、このことにより、二重の自己関係がさらに掘り下げられることになる。そこで、次の第五章では、これまでの議論を基に『オプス・ポストゥムム』における「カントの自己定立論」について考察したい。

註────────────────

1）F. Schiller, Schillers Sämtliche Werke（Erster Band, Gedichte I）, Stuttgart und

第四章　カント実践哲学における感情の問題

Berlin, 1904, S. 268.
　またショーペンハウアーも『意志と表象としての世界』の中で、シラーのこの風刺詩を援用しつつ、次のようにカントを批判している。「カントは行為が一切の傾向性や一時的な感情の滾り（momentane Aufwallung）なしに純粋に理性的で抽象的な格率からなされることを行為の道徳的価値の制約としたが、そのかぎりカントは道徳的なペダントリーを奨励するという非難から完全に免れることはできない。この非難は『良心の咎め』と題されたシラーのエピグラムの意味でもある」（A. Schopenhauer, Die Welt als Wille und Vortsellung: Arthur Schopenhauer Sämtliche Werke Bd I, textkritisch bearb. und hrsg. von Wolfang Frhr. von Löhneysen, Frankfurt a. M., 1986, S. 107）。カントのように意志を「理性意志（Vernunftwille）」（MS VI 392）と見なすのではなく、意志の本質を「盲目的で、抑制のきかない衝動（ein blinder, unaufhaltsamer Drang）」（Schopenhauer, a. a. O., S. 380）のうちにあるとするショーペンハウアーからすれば、感情や情動のない純粋に理性的な義務から行為が行われることなどそもそも考えられない。意志を「盲目的」なものと考える点でシラーとは異なっているにせよ、「意志規定」が「理性のみ」によって行われることなどあり得ないとする点においてショーペンハウアーはシラーに賛同していると考えられる。

2）F. Schiller, Über Anmut und Würde, in : Schillers Sämtliche Werke (Elfter Band, Philosophische Schriften), Stuttgart und Berlin, 1904, S. 221.
　また道徳においても優美（Anmut）を重視するシラーは、皮肉を込めてカントの道徳哲学を次のように批判する。「カントの道徳哲学においては、全てのグラツィア〔ローマ神話の美の女神ヴィーナスに仕える三美神〕をたじろがせるような厳しさでもって義務の理念が語られ」、カントの道徳はこうした厳しさを「陰鬱で修道士的な禁欲の流儀によって（auf dem Wege einer finstern und mönchischen Ascetik）、道徳的完全性を求め」させようとする（vgl. Schiller, a. a. O., S. 218）。ちなみに、シラーのこうした言葉に対して、カントは『単なる理性の限界内の宗教』の或る註において「私は喜んで告白するが、まさに義務の概念の尊厳ゆえに、私はこの概念にいかなる優美も添わせることはできないのである。というのは義務の概念は無条件的な強制を含み、優美はまさにこれと矛盾するからである」（Rel. VI 23 Anm.）と述べたうえで、義務だけが問題となる場合には、グラツィアは義務と切り離されねばならないという趣旨の反論を行っている（vgl. Rel. VI 23 Anm.）。

3）ちなみにシラーと同時代の人であり、文学上の立場としても彼に近いゲーテも『ヴィルヘルム・マイスターの修業時代』の第六巻を、まさに「美しき魂の告白（Bekenntnisse einer schönen Seele）」と題し、主人公に次のように語らせている。「道徳訓（Sittenlehre）からは私は何の慰めも汲み取ることはできませんでした。私たちの傾向性を抑えようとする道徳訓の厳格さも、私たちの傾向性を徳へと転じる親切な振る

舞いも私を満足させはしませんでした」(J. W. Goethe, Wilhelm Meisters Lehrjahre, in : Goethes Werke Bd. VII, Hamburger Ausgabe in 14 Bänden, hrsg. von Erich Trunz, (13. durchgesehene Aufl.) München, 1994, S. 393)。なお訳出しに際して『世界文学大系20 ゲーテ★★』、ウィルヘルム・マイステル　修業時代、関泰祐訳、筑摩書房、1958年、208頁を参照したが、一部拙訳を試みた。

　あるいは「美しき魂の告白」の最後の段落でも「私には戒律（Gebot）というものにほとんど覚えがありません。私にはどんなことも法則というかたちをとって表れることはありません。私を導き私を常に正しく運んでくれるのは、衝動なのです」(Goethe, a. a. O., S. 420 ; 邦訳223頁) と主人公は語っている。だからゲーテによれば、「精神を傾け道徳的陶冶を志す者は、それと同時に自らの繊細な感性を育成する（ausbilden）必要が大いにある」(Goethe, a. a. O., S. 408 ; 邦訳216頁) とされ、義務や道徳法則そのものより道徳的陶冶の方が道徳にとってはむしろ重要視される。「私たちが感性的な人間〔＝人間の感性的な側面〕を熟知し、実際に統一しようとしたからといって、非難されるにはあたらない」(Goethe, a. a. O., S. 405 ; 邦訳215頁) とも言われている。このように感性と悟性との融和結合を理想とする考えがゲーテの思想にも表現されており、このことからもカント的な倫理学がリゴリズムとされることを伺い知ることができるであろう。

4）この論文のタイトルは、先に示したように『自然神学と道徳の原則の判明性についての考察』であるが、アカデミー版ではこのタイトルの後にさらに「ベルリン王立科学アカデミーが1763年を期限に課した問いの解答のために」という説明が付けられている（vgl. Deutlichkeit. II 273）。このために『懸賞論文』と言われることが多いが、本書では、これとは別の『形而上学の進歩に関する懸賞論文』もテクストとして扱っており、両者を区別するために、『自然神学と道徳の原則の判明性についての考察』を『判明性』と呼ぶことにする。ちなみに『形而上学の進歩に関する懸賞論文』は結果的にはアカデミーに提出されず、後にTh. リンクの手によって編集され公刊されるが、『判明性』の方はアカデミーに提出され、メンデルスゾーンの論文の次点となった。この辺りの消息については、『カント事典』、有福孝岳・坂部恵編集顧問、弘文堂、1997年、207頁を参照のこと。

5）この点に関しては、前註の『カント事典』511頁を参照のこと。

6）本章のテーマは感情であるので、本書では言及することはできなかったが、カント倫理学を発展史的に見ると、モラル・センス学派の影響が強いとされる一方で、「責務」（とりわけ、「完全性」に基づき単に責務の「形式的原理」を示したにすぎないヴォルフを批判し、責務の「実質的」原則に着目する点（vgl. Deutlichkeit II 299））に関してはクルージウスからの影響がある。前批判期においてカントがモラル・センス学派のみならず、クルージウスからも様々な影響を受けていることに関しては、前批判期

第四章　カント実践哲学における感情の問題

のカント倫理学に関する従来の解釈を批判的に検討する J. シュムッカーの議論を参照のこと（J. Schmucker, Die Ursprünge der Ethik Kants in seinen vorkritischen Schriften und Reflexionen, Meisenheim am Glan, 1961, S. 80ff.）。また M. フォルシュナーもシュムッカーの見解に依拠しつつ、ヴォルフとクルージウスがカントの批判的道徳哲学の発展に対して与えた影響は、シャフツベリー、ハチスン、ヒュームと言ったイギリス道徳哲学者、あるいはルソーからの影響より大きいとは言えないが、ほぼ同等であるとしている（vgl. M. Forschner, Gesetz und Freiheit : Zum Problem der Autonomie bei I. Kant, München / Salzburg, 1974, S. 50）。なお付言すれば、シュムッカーは、クルージウスからのカントの影響を文献的に証示すると同時に両者の相違点についても言及し、クルージウスが責務を「神の意志の命令」に基づけるのに対して、むしろカントは無条件的命令や当為を神の意志の法則から引き離し、「人間の意識の内在的法則」と考える点にあると見なしている（vgl. Schmucker, a. a. O., S. 86f.）。『第二批判』で「客観的」で「外的な」ものである「神の意志」を意志の規定根拠と見なす代表者として「クルージウス」の名が挙げられ、批判されていることを勘案すれば（vgl. KpV V 40）、シュムッカーの指摘は正鵠を射たものと言えるであろう。

7）本章で扱う『倫理学講義』とは、Eine Vorlesung über Ethik, hrsg. von G. Gerhardt, Frankfurt a. M., 1990 であるが、ゲルハルトの編集した『倫理学講義』は、カント生誕二百年記念に際して P. Menzer が編集した Eine Vorlesung Kants Ethik, Berlin, 1924 を底本としている。筆者は本書で扱う箇所に関してメンツァーとゲルハルトのものを比較対照したが、ゲルハルトがメンツァーのテクストに施したのは、テクストをより読みやすくするために、節番号を新たに加えたり、句読法を含め現代ドイツ語表記に改めていることであり、基本的に記述内容の変更はない。このため、筆者は入手しやすいゲルハルトの編集した『倫理学講義』をテクストとして使用することにした。

　この講義が行われた時期についてであるが、メンツァーの考証によれば、「1775－1780年」の間のいずれかの「カントの倫理学に関する講義を再現」したものであり、しかも「叙述は統一的で内容上の矛盾は」見られないとされる（vgl. Gerhardt, a. a. O., S. 285, Menzer, a. a. O., S. 326）。また内容に関して言えば、この講義はバウムガルテンのInitia philosophiae practicae primae, Halae Magdeburgicae, 1760 と Ethica philosophica, Halae Magdeburgicae, 1. Aufl. 1740（2. Aufl. 1751, 3. Aufl. 1763）の二冊をテクストとして用いて行われたとされるが、しかしバウムガルテンの学説の紹介にとどまるのではなく、むしろそれらに対するカントの叙述の仕方は自由であるとされる（vgl. Gerhardt, a. a. O., S. 285f., Menzer, a. a. O., S. 326f.）。

　ちなみに、メンツァーが編集した『カントの倫理学講義』とほぼ同じ内容のものがアカデミー版では『コリンズの道徳哲学』として収められている（XXVII 237－

473)。ただし後者は 1784 - 85 年にかけての冬学期のカントの講義録とされ、とりわけ感情の役割に関しては『倫理学講義』のみに見受けられる重要な叙述もある。筆者が『倫理学講義』をテクストとして使用するもう一つの意図はここにある。本書では『コリンズの道徳哲学』に『倫理学講義』の該当箇所がある場合、参考として（MC）というかたちで示すことにした。なお、メンツァーは『カントの倫理学講義』を編集する際、Th. F. Brauer、Th. Kutzner と Ch. Mrongovius の講義ノートを資料として用い、特にブラウエルのものを基礎資料としているが（vgl. Gerhardt, a. a. O., S. 282ff., Menzer, a. a. O., S. 324f.）、三つの講義ノートのうち、唯一現存するムロンゴヴィウスのノートはアカデミー版にも収められている（XXVII 1395 - 1581）。場合によっては参照されたい。

8) Vgl. Gerhardt, a. a. O., S. 47（MC XXVII 275f.）。

9) ちなみに、『1765 年から 66 年にかけての冬学期講義計画の公告』において道徳的感情について言及した際、カントは、シャフツベリー、ハチスンと共にヒュームの名を挙げていたが、ヒュームに関しては、批判期のものと考証される、『ペーリッツの哲学的宗教論（Philosophische Religionslehre nach Pölitz）』において次のように言われる。「一切の道徳性を特殊な感情から導出しようとするヒュームのあの命題については、道徳において十分な根拠がないことが示される」（RP XXVIII 1073）。

10) 本節においては、論の運びとして『基礎づけ』や『第二批判』という 1780 年代に公刊された書物までを主として取り扱ったが、1790 年代においてもこの考えは変わらない。例えば、『人倫の形而上学』でも「感受的な感情、純粋に感性的な感情、あるいは道徳的感情（客観的なものでなく、実践的で主観的なもの）から」始めるならば、「徳論の形而上学的基礎」を固めることはできないと言われている（vgl. MS VI 376）。

11) Gerhardt, a. a. O., S. 23（MC XXVII 253）。

12) A. a. O., S. 47（MC XXVII 275）。

13) A. a. O., S. 23（MC XXVII 253）。

14) F. Hutcheson, An Inquiry into the Original of our Ideas of Beauty and Virtue, in : Collected Works I, Hildesheim / Zürich / New York, 1990, p. 107.

15) Hutcheson, op. cit., p. 107.

16) Hutcheson, op. cit., p. 125.

17) Cf. Hutcheson, op. cit., p. 143.

18) ちなみに、浜田義文氏によれば、こうしたハチスンとカントとの人間観の違いは、すでに『美と崇高に関する覚え書き』のうちに現れているとされる。「初期カントとイギリス道徳哲学」:『カント』所収、日本倫理学会（金子武蔵）編、理想社、1969 年、41 頁参照。

第四章　カント実践哲学における感情の問題

19) Gerhardt, a. a. O., S. 47（MC XXVII 276）.
20) Gerhardt, a. a. O., S. 23f.（MC XXVII 253f.）. ゲルハルト版で「利益」と「嫌悪」とされている箇所は、アカデミー版の『コリンズの道徳哲学』では、「満足（Vergnügen）」、「感覚（Empfinden）」となっている。
21) Hutcheson, op. cit., pp. 129.
22) Gerhardt, a. a. O., S. 46（MC XXVII 274）.
23) Gerhardt, a. a. O., S. 46（MC XXVII 274f.）.
24) Cf. L. W. Beck, A Commentary on Kant's Critique of Practical Reason, Chicago, 1960, pp. 222.
25) F. Kaulbach, Immanuel Kants "Grundlegung zur Metaphysik der Sitten": Interpretation und Kommentar, Darmstadt, 1988, S. 177.
26) Gerhardt, a. a. O., S. 26f.（MC XXVII 256）.
27) カントの詳細な分類に従えば、全ての傾向性は我欲（Selbstsucht, solipsismus）を形成するが、この我欲は、さらに自己愛（Selbstliebe）の我欲、換言すれば自愛（Eigenliebe, Philautia）であるか、それとも自負（Eigendünkel）、つまりは自惚れ（Arrogantia）のいずれかであるとされる。そして純粋実践理性が断固として打ちのめすのは、自負・自惚れであるとされる（vgl. KpV V 73, Gerhardt, a. a. O., S. 148（MC XXVII 357））。自己愛と自負との相違を明確にしている『倫理学講義』では、「自愛と自惚れとの相違は、前者が自らの完全性に満足する傾向性であるにすぎないのに対して、後者は己の功績を装う不当な僭越（unbillige Anmaßung）である」（Gerhardt, a. a. O., S. 148（MC XXVII 357））とされている。自愛は自己自身に対し満足し、自己を愛するという傾向性であり、それ自身は罪・悪ではない。これに対して後者の自負は、自らが道徳の原理であると過信し、そうした自己に満足を覚える不当な要求である。『第二批判』でも「自己愛が自分を立法的なものと見なし、無条件的な実践的原理とする場合」が「自負」（KpV V 74）とされている。
28) A. Buchenau, Kants Lehre vom kategorischen Imperativ, Leipzig, 1913, S. 113.
　またブヘナウは次のようにも言っている。「両者の感情は、常に相互に結びついており、快のうちにはすでに不快な何かあるものが、不快のうちには快である何かあるものが存している」（ibid.）。
29) Kaulbach, a. a. O., S. 131. カウルバッハ自身は、この表現を「立法に従う自己」と「立法する自己」という二つのパースペクティヴによって意志の自律が可能であることを説明する際に使用している。しかし尊敬の感情が、感性的自己から見れば、「不快」や「苦痛」として現象し、叡知的自己から見れば「快」として現れ、しかも前者の「自己否定」を通じて後者の「自己是認」が達成されるという事態を勘案すれば、尊敬の感情の場合にこそ「自己自身との対話的弁証法」という表現はふさわしいものとなる

であろう。

30) F. Schiller, Über Anmut und Würde, in : Schillers Sämtliche Werke（Elfter Band, Philosophische Schriften）, Stuttgart und Berlin, 1904, S. 217.
31) Ibid.
32) Gerhardt, a. a. O., S. 53f.
33) Gerhardt, a. a. O., S. 54.
34) Gerhardt, a. a. O., S. 152（MC XXVII 361）.

　このような感性的で有限的な理性存在者は、常に客観的原理である道徳法則に従うとは限らず、むしろ事実的には「道徳法則」と行為の主観的原則にすぎない「格率」は乖離した状態にある。それゆえ、道徳法則は「べし」という当為のかたちで表されるわけであるが、『ペーリッツの形而上学講義』にはこうした人間の性質に鑑みた次のような叙述がある。「客観的に強制する道徳法則が、同時に主観的にも強制しないということは、人間的性向（das menschliche Geschlecht）にとっては不幸なことである」（ML$_1$ XXVIII 258）。

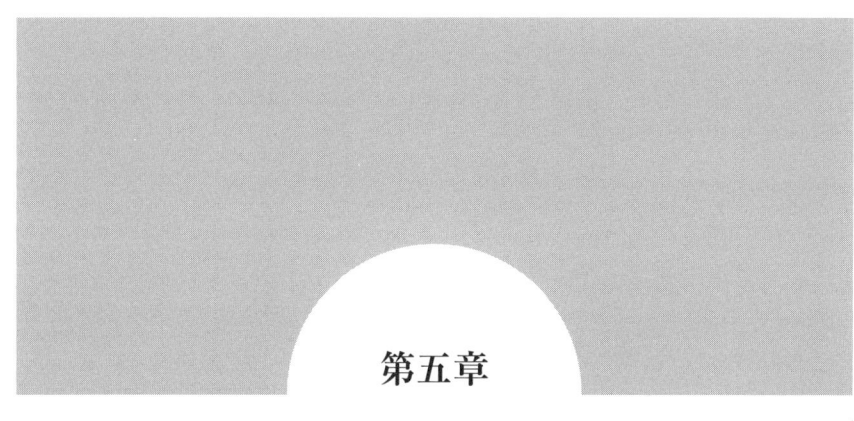

第五章
『オプス・ポストゥムム』におけるカントの自己定立論

第五章　『オプス・ポストゥムム』におけるカントの自己定立論

はじめに　『オプス・ポストゥムム』の成立とその解釈史

「しかし、大思想家カントも寄る年にせかされて、自らの哲学体系を十分に完成し得なかったことは、私と共に哲学を愛する全ての人々の惜しむところであり、千載の恨みとなる（ewig bedauern）ところでありましょう。本当に霊感に打たれ、この不滅の人は、私と彼の最後の著作についてしばしば語り合ったものでした。カントの言葉によれば、この著作こそは彼の学問的建築全体の要石となるはずであり、そして彼の哲学が根拠のしっかりしたものであることと現実に適用できるものであることを十分に立証してくれるものでしたが、しかしそれはまったく完成されないままに残されました。それは形而上学の本来の物理学への移行（Uebergang der Metaphysik zur eigentlichen Physik）を叙述するはずであり、表題もそのように名づけられることになっていました」[1]。

　上に引用したのは、カントの弟子であり、後にカントの伝記作家としても知られることになった R. B. ヤッハマンの『イマヌエル・カント――ある友人への手紙――』の一節である。ここには老境に入ったカントが『形而上学の本来の物理学への移行』と呼ばれる書物を「最後の著作」として計画中であり、しかもカントがこれを「学問的建築全体の要石」と見なすほど体系的にも重要なものと考えていたこと、にもかかわらず、カントがこの著作を完成し得なかったことが描かれている。『自然科学の形而上学的原理から物理学への移行』というタイトルとしてであるが、実際にカント自身がこの作品について Ch. ガルヴェや J. G. K. Ch. キーゼヴェッターに宛てた書簡が残っており、そこでカントはこの作品を自らの「批判哲学」の「体系」にとって必要不可欠なものであることを熱を込めて語っている[2]。

　カントがこの著作を完成し得なかったのはほかならぬ彼の死によってであるが、この結果、膨大な量の手書きの草稿が残されることになる。カントが晩年に書き残した一群の手稿は、1880 年代のはじめに R. ライケによって執筆時期

はじめに　『オプス・ポストゥムム』の成立とその解釈史

が確定されないまま『アルトプロイセン月報（Altpreussische Monatsschrift）』に大幅な削除と極めて恣意的な順序で公表されることになるが、E. アディケスが綿密な検討を行ったうえで、これらの草稿群の執筆時期を確定し、彼の解釈を施した研究書というかたちで、その内容を公にした。しかし、如上のカントの草稿そのものは、A. ブヘナウとG. レーマンの手によって実にカントの死後130年以上経った1936年から1938年にかけてようやくアカデミー版カント全集に（21巻と22巻に）分冊されるかたちで収録されることになった。この草稿こそ、今日我々が『オプス・ポストゥムム（Opus postumum）』（以下『遺稿』と記す）と呼ぶものである。

　このように『遺稿』を今あるようなかたちで我々が目にすることができるのは、アディケスやレーマンの並々ならぬ努力があってのことであるが、『遺稿』は長い間、内容のまったく異なった二つの部分からなり、カントはこれらを二つの著作として出版するつもりであったという「二著作説（Zwei-Werke Theorie）」が採られていた。すなわち、形而上学的問題を扱った第7束（VII. Konvolut）および第1束（I. Konvolut）と、自然科学的内容を多分に含むそれ以外の束からなる二つの著作の草稿群が『遺稿』の全体と見られたわけである。上に挙げたライケをはじめとし、H. ファイヒンガーやK. フォアレンダーもこうした見解を採っている。例えば、ファイヒンガーは『かのようにの哲学』の中で次のように言っている。「残された草稿〔＝『遺稿』〕の中には、カントの二つの異なった不完全な著作が含まれている。すなわち1. 自然科学の形而上学的原理から物理学への移行と2. 純粋哲学が相互に連関する体系（System der reinen Philosophie in ihrem Zusammenhange）である。二つの著作は雑然と（promiscue）混じり合っている」。

　こうした「二著作説」が誤りであり、カントが『遺稿』を最終的にはあくまで一つの書物として出版しようとしていたことは、アディケスやレーマンが共に指摘することころである。それゆえにこそ『遺稿』はアカデミー版のカント全集に一つの作品として収められているわけであるが、内容的に見れば、たしかに『遺稿』全体を二つの観点から整理することは可能である。例えば、「二

175

第五章 『オプス・ポストゥムム』におけるカントの自己定立論

著作説」を否定したアディケスでさえ『遺稿』の全体を「自然科学的・自然哲学的部門」と「認識論的・形而上学的部門」に分けて論じており[7]、たとえ『遺稿』が異なった「二つの著作」からなるものではないとしても、その全体を二つの観点から整理することの有力な根拠となろう。そして実際に、これまでの『遺稿』解釈も大きく分ければ[8]、二つの観点から行われてきたと言える。

一つは、カントの自然哲学、あるいは自然科学との関連から『遺稿』を解釈する立場であり、いま一つは、形而上学的関心に基づき、特に第7束と第1束とを中心に『遺稿』を体系的観点から解釈する立場である。

まずカントの自然哲学との関連から『遺稿』解釈を進める立場について、『遺稿』のおおまかな流れに留意しながら述べると、1796年頃から1803年までに書かれたとされる『遺稿』[9]は、物理学や自然科学に関する内容の記述が圧倒的に多い。特に比較的早い時期に書かれたものはそうである。例えば、「八裁折りの草案（Oktaventwurf）」と言われる最初期の草稿でカントは「量」、「質」、「関係」そして「様相」という周知のカテゴリーに従って「物質」をその「運動力」から解明しようとし、これに続く、草稿（A－C, $a-\varepsilon$, $a-c$, No. 1 － No. 3 η 等）でも同様に「量、質、関係、そして様相」の「カテゴリーの手引き（Leitfaden der Categorien）」に従って「物質の諸々の運動力」を説明しようとする試みがなされる（vgl. z. B. OP III. Conv. XXI 311）。こうした叙述が1799年5月頃まで続くが、1799年の8月迄に書かれたとされる、主として第5束の後半部分では「エーテル演繹（Ätherdeduktion）」と言われる『遺稿』に独特の思想が登場する。「エーテル演繹」とはレーマンの命名によるが[10]、それを一言で言えば、それまで「仮説的質料」と見なされていた「エーテル」（「熱素（Wärmestoff）」あるいは「基礎物質（Elementarstoff）」）を「定言的に与えられた」ものと見なし、エーテルを「経験の可能性の条件」として演繹する試みのことである。しかし、その3ヶ月後にはカントは「エーテル演繹」を断念し、それ以降エーテルを演繹しようとする構想は影を潜める。その直後の1799年8月から1800年4月に書かれたとされる第10束、第11束（ちなみに、この二つの束は、第1束と第7束を除く『遺稿』の部分のうちで最も執筆時期が遅い）では、「物理

学とは何か」、「物理学はいかにして可能か」という問いと共に「超越論的哲学」の課題である「ア・プリオリな綜合判断はいかにして可能か」という叙述が頻出するようになる（z. B. OP X. Conv. XXII 377ff., XI. Conv. XXII 481ff.）。第10束、第11束のこれらの問いは、「経験」や「経験の可能性の条件」、そして「触発」や「自己触発」等、後期の束で主題的に取り扱われる問題に深く連関されられる場合も多いが、いずれにしろ第1束と第7束を除く『遺稿』の大半の叙述は、その内容から言って、自然科学的・物理学的色彩を多分に帯びている。

このため『遺稿』研究の先駆とも言えるアディケスの『カントの遺稿』、および20世紀中葉に出版されたマチウの体系的な研究書の類を別にすれば、『遺稿』に関する研究は、カントの自然哲学に定位した研究が多い。実際、1970年前後に相次いで出版されたH. ホッペとB. トゥシュリングの著作は共にカントの自然哲学に定位したものである。そしてこうした立場から『遺稿』を解釈する場合、『遺稿』と『自然科学の形而上学的原理』（以下『原理』と略記）との密接な連関を指摘し、そのうえでカント哲学における『遺稿』の体系的位置を見定めようとするのが、主流なアプローチの仕方である。このような解釈がなされてきたのは、冒頭に引用したヤッハマンの記述でカントが当初『遺稿』を「形而上学の本来の物理学への移行」として出版するつもりであり、実際に『遺稿』を繙いて見ると「自然科学の形而上学的原理から物理学への移行」という文言が散見され、しばしば指摘されるように、『遺稿』の初期の束の内容が『原理』（とりわけ、『原理』第二章「動力学（Dynamik）」の「総註」の箇所）と密接な連関を持っていることからも或る意味では当然のことと言えよう。

しかしまた上に述べた理由に加え、『遺稿』の研究が自然科学的な観点から為されているのには、もう一つ別の理由がある。それは晩年のカントの健康状態である。『遺稿』のなかでも第7束と第1束は、1800年から1803年に書かれたと考証されており、文字通りカントの最晩年の思索（ちなみにカントがこの世を去ったのは1804年である）を表していると言えるわけであるが、しばしば指摘されるように、晩年のカントは老衰の徴候が著しく、書き損じや最後まで文章を続けることができないほど彼の思考力は衰える。カントは『第一批

判』を書いた当時の明晰な頭脳の持ち主ではもはやない。このため K. フィッシャーなどは『遺稿』全体を単なる老衰の産物と見なし、カントの思想として研究するには値しないというレッテルを貼ったほどである[16]。

たしかに、この頃のカントに老衰の徴候が見られるのは否定できない。しかし、だからと言って『遺稿』を、いわば、批判哲学の残滓として扱う価値がまったくないと見なすのはあまりにも早計であろうし、『遺稿』の後期の束を等閑視するのも問題であろう。なぜなら、第7束と第1束は、単に「自然科学の形而上学的原理から物理学への移行」というだけでは論じ尽くせない形而上学的問題を数多く含んでおり、しかもそこには批判期には見ることのできない概念、そうでなくとも批判期には十分に展開されなかった思想や立場が表明されているからである。その中には、例えば、「自己定立（Selbstsetzung）」という哲学的にも重要な思想、あるいは、批判期では思弁哲学に限定していた超越論的哲学を、理論哲学と実践哲学の双方を含めた「超越論的哲学の最高の立場（der Transscendentalphilosophie höchster Standpunct）」から再定義しようとする新たな試みも含まれている。

こうした形而上学的観点、あるいはカント哲学全体の体系的観点から、特にこの後期の束を中心に『遺稿』研究を進めるのが先に述べた第二の『遺稿』解釈の立場であるが、実際こうした立場から『遺稿』解釈を進める研究者も近年特に増えつつある。例えば、すでに名を挙げたトゥシュリングも 1990 年代に入ってからは、いくつかの論文で後期の束を積極的にとりあげ[17]、トゥシュリングと共に現在の『遺稿』研究者の代表的存在である E. フェルスターも「自己定立論」などを中心に『遺稿』を解釈しようとしている[18]。さらに言えば、S. シュルツェや S. チョイなどは 1990 年代に単著を著している[19]。このように、ここ 10 年の間に『遺稿』の中でも特に後期の束の研究が注目を集め、自然科学的観点から『遺稿』を読み解くのではなく、後期の束で展開されたカントの最晩年の思想を解明する試みがなされている。

しかし、冒頭に述べたように、そもそもカントの『遺稿』を今日のようなかたちで我々が目にすることができるようになって1世紀すらたっていないため、

はじめに 『オプス・ポストゥムム』の成立とその解釈史

『遺稿』の研究自体がカントの他の研究分野に比べて進んでおらず、しかも上述した二つの理由もあって、これまでの『遺稿』研究は自然科学的観点からなされたものが主流であった。それゆえ、『遺稿』の後期の束に関する研究が盛んになりつつあるとはいえ、『遺稿』の中でも、第7束と第1束の思想は必ずしも十分に解明されたとは言いがたい。

そこで、本書も『遺稿』の中でも形而上学的な叙述が多い箇所を中心にとりあげ、カントが生涯最後に取り組んだ問題を究明するが、本書全体のテーマが「自我」であり、「理論理性と実践理性」に留意した研究であるため、これらに関連した次の二つの問題を考察する。まず本章では、「自己定立論 (Selbstsetzungslehre)」について論及する。後に述べるように私が自己自身を定立するという「自己定立」の考えは、『第一批判』の中にも見られるが、数箇所に留まる。これに対して晩年に書かれた『遺稿』の第7束においてカントは、自我が自己自身を定立することを繰り返し強調する。その意味で第7束の中心思想は「自己定立論」であり、ある意味では「批判期」のカントの自我に対する眼差しと微妙な違いがあるように思われる。こうした議論を行った後、次章では「理論理性と実践理性との関係」を考察する本書にとって重要な意味を持つと思われる第1束の「超越論的哲学の最高の立場」を「理論哲学と実践哲学」との関係というかたちで自我論的に究明する。

さて、本章の主題となる自己定立論は、フェルスターに従えば、『遺稿』の白眉であるにもかかわらず、これまで十分には問題にされなかったとされる[20]。あるいは問題にされるとしてもドイツ観念論、とりわけフィヒテとの連関において語られることが主流であったというのが実状であろう。周知の通り、自己定立とはフィヒテ哲学の根本概念でもあるが、本章ではカントの自己定立論をフィヒテの自己定立論との比較という観点からではなく、あくまでカント哲学に内在的な問題として捉えることにしたい。というのもまず第一に、フェルスターが文献に基づいて示唆するように、カントが自己定立について語ったのは、フィヒテが哲学界に登場する以前の1788年辺りからとされるからである[21]。ただし、これはあくまで私的な覚え書きとして残っているもので、しかもそこで

179

第五章 『オプス・ポストゥムム』におけるカントの自己定立論

カントが語っている「自己定立」という思想がどれほど考え抜かれたものであるのかは定かではない。それゆえ、これだけを論拠にしてカントの自己定立論を内在的に解釈するというのは説得力に欠けると言わねばならない。

むしろ筆者がカントの自己定立論を内在的な視点から問題にするのは、本文において示すように、カントの自己定立論の萌芽はすでに『第一批判』の第二版の「超越論的演繹論」や「純粋理性の誤謬推論」のうちにあると考えられるからである。『遺稿』の執筆時期から考えて、カントがJ. S. ベックやフィヒテといった同時代の思想家の影響を受けていることもけっして等閑視できないが、その一方でフィヒテの自己定立論は、『第一批判』の第二版におけるカントの自我論の延長線上にあり、カント哲学に内在する問題を発展させたにすぎないと考えることもできる。[22] この点を考慮に入れれば、『遺稿』で開陳された自己定立論をカント哲学の問題として考えることも十分可能であるように思われる。

さて自己定立論とは、一言で言えば、「主体が自己自身を定立する（Das Subjekt setzt sich selbst.）」というテーゼによって表されるが、カントの自己定立論の場合、その核心は「主体が自己自身を客体にする（Das Subjekt macht sich selbst zum Objekt.）」、あるいは「主体が自己自身を客体として構成する（Das Subjekt konstituiert sich selbst als Objekt.）」という自己客体化のうちにある。この定立作用は、筆者の分析によれば、後に見るように自我の「論理的活動（der logische Akt）」と自我の「形而上学的活動（der metaphysische Akt）」という二つのはたらきから成り立っているが、先に指摘したように自己定立論の萌芽は曖昧なかたちで、しかも言及箇所が数箇所に留まるにせよ、すでに『第一批判』にも見られる。そこで、本章では『第一批判』を適宜、引き合いに出し、可能なかぎり両者の異同を明らかにしながら、「自己定立論」について論究する。

第一節　批判期の「自己触発論」と『オプス・ポストゥムム』における「自己定立論」

第一節　批判期の「自己触発論」と『オプス・ポストゥムム』における「自己定立論」

　その『第一批判』を中心に批判期のカントは「自己触発論」を展開しているが、この思想は『遺稿』における「自己定立論」と密接な連関がある。そこでまず『第一批判』の「自己触発論」と『遺稿』の「自己触発論」あるいは「自己定立論」の両者の関係について考察をしたい。ただし、批判期の「自己触発論」について本書は『第一批判』の叙述を基にしつつ、第一章第二節「自己触発」においてすでに考察を行っている。そこで以下ではその叙述を踏まえながら、批判期の「自己触発」の特徴を描き出し、『遺稿』における「自己触発」とそれの発展形態とも言われる「自己定立」との違いを描き出すことにする。

　自己触発とは、一言で言えば、悟性（あるいは超越論的統覚）による内感へのはたらきかけの「影響（Einfluß）」(B154) であり、「結果」である。自己触発は、通常我々が念頭に置いている外的対象による触発と違って内的な触発として語られるため、一見すると形容矛盾に見える。しかしいかにそれが形容矛盾に見えようとも、我々人間にとって自己触発が必要となるのは、我々の直観が有限的であり、悟性の機能も有限的であるからにほかならない。「自己自身の意識（統覚）は、自我の単純な表象であって、もし仮に、これだけによって一切の多様が主体の内に自己活動的に与えられるとすれば、内的直観は知性的になるであろう。〔だが〕人間の場合、この意識は、主体の内に前もって与えられる多様についての内的知覚を必要とする。そしてこの多様が自発性抜きにして心性に与えられる仕方は、このような〔知的直観との〕区別のために、感性と呼ばれねばならない」(B68)。我々の直観は受容性に基づき触発を必要とする感性的直観であって、けっして多様を自発的に産出する知的直観ではない。また悟性（超越論的統覚）も「自己活動的」に自らに多様を与えることのできる神的悟性ではない。「それゆえ悟性は、内感のうちにすでにこのような多様

の結合を見出すのではなく、内感を触発することによって、この多様の結合を産出する（hervorbringen）」(B155) とされる。自己触発とは、このように悟性による内感への触発・はたらきかけであるが、この後すぐに触れるように、そのはたらきは、『第一批判』では感性と悟性というまったく異質の能力を媒介的に関係させる構想力に関わるとされ、人間的認識のプロセスにおいては、「多様の綜合的統一」のうちの「綜合」と大いに関係する。

　以上が今後の議論に必要なかぎりでの、さしあたっての『第一批判』における自己触発の概念の基本的説明であるが、『遺稿』においては、知覚論が「物質」やその「運動力」という観点から具体化され、そしてこのことによって「外的触発」、そして「内的触発」としての「自己触発」もより具体的なかたちで展開されることになる。ちなみに、本章の「はじめに」において『遺稿』の大略を述べた際、すでに指摘したように『遺稿』における自己触発論は、「自己定立」が本格的に開陳される第7束よりも執筆時期が若干早いとされる第10束および第11束にも見らる。そして知覚と関連させた自己触発に関する叙述は、この二つの束において豊富に見られる。そこで以下ではこれらの束も活用しながら、議論を進める。

　まず「外的触発」と「運動力」に関して言えば、例えば、次のような叙述がある。「あらゆる外的知覚は、物質の運動力の影響と主体を触発する外的客体の影響との結果である」(OP X. Conv. XXII 408)。あるいは、「外的知覚は、内的に触発する主体へと物質の運動力が作用した結果である（Äußere Warnehmungen sind Wirkungen der bewegenden Krafte der Materie aufs Subject innerlich es zu afficiren.)」(OP XI. Conv. XXII 495) との叙述がある。前者の引用に比して後者の引用では、「主体」が「内的に触発する」、つまり「自己触発」への言及が見られるが、この点は後述するとして、いずれの引用においても「外的知覚」が「物質の運動力」に関係させられている点は明確であろう。『第一批判』では知覚は「経験的意識」(vgl. A120, B147) とされ、もっぱら「感覚」に結びつけられ、「意識された感覚」(A225/B272) あるいは「感覚を伴った表象」(B147) といった表現が見られるにとどまるが、それが『遺稿』では「物質の

第一節　批判期の「自己触発論」と『オプス・ポストゥムム』における「自己定立論」

運動力」との関係から捉え直されることにより、「物質の運動力」が「主体」を触発した結果とされる。このように知覚は「物理学への移行」という『遺稿』のテーマの枠組みの中で物質の運動力というより具体的な観点から捉え直される。フェルスターの言葉を借りれば、『遺稿』における「外的客体の知覚は、私に対する物質の運動力の作用の結果」へと「拡張」されるのである[23]。

そして知覚論が運動力という具体的なかたちで展開されるに伴い、『遺稿』には「自己触発」も運動力から捉え直え直そうとする叙述が見られる。例えば、「自己触発」と「運動力」との関係に関しては、「主体は〔……〕自己自身を運動力によって触発する」(OP X. Conv. XXII 386) といった叙述があるが、「知覚」との関連で言えば、次のような記述がある。「客体の知覚は、主体自身の運動力の意識であるが、それは主体が触発されるかぎりにおいてではなく、自己自身を触発する、すなわち、悟性によって現象の多様をその結合 (Zusammensetzung) の原理のもとにもたらすかぎりにおいてである」(OP XI. Conv. XXII 456)。『第一批判』では、能動的な主体が内感を触発しつつ、感性的直観の多様をカテゴリーによって統覚の統一という原理のもとにもたらすことが「知覚」の成立を含意し、特に「運動力」に関係させる叙述はなかった。こうした「客体の知覚」が『遺稿』では「主体自身」の「運動力」に関係させられ、それが特に「自己触発」という観点から述べられている[24]。

あるいは、「自己触発」と「自己定立」の双方について同時に言及している箇所を挙げれば、例えば、次のような叙述がある。「主体は、自己自身を感性的直観の形式、すなわち空間と時間を通じて (durch)〔……〕定立する。なぜなら、主体は或る力を行使するが、それによって自己自身を触発し、現象へと規定するからである (Das Subject Krafte ausübt dadurch es sich selbst afficirt und es zu Erscheinungen bestimt.)」(OP VII. Conv. XXII 70)。主体が自己自身を触発する「自己触発」は、先に指摘したように、この引用においても「力」という概念によって具体化されているが、ここではそれとの関連において主体が「自己自身を定立する」という「自己定立」の概念も主体の行使する「力」に関係させられている。それゆえ、マチウも自己定立論について言及した際、『第

183

一批判』の統覚理論が「表象を伴う単なる能力」の領域に留まっているのに対して、『遺稿』ではそれが「作用する一つの力」や「運動力」として捉え直されていると指摘する[25]。

このように『遺稿』では、外的触発と内的触発という二種類の触発が「運動力」に関係させられるかたちで知覚論が展開されるわけであるが、すでに本節で「外的知覚」について言及した際に、「内的に触発する主体」が「外的知覚」と関係させられていた。このことからも推察されるように、『遺稿』において具体化された知覚論は「主体」と「客体」との「作用－反作用」という観点からさらに具体的に述べられる[26]。例えば、次のような叙述がある。「主体が外的対象へと及ぼす影響と外的対象が主体へと及ぼす反作用は、物質の運動力を認識することとそれゆえまた実体における運動力そのものを認識すること、および物理学のために〔これを〕定立することを可能にする。〔……〕感覚の内的運動力と主体の自己自身への反作用に関してもこれは同様である」(OP XI. Conv. XXII 494)。主体が外的対象へとはたらきかけることを作用とすれば、主体が客体からはたらきかけられることは反作用と考えられ、逆に客体から主体へのはたらきかけを作用とすれば、主体から客体への作用は反作用となる。またさらに言うならば、この場合の力は、作用－反作用の法則に従って、逆方向にはたらく同等の力という観点から捉えられ、主体の運動力とその知覚として叙述される。「主体が自分自身の諸々の運動力（がはたらくこと（zu agiren））を知覚し、そしてこの運動との関係において全てが相互的であるがゆえに、同じ強さで自らに加わる反作用を知覚する、そしてこの関係は（経験によらず）ア・プリオリに認識されているのであるが、そのことによってのみ対抗してはたらく物質の諸々の運動力が先取され、物質の諸性質が確定される」(OP XI. Conv. XXII 506)。内的作用があるところには、常にそれと同等の運動力を持つ外的作用が逆方向からはたらいており、主体が自分自身の作用・運動力を内的に知覚することは、それと同じだけの作用・運動力が外的対象からの影響として知覚されることを意味する。カントは『原理』において「作用－反作用の相等性（Gleichheit）」について述べているが（vgl. MAN IV 548)、同一の強さの運動力

第一節　批判期の「自己触発論」と『オプス・ポストゥムム』における「自己定立論」

が主体と客体の双方に逆方向から加わっていることを考えれば、こうした『遺稿』における作用－反作用の関係は「物質の運動力」と「主体自身の運動力」、「外的触発」と「内的触発」の相即性を含意していると解せよう[27]。実際、主体は「自己自身を触発しつつ外的に触発される（Sich selbst afficirend äußerlich afficirt.）」（vgl. OP X. Conv. XXII 401）との言葉が見られるが、これは外的触発と内的触発である自己触発の同時成立を念頭に置いたものであろう。いずれにしろ、『遺稿』の自己触発論ないしは自己定立論は、その課題に従って、運動力という具体的な力との関連で論じられている。この点が『遺稿』における「自己触発」の第一の特徴である。

　さて、次に『遺稿』の「自己触発」、あるいは「自己定立」の第二の特徴について述べると、『第一批判』の「自己触発論」では「構想力（Einbildungskraft）」への着目が見られたが、『遺稿』ではそうした叙述はほとんどないという点が挙げられる。『第一批判』の「自己触発」について言えば、例えば、「演繹論」で自己触発が語り始められる第24節には、次のような叙述がある。「それゆえ、悟性は、構想力の超越論的綜合の名のもとに、悟性がその能力であるところの受動的主体へとはたらきを及ぼすのであるが、このはたらきに関して我々が内感が悟性によって触発されると言うのは当然である」（B153f.）。第一章で考察したように、『第一批判』では悟性（統覚的自我）が内感（経験的自我）にはたらきかけ、それを規定してゆくはたらきが自己触発であり、それは悟性が「構想力の超越論的綜合」の名のもとに行うものとして「構想力」と関係させられている。しかし、『遺稿』では「構想力」が「自己触発論」あるいは「自己定立論」に直接関連づけられるような叙述は、わずか数箇所に留まる[28]。また、超越論的「綜合」は認識の成立過程から言えば、「多様の綜合的統一」のうち「多様」と「統一」の中間に当たるわけであるが、この綜合の統一は、統覚が「外的触発」によって与えられた直観の多様を客観的な仕方で統一することを意味する。しかるに、『遺稿』の「自己触発論」そしてとりわけ「自己定立論」において極めて特徴的なのは、それが「客体の知覚」や「多様の綜合統一」に関わるというよりも、むしろ「自己構成（Selbstkonstitution）」、すなわち「自己

第五章　『オプス・ポストゥムム』におけるカントの自己定立論

客体化」の側面が極めて強調される点である。後に引用する箇所でも明らかとなるが、『遺稿』では「私、主体は、私自身を客体にする」(vgl. OP VII. Conv. XXII 93) といった表現が多く見られる。たしかに、自己触発がまさに自己触発であり、しかも、そもそもの自己触発の最大の問題が、私が内的に触発される場合に、なぜ自己自身をあるがままにではなく、むしろ現象としてあるようにしか示さないのか、ということのうちにあるかぎり、後述するように、「演繹論」の「自己触発」が述べられている箇所においても「二重の自己関係」や「私の現存在」と「思惟」との関係が問題にされている。しかしながら、少なくとも『第一批判』における「自己触発論」では自我のはたらきによって、「私が私自身を客体にする」という明確なかたちで「定式化」されるにも至っていないことは確かであろう。

　以上のような違いが『第一批判』の「自己触発論」と『遺稿』の「自己触発論」ないしは「自己定立論[29]」との間にはある。

第二節　自我の論理的活動としての自己定立

　本章の「はじめに」でも言及したように、「主体が自己自身を定立する」という自己定立は、様々なレベルで述べられているが、その核心は「主体が自己自身を客体にする (machen)」あるいは「主体が自己自身を客体として構成する (konstituieren)」ということのうちにある[30]。一言で言えば、自己定立で問題になるのは、自己客体化であり自己構成である。カントはこれを自我の二つの「はたらき」から説明しようとしている。自我の「論理的活動」と自我の「形而上学的活動」がそれである。自我の「論理的活動」とは、自我が自己自身を単に思惟の対象とするはたらきであり、自我が自己自身を同一律によって分析的に考えることを意味する。例えば、「1（同一性の規則に従った）主体としての私自身の意識」(OP X. Conv. XXII 418) という叙述が第 10 束にある。これに対して自我の「形而上学的活動」とは、自我が自己自身を直観の対象として

第二節　自我の論理的活動としての自己定立

定立するはたらきであり、感官の客体としての自己を定立するはたらきを意味する。同じく第10束において「自己自身の意識は、1. 分析的原理に従い論理的に与えられる〔か〕、2. 自己直観において多様を一つにまとめること（Zusammenfassung（complexus））において形而上学的に与えられる〔かのいずれかである〔……〕〕」（OP X. Conv. XXII 420）との叙述がある。このように「論理的」と「形而上学的」と形容される二つの活動が区別されることになるが、このうち、後者のはたらきがとりわけ重要な意味を持ってくるように思われる。また特に『第一批判』の自我論との関係という点から議論を先取りするならば、『遺稿』ではこの二つのはたらきによって、『第一批判』では必ずしも区別されてはいないように見える「私は存在する（Ich bin.）」と「私は現実存在する（Ich existiere.）」が明確に使い分けられるようになる。本節ではまず自我の「論理的活動」を考察し、次節においてその「形而上学的活動」を解明し、それぞれの意義を明らかにする。

　自我の論理的活動とは、上に触れたように「同一律」ないしは「同一性の規則」に従って自己自身を思惟するということであるが、「同一律」とは周知のように「A = A」であるという主語と述語の同一性を言い表す論理学上の規則であり、ここでは自我が問題となっているので、「同一律」や「同一性の規則」に従うと、これは「私は私である」という命題のかたちで言い表され、自我の論理的活動とは「自我の同一性」を表すはたらきであることになる。

　カントは次のように述べている。「私自身の意識は単に論理的であって、いかなる客体へも導かない。それは同一性の規則に従った主体〔＝主語〕の単なる規定である」（OP VII. Conv. XXII 82）。ここでカントは自我の論理的活動に関して、「いかなる客体へも導かない」と言っているが、それは、この活動が「私は私である」という単に論理的な意味においての自己の同一性のみを表す活動だからである。このために自我の論理的活動とは内容を持たない単に形式的活動であり、定立する自我、そして特に定立される自我は客観的に規定されない空虚な自我であると言える。あるいは次のような叙述がある。[31]「表象能力の第一の活動は私の自己についての意識であるが、これは爾余一切の表象の根底に

第五章　『オプス・ポストゥムム』におけるカントの自己定立論

存している単に論理的な活動であって、これによって主体は自己自身を客体化するのである」(OP VII Conv. XXII 77)。このように自我の論理的活動は「爾余一切の表象の根底に存している」とされるが、この「根底に存している」という言葉から分かるように、このはたらきは客観を可能にする「超越論的根拠」であると考えられる。また「爾余一切の表象」ということから、この活動の担い手となる主体それ自身は客観的な規定を含まず、同一的表象にとどまることが分かる。ただし、ここで十分注意すべきは、この論理的活動によって自我が自らを客体化するとカントが述べている点である。客観的な規定や内容に関しては空虚なものであるにせよ、このはたらきがまさに自我のはたらきであり、しかもそれが自己意識的な活動であるかぎり、引用にもあるように、主体のはたらきによって自らを客体化するということがこの活動のうちには含まれることになる。このように自我の論理的活動とは、さしあたって自我の同一性を可能にする自我のはたらきである。

　ところで『遺稿』において「論理的活動」と術語化された自我のはたらきは、『第一批判』では「私は思惟する」ということによって「表象を私の表象として同一の自己に帰す」(B138)という意味で「統覚の分析的統一」(B133)と言われ、「私は私である」という自己自身の同一性に関する言明であるという意味で「分析的命題」(B135, vgl. B138, B408)と言われたものである。しかるに『遺稿』における自我の論理的な活動は、このような「私は私である」という「同一的」で「分析的」側面だけではなく、「私は存在する」という事態をも含んでいる。そして『遺稿』では特にこの点が強調されることになる。[32]

　自我の論理的活動に「私は存在する」が含まれていることは、例えば、次のような叙述からも分かる。「私自身の意識（統覚）は、自己自身を客体化する主体の活動であって、対象の規定を欠き単に論理的（私は存在する（Sum））である（単純覚知（apprehensio simplex））」(OP VII. Conv. XXII 89)。あるいは「私は思惟する（我は考える（cogito））。私は私自身を意識する（私は存在する（sum））。私、主体は、私自身を客体にする（単純覚知）」(OP VII. Conv. XXII 93)ともある。これらの引用から明らかなように、私自身の意識、あるいは統

第二節　自我の論理的活動としての自己定立

覚は、対象の規定を欠いた意識であるがゆえに、空虚な論理的自我であるが、それが活動とされていることからも推察されるように、思惟する自我は、その活動によって自己自身の「存在」にも関わるのである。

　この点に関しては「私は思惟する」ではなく、「私は存在する」という言葉を主語にした次のような端的な叙述がある。「『私は存在する』は、単に私自身に関する意識の論理的活動、すなわち私自身を思惟する活動であって、私自身を直観する活動ではない」(OP VII. Conv. XXII 111)。この引用では、思惟と直観とが対比され、「私は存在する」が、自己直観作用ではなく、単なる思惟作用のうちに数え入れられており、これが論理的活動と明言されている。「私は存在する」が直観作用ではないという点は、次節で考察する自我の形而上学的活動、および ich bin と ich existiere との対比において重要になってくるが、いずれにせよ、この引用箇所から自我の存在の原理をカントが自我のはたらきに帰していることが分かるであろう。

　このように「私は存在する」という命題も自我の論理的活動とされるのであるが、それはなぜであろうか。これには次のような関係が自己の「存在」と「思惟」との間にあるからと考えられる。すなわち「私は考える」、あるいは「私は私を考える」という思惟や自覚なくしては、自我の存在も意識されることはない。その意味で自我の存在は思惟というはたらきによって可能となる。しかしその一方で、そもそも自我が存在することがなければ、自我の論理的はたらき自体も考えられないし、無意味なものとなるであろう。事実、「『私は存在する』ということは、客観のあらゆる表象に先行する論理的活動であり、私が自己自身をそれによって定立する言葉（Verbum）である」(OP VII. Conv. XXII 85) との記述がある。この引用では自我の活動の論理的側面のうち「私は存在する」という側面が強調され、それによって自我が自己自身を定立するとされているが、このことは或る意味では思惟作用が可能なためには自我の存在が必要不可欠であるからであろう。『第二批判』でカントは、自由と道徳法則の関係について、自由がなければ道徳法則はその存在意義を失うので、前者は後者の「存在根拠（ratio essendi）」であり、道徳法則がなければ自由は認識（意識）

第五章 『オプス・ポストゥムム』におけるカントの自己定立論

され得ないので、道徳法則は自由の「認識根拠（ratio cognoscendi）」であると言っているが（vgl. KpV V 4 Anm.）、自我の存在と思惟作用においても思惟作用そのものが自我の存在を自覚せしめ、自我が存在してこそはじめて思惟作用が可能となるという意味において両者は相互に根拠づけあう関係になっている。ただし、カントが自我の存在を主体の論理的「はたらき」と言い、「定立作用」に関係させている点には十分留意すべきである。「私が存在する」ということが「はたらき」に数え入れられているかぎり、自我が存在するという事態も究極的には「反省的」な思惟の自覚的「はたらき」によって可能となると考えられるからである。

ちなみに、こうした自我の存在と思惟の関係を意識の対自構造からさらに先鋭化し、明確にしたのが、フィヒテの「自己定立論」あるいは「事行（Tathandlung）」の概念である[33]。フィヒテは『知識学の概念』や『全知識学の基礎』において「AはAである」という誰にとっても明らかな経験的事実から出発しつつ、「AはAである」という存在者一般に関わる単なる論理的な同一性と「私は私である」という意識存在における自己同一性との違いを明らかにしたうえで、自我の存在と自己自身の定立について次のように述べている[34]。「自我の自己自身による定立は、自我の純粋な活動性である。自我は自己自身を定立し、そして自我は、自己自身によるこの単なる定立作用ゆえに、存在する。また逆に、自我は存在するが、自我はその単なる存在ゆえに、自らの存在を定立するのである。自我は行為者であるが、同時に行為の産物であり、行為するものであるが、同時に活動性によって産み出されるところのものである。行為と事実はまったく同一である。したがって、『私は存在する』は、事行の表現である」[35]。あるいは、自我の活動によって自我は存在するので、一方では「自我は、自己自身を定立したがゆえに、存在する」と言われ[36]、「対自的でないものは自我ではない」と自己意識の反省的性格が明確に表現されるが、その一方で「自我はその単なる存在によって自己を定立し、自分がただ定立されていることによって（durch sein blosses Gesetztseyn）存在する」とも言われる[37]。ここに思惟と存在との一致が成立し、行為と事実の一致が見られる[38]。こうしたこと

第二節　自我の論理的活動としての自己定立

から「私は私である」は「私は存在する」と同じであるとされ、さらにフィヒテは「私は私である」という場合、主語の私と述語の私の間には、端的な「自己同等性（die Gleichheit mit sich selbst）」が成り立つ、とカントが自我の論理的活動でもっておそらくは表現しようとしたことを極めて鮮明に描き出している。すでに「はじめに」で述べたように本章での考察は、カントとフィヒテの比較検討を行うものではないので、これ以上の深入りはしないが、いずれにしろ、「私は私である」という自我の同一性と「私は存在する」という自我の存在に関わる二つの契機を含み、これら双方を可能にするようなはたらきがカントの自我の「論理的活動」である。

ところで、この思惟する自我の存在と自己自身を思惟の対象にする作用との関係において留意すべきは、私は対象としては直観の対象とされてはおらず、それゆえこの主体はどのような仕方で存在するかに関してはいまだ何らの規定も受けていないということである。すでに引用した「『私は存在する』は、単に私自身に関する意識の論理的活動、すなわち私自身を思惟する活動であって、私自身を直観する活動ではない」（OP Ⅶ. Conv. ⅩⅩⅡ 111）で言われているように、「私は存在する」は意識の単なる論理的活動である。そしてこうした思惟作用が自我の存在と一体であることはすでに考察した通りである。それゆえ、思惟する自我に関して与えられているのは単に「私は存在する」という事実のみであると言うことができるであろう。

こうした観点からカントは、『遺稿』においてもデカルトがアルキメデスの「確固不動の一点（punctum〔……〕quod esset firmum & immobile）」と考えた「我思う、故に我有り」に言及しつつ、次のように述べている。「『私は思惟する』（統覚（apperceptio））の論理的活動は、判断（iudicium）であるが、まだいかなる命題（propositio）でも、それによって客観が与えられる認識能力（facultas cognoscendi）の活動でもない。かえって普遍において思惟されるにすぎない。それは形式からすれば無内容な論理的活動である。私は思惟しつつ存在するが、私は私自身をいまだ認識せず（cogitans sum, me ipsum nondum cognosco）、〔したがってそれは〕『我思う、故に我有り』という推論（ratiocinium）でもない。私、

第五章　『オプス・ポストゥムム』におけるカントの自己定立論

すなわち主体は自己自身を同一性の規則に従って客観にする」(OP Ⅶ. Conv. XXII 95)。この引用では、特に自己自身を思惟の対象とする自我の論理的活動が自己認識をもたらし得ないことが強調されているが、論理的はたらきを直観作用と対比する仕方で次のようにも言われる。「表象能力の第一の活動は、『私は私自身の意識である』という言葉である。私は私自身にとって対象である。主体は自分自身にとって客体である。この考え（Gedanke）（単純覚知）は、いまだ判断でもないし、ましてや『我思う、故に我有り』という推論でもない。かえってそれは、直観とは対照的に同一性の規則に従った人格性の活動である」(OP Ⅶ. Conv. XXII 115)。このように「我思う、故に我有り」を推論と考えるカントに従えば[43]、「私は思惟する」ということから推論として「私は存在する」という命題は導き出せず、ましてやそこから自我の在り方を規定することはできないとされる。私を私自身が意識することには、常にすでに私自身の存在が含まれており、たしかにこれを否定すること自体不可能かつ背理である[44]。しかしカントは、私は思惟しつつ存在するということ（daß）〔=事実〕から、どのように（wie）という私の存在様態まで導きだそうとはしなかった。カントの認識論に従えば、自我の有り方・存在様式が「規定」されるためには自己直観が必要である。

　上で述べた思惟する自我の存在様態の未規定性という考えは、批判期からカントが一貫して採っている見解であり、こうした思惟と存在に関する思想が『第一批判』でもすでに見られる。例えば、第二版の「演繹論」において、思惟作用と私の存在に関する次のような叙述がある。「『私は思惟する』は、私の現存在（Dasein）を規定する作用（Aktus）を言い表している。それゆえ、このこと〔=私は思惟する〕によって私の現存在はすでに与えられている。しかしながら、どのようにして私がこの現存在を規定するのか、すなわち、どのようにして現存在に属する多様を私の内に定立するべきかという仕方は、このことによってはいまだ与えられてはいない」(B157 Anm.)。あるいは「観念論論駁」でも「『私は存在する』という表象は、あらゆる思惟を伴うことができる意識を表現しており、主体の現実存在（Existenz）をそのうちに直接含んでいるが、

第二節　自我の論理的活動としての自己定立

いまだ主体のいかなる認識でもない、したがってまたその経験的認識、つまり経験でもない」(B277)と言われている。特に前者の引用において「私は思惟する」によって「私の現存在もすでに与えられている」と言われることからも明らかなように、「私は思惟する」という自我のはたらきのうちにはすでに「自らの存在」が含まれていると考えられる。また「私は思惟する」という作用のみによってはこの現存在は「未規定」であるという主張も上に挙げた引用から読みとれるので、このはたらきは事実上、『遺稿』の「論理的活動」を表していると考えられる。こうした箇所に現れている思想が後に『遺稿』で自我の「論理的活動」と明確に術語化されるようになったのであろうが、本節のこれまでの叙述から明らかなように、カントは自我の「論理的活動」の場合には、必ず「私は存在する」(ich bin または sum)という表現をしていた。しかるに『第一批判』では、sein と existieren は必ずしも明確に区別されていたわけではないと考えられる。

　例えば、先の B157 Anm. の引用箇所は、その「自発性」ゆえに自我を「叡知者」と「名づける」という叙述へと続けられるが（vgl. B157f. Anm.）、その叡知者に関してカントは「もっぱら己の結合能力 (Verbindungsvermögen) のみを自覚している叡知者として私は現実存在する (ich existiere als Intelligenz) 〔強調は引用者〕」(B158) と述べている。特に本書第二章の叙述からも明らかなように、自発性のみを有する思惟する存在者は自己自身を認識することができないわけであるが、そうした存在者がここでは特に叡知者と呼ばれ、その叡知者についてカントは「現実存在」という言葉を用いている。あるいは、前段落で引用した「観念論論駁」からの引用 B277 でも「私は存在する」は「主体のいかなる認識でもない」と主体の未規定性が強調されていたが、この箇所でも「私は存在する」に「主体の現実存在」が含まれるとされている。しかし、すでに考察したように、『遺稿』では、こうした自己自身を規定・認識することができない場合の自我のはたらきをカントは「論理的活動」と術語化し、これには sum や ich bin という言葉を充てていた。そしてその場合、Existenz や existieren という言葉が使われてはいなかった。これに対して、次節で明ら

193

かにするように、『遺稿』では、Existenz や existieren という言い回しは、もっぱら自我の「形而上学的活動」との関連で用いられることになり、この点は『遺稿』と『第一批判』に違いが見られる。いずれにしろ、ここまでの考察から明らかになったのは、(形式的で無内容ではあるが) 思惟する自我の同一性と自らの存在を可能にする原理が自我の「論理的活動」と言われることである。

第三節　自我の形而上学的活動による空間と時間における自己定立

　前節では自我の「論理的活動」の内実が明らかにされたが、これに対して自我の「形而上学的活動」は次のようなものとされる。「意識の綜合的な第一の活動は、それを通じて主体が自己自身を直観の対象にする活動であるが、〔それは〕同一性の規則に従う論理的（分析的）ではなく、形而上学的（綜合的）である」(OP VII. Conv. XXII 85)。先に考察した「論理的活動」は「私は私である」という自己同一性と「私はある（存在する）」という存在に関わるはたらきであったが、これに対して自己自身を単に「思惟の対象」としてではなく、「直観の対象」として定立するはたらきが自我の「形而上学的活動」である[45]。
　ちなみに自我の「形而上学的活動」をつぶさに見るならば、「純粋直観の対象」として自己自身を定立するはたらきと「経験的直観の対象」として自己を定立する二つのはたらきがある。前者については、例えば「主体は純粋直観において自己自身を定立し、客体にする」(OP XI. Conv. XXII 452) と言われる。また両者の関係については「私は私自身を知覚の対象として経験的にも意識するが、しかしそれ以前に (vorher) やはりア・プリオリに知覚の集合物としても意識する」(OP VII. Conv. XXII 102)、あるいは「私は私自身にとって思惟の対象であると共に、内的直観の対象、感官の客体、すなわち、直観の対象であるが、いまだ経験的直観（知覚）の対象ではなく、多様の結合の単なる形式である何らかのものの現象として純粋直観、すなわち空間と時間の対象である」(OP

第三節　自我の形而上学的活動による空間と時間における自己定立

VII. Conv. XXII 105) とも言われる。これらの引用から明らかなように、自己を「直観の対象」にする自我の形而上学的活動は、「純粋直観の対象」として自己自身を構成するはたらきと「経験的直観の対象」として自己自身を構成するはたらきの二段階からなるが、しかも上の引用で自我は自らを経験的直観の対象にする「以前に」ア・プリオリに自らを意識し、それ以前には「いまだ」経験的直観の対象ではないとされている。このことから自己を「直観の対象」にする形而上学的活動のうち、自己自身を「純粋直観の対象」とする活動が自己自身を「経験的直観の対象」にする活動に「先行する」と考えられる。

　そして『第一批判』と同様、『遺稿』でも純粋直観は、意識を伴った経験的直観、すなわち知覚に先行し、そして経験的直観は純粋直観という形式的なものに従ってのみ可能であるとされる（vgl. OP VII. Conv. XXII 24）。まさにこのために、自己を経験的直観の対象とする形而上学的活動に、自己を純粋直観の対象とする形而上学的活動が先行するのであるが、しかし純粋直観は「経験的直観を可能にする」という意味では最終的には経験的な内容にも密接に結びついている。たしかにカント自身は、純粋直観の対象として自己を定立する自我の作用と経験的直観の対象として自己を定立する作用を、概念としては明確に区別している。しかしアディケスも言うように、純粋直観の形式である時間と空間へと自己を関係させる場合に定立されるのは、現実的な客観をまったく問題にすることができないようなもののようにも見えるが、実際には純粋直観は多様の形式を含んでいるので、この際、多様も共に定立されることになる。しかもその場合、このような自らを純粋直観の対象にする自我のはたらきによって、自我自体は直観の形式においてそしてその直観の形式と共に自己自身を現象として、すなわち、経験的自己として定立するのである[46]。つまり、自己を純粋直観の対象とし、空間と時間という形式を通じて自己自身を定立するということ自体、すでに事態的には経験的な自己の定立をも含んでいるのである。こうした点にも留意しながら、以下では、本章でこれまで筆者が行ってきたのと同様に『第一批判』と『遺稿』における自我論との比較を通じて、『遺稿』における自我の「形而上学的活動」の内実を明らかにしてゆきたい。

第五章　『オプス・ポストゥムム』におけるカントの自己定立論

本書のこれまでの考察から明らかなように、カントに従えば、我々人間的自我は、一方では悟性的自我、超越論的主体であるが、他方で直観の対象としての経験的自己である。自我のこのような二重構造は『第一批判』において超越論的統覚から内感を峻別（vgl. B153, B154, A107）して以来、カントが一貫して保持し続けた考えである。例えば、『形而上学の進歩に関する懸賞論文』において自我が二重であることについて端的に次のように述べられている。「私が私自身を意識するということは、すでに主体としての自我と客体としての自我という二重の自我（ein zweifaches Ich）を含んだ考えである」（FM XX 270）。また「思惟すると共に直観するその私〔＝自我〕(Ich, der ich denke und anschaue) のみが人格」(vgl. ibid.) であるとも言われている。カントに従えば、自我はあくまで「二重の自我」であって、「二つの自我」ではない。実際、カントは「内的感性的直観の自我と思惟する主体という自我は、多くの人々にとっては、一つの人格のうちに二つの主体（zwey Subjecte）を前提しているように見える」が、実際には「私自身の意識における二重の自我（das doppelte Ich im Bewußtseyn meiner selbst）、つまり、内的感性的直観の自我と思惟する主体という自我」があるのみであると注意している（vgl. FM XX 268）。思惟する主体としての自我と直観される客体としての自我に関する区別は、いわば、実在的・実体的な区別ではなく、観念的で方法論的な区別なのである。そしてその二重の自我の性格はそれぞれ次のように言われている。「主体としての自我」、すなわち「統覚の主体」、「論理的な自我」については、「それがどのような存在者であるか、またどのような本性（Naturbeschaffenheit）をしているか、それ以上認識することは絶対に不可能である」。これに対して「客体としての自我」は、「知覚の主体」、「経験的意識としての心理学的自我」であって、「様々な〔仕方で〕認識可能である」（vgl. FM XX 270）とされる。

こうした「二重の自我」という考えは、『遺稿』でもそのまま踏襲される。例えば、「自己自身の意識（統覚）は、それが触発されるかぎり、現象における対象の表象であるが、自己自身を触発する主体（das Subject was sich selbst afficirt）であるかぎり、それは同時に客体自体＝Xと見なされねばならない」(OP

第三節　自我の形而上学的活動による空間と時間における自己定立

VII. Conv. XXII 78）との叙述がある。この引用では同一の自我の二重性が「触発する」自我と「触発される」自己という観点から端的に述べられている。このうち触発する主体は、それ自身は現象において対象化・客体化されることのない主体、引用にもあるように敢えて言えば「客体自体」として表象される主体であり、第一章の叙述で言えば、理論的には「未知なるもの＝X」にとどまる。これに対して触発される主体の場合には、この自我は現象における客体としての経験的自我である。「私は単に論理的な主語と述語であるだけでなく、知覚の対象でもある。思惟されうるだけでなく、感覚されうる（dabile non solum cogitabile）」（OP VII. Conv. XXII 96）と述べられ、さらには「私は私自身を意識する（統覚）」ことが、自らにとって「悟性の対象」であると同時に「感官と経験的直観（覚知）の対象」でもあるとの叙述がある（OP VII. Conv. XXII 119）。ここに明らかなように『遺稿』でも私が私自身にとって「悟性の対象」、「思惟の対象」となる場合と私が私自身にとって「感官の対象」、「経験的直観の対象」となる場合が明確に区別されている。このうち前者の自我が自らを思惟の対象とするはたらきは、言うまでもなく、自我の「論理的活動」である。これに対して思惟する自我が自らを「直観の対象」とし、「感覚されうるもの」として定立するはたらきが自我の「形而上学的活動」にほかならない。

　しかるに『遺稿』では、こうした二重の自己関係が単に指摘されるだけではなく、自我の「論理的活動」と「形而上学的活動」という二つのはたらきによって、特に経験的自我の構成という点からさらに掘り下げられることになる。また前節の末尾で「私は存在する（ich bin（sum））」と「私は現実存在する（ich existiere）」の両者をカントは『遺稿』では意識的に区別しているとの筆者の解釈を予め述べておいた。自我の「形而上学的活動」に関係づけられるのは、もちろん後者であるが、その際、注目すべきは、「空間と時間を通じて」または「空間と時間において」私は「現実存在する」といった具合に、カントは「空間と時間」を並置させながら自我の形而上学的活動について述べている点である。以下では、こうした点に留意し、自我の「論理的活動」と「形而上学的活動」との関係を中心に考察を続けたい。

197

第五章　『オプス・ポストゥムム』におけるカントの自己定立論

　自我の論理的活動と形而上学的活動の両者の関係が語られている叙述には次のようなものがある。「『私は存在する』ということは、客観のあらゆる表象に先行する論理的活動であり、私が自己自身をそれによって定立する言葉である。私は空間と時間のうちにおいて現実存在し（existiren）、私は空間と時間において私の現存在（Daseyn）を直観の多様を結合する形式的制約に従って現象として汎通的に規定する（汎通的規定は現実存在である（omnimoda determinatio est existentia））。私は私自身にとって内的および外的直観の対象である」（OP VII Conv. XXII 85）。すでに前節で明らかにされたように、「表象能力の第一の活動」である自我の「論理的活動」（OP VII. Conv. XXII 77）があらゆる客観的規定に「先立って」、主観的（主体的）活動としてあるわけだが、この引用の第一文ではそうした論理的活動の特質が語られている。そしてそれに続く箇所では「空間と時間において」私が「現実存在」すること、および主体が自らの現存在を現象として規定する形式が空間と時間であることが述べられている。そして引用の最後の箇所では自我が自らを「内的および外的直観の対象」にすることが述べられている。したがって、上の引用で自我の論理的活動の後に述べられているのは、自我の「形而上学的活動」であると考えられるが、自我の論理的活動がなければいかなる表象も可能でないことを勘案すれば、この引用における自我の「論理的活動」と「形而上学的活動」の叙述の順序は、自我の活動の順序をそのまま表現したものと解釈できるであろう。

　実際、自我の論理的活動によって定立される「思惟されうるもの」と自我の形而上学的活動によって定立される「感覚されうるもの」の関係について次のような叙述がある。「思惟されうるものは、感覚されうるもの（覚知されうるもの）に先行する」（OP VII. Conv. XXII 22）。この箇所からも自我の論理的活動と形而上学的活動の先後関係を読みとることができるであろうが、さらには次のような叙述も見受けられる。「悟性は自己自身の意識（統覚）から出発し、そしてそれによって論理的活動を行う。そして外的および内的直観の多様がこれに連なり（anreihen）、主体は限界のない（grenzenlos）系列において自己自身を客体にする」（OP VII. Conv. XXII 82）[47]。この引用から自我の論理的活動が

第三節　自我の形而上学的活動による空間と時間における自己定立

自らを直観の対象にする形而上学的活動に先行し、後者が前者の後に行われることが明確に看取されうるであろう[48]。しかも論理的活動と形而上学活動のはたらきが一連のものであることからも分かるように、この二つのはたらきは実際には切り離して考えることはできない。実際に、それを裏づける次のような文言がある。「1) 私は存在する、2) 私は私自身を意識する、すなわち、同時に客体としての主体（私は統覚する（appercipio））、単純覚知は、概念と私自身の直観（intuitus meiner selbst und Conceptus）を含んでいる」(OP VII. Conv. XXII 102)。これまで自我の論理的活動を究明する際に引用した他の箇所では「単純覚知」は、「対象の規定を欠いた」自我の論理的活動に関する特性として描かれていた（vgl. OP VII. Conv. XXII 89)。しかし、上の引用では概念と直観の双方をすでに含んだものが「単純覚知」と言われている。ここでは単純覚知は、むしろ形而上学的活動の特性として描かれているのである。このことは一見するとカント自身が混乱しているようにも見えるが、自我の論理的活動と形而上学的活動が一連のもであることを加味すれば、何ら矛盾ではなく、むしろ或る意味では当然のこととも言えるであろう。

以上のようなことから、自己規定のプロセスについて言えば、まず自らを「思惟の対象」とする「論理的活動」があり、これに続いて自らを「直観の対象」とする「形而上学的活動」が行われるのであるが、『遺稿』においてとりわけ特徴的なのは、感性的直観のア・プリオリな形式である「空間と時間」が自我の定立活動と関係させられ、この定立活動を通じて自我が「現実存在」すると語られる点である。

実際、空間と時間における自己定立に関して次のような叙述がある。「自己意識の主体を規定し、客観を統一するために結合する（das Zusammensetzen）形式的原理（空間と時間）に従って（nach）私は私自身を直観の対象として定立するが、しかしまさにそれを通じて（eben dadurch）私は私自身を私との関係において或る現実存在しているもの（etwas Existirendes）、したがって現象（感官の直観の対象）として定立するのである。私は或る原理によって思惟されうるものであると同時に私の概念の客体として感覚されうるものである」(OP

第五章 『オプス・ポストゥムム』におけるカントの自己定立論

VII. Conv. XXII 32)[49]。自我は自らを「思惟されうるもの」とするだけでなく、同時に「感覚されうるもの」、「直観の対象」とされていることから分かるように、この引用では「論理的活動」との対比のもと、自我の「形而上学的活動」が語られているわけであるが、ここで注目すべきは、空間と時間という形式に「従って」、そして「通じて」主体は自らを「現実存在」や「現象」として「定立」できるということである。『遺稿』においては自我は、空間と時間という形式を「通じて」――したがって究極的には当然その形式を通じた「自己定立」によって――空間と時間のうちに「現存在」することになるのである。

『第一批判』でも単なる思惟作用のみならず自己直観を必要とする自己認識に関して、それが単に私が私自身に現象するような（wie ich mir selbst erscheine）仕方でしか可能ではないことを、カントは繰り返し強調する（B158, vgl. B69, B155）。したがって『第一批判』においても直観されうる客体としての自己は常に「現象」としての自己であると当然言えるわけであるが、自我や主体が経験的自己を「時間と空間」のうちに「定立する」というはたらきを強調する観点からは、必ずしも述べられてはいない。これに対して『遺稿』では「自己定立」というはたらきと「空間と時間」との密接な結びつきが次のような仕方でも述べられている。「空間と時間は〔……〕知覚に与えられた覚知されうる何らかのもの（感覚されうるもの）ではなく、主体の自己規定であり、そのうちで主体が自己自身を客体へと構成する形式である（die Form in welcher es sich selbst zum Object constituirt）」（OP VII. Conv. XXII 74, vgl. XXII 47f.）。あるいは「主体は自己自身を感性的直観の形式、すなわち空間と時間を通じて（durch）〔……〕定立する」（OP VII. Conv. XXII 70）、「主体がそれに従って自己自身を定立する現象の形式的なもの（das Formale der Erscheinung wonach das Subject sich selbst setzt）」（OP VII. Conv. XXII 68）とまさに「自己定立」と「感性的直観の形式」である「空間と時間」との関係が明確に述べられている叙述も見受けられる。このように『遺稿』においても空間と時間は自己規定の「形式」であるが、それが特に「自己定立」と密接に関係させられることによって、「空間」と「時間」は、思惟する主体がそれらに「従って」、そ

第三節　自我の形而上学的活動による空間と時間における自己定立

して「通じて」自らを経験世界へと現象させるための不可欠な契機となる。[50]

　そして論理的活動と形而上学活動が一連のものであることを勘案すれば、自我が「空間と時間のうちで現実存在するもの」となるということは、結局、「論理的活動」によって単に「形式的」であるにとどまった「思惟する自我」が、「形而上学的活動」を通じて自らを経験界へと現象させると解釈できるであろう。実際、次のように言われる。「思惟されうる自我（思惟されうるもの（cogitabile））は、自分自身を感覚されうるもの（Spührbare (dabile)）として、これをア・プリオリに空間と時間において定立するのである」(OP VII. Conv. XXII 119)。この引用に思惟する自我が自らを感覚的なものとして定立するという自我のありさまが如実に表れている。すなわち、超感性的な論理的主体は、自己自身を形而上学的に定立するというまさにそのはたらきによって、現象や経験界と結びつくことになり、このはたらきによって自らを「感性化」し経験界へと現象させるのである。しかも本節の自我の「形而上学的活動」に関する引用から明らかなように、カントは、単に「内感」のア・プリオリな形式である「時間」のみならず、物体（自我の場合には「身体」）に関わる「外感」のア・プリオリな形式である「空間」を併記するような仕方で常に自我の「形而上学的活動」について述べていた。このことを勘案すれば、自我が自らを「直観の対象」とする場合、カントは特に身体という契機に着目しているとも言えるであろう。[51] 自我の形而上学的活動によって、『第一批判』で「空虚」(A345/B404)、あるいは「最も貧困な（ärmst）」(B408) と形容された超越論的意識は、「豊饒な低地 (das fruchtbare Bathos)」(Prol. IV 373 Anm.) としての経験界へと、身体を伴いつつ、まさに身を置く (sich setzen) のであり、「形而上学的活動」によっていわば、受肉するのである。ここにカントの「自己定立論」の真骨頂がある。

　『遺稿』では上に述べたような現象における自我、すなわち感性的で経験的自我への並々ならぬ着目があるが[52]、『第一批判』の叙述では、「思惟する自我」（「触発する自我」、あるいは『遺稿』の言葉で言えば「定立する」自我）の未規定性に力点が置かれているために、経験的自我そのものの問題は背後に退いていた。あるいは、『第一批判』の課題が「ア・プリオリな綜合判断はいかに

201

第五章 『オプス・ポストゥムム』におけるカントの自己定立論

して可能か」を究明することであるかぎり、少なくともア・プリオリな認識の可能性の原理たりえない「経験的自我」はカントの主たる関心ではなかったと筆者は考えている。というのも、『第一批判』においてカントが経験的自己に着目し、しかも『遺稿』の「形而上学的活動」に繋がるような発想をしている箇所が第二版の「純粋理性の誤謬推論」にはあるが、そこでもカントは常に思惟する自我が未規定であることを強調し、経験的自我の問題はその影に隠れてしまうからである。

カントが「純粋理性の誤謬推論」で経験的自我へ着目している箇所は次の箇所である。すなわち、①「私は思惟する」を「経験的命題（ein empirischer Satz）」と見なし、これに関連して②「私は思惟する」が「未規定な経験的直観」や「未規定な知覚」を表現するという箇所が、それである。

①については、例えば、「『私は思惟する』、あるいは『私は思惟しつつ現実存在する（ich existiere denkend）』という命題は経験的である」（B428, vgl. B420)、あるいは「『私は思惟する』は」、「経験的命題であり、私は現実存在する（Ich existiere）という命題をそれ自身のうちに含んでいる」（B422 Anm.）などの叙述がある。そして同じ「誤謬推論」のある箇所では「私は思惟する」が「私は思惟しつつ現実存在する」と同義である場合、「私は思惟する」という命題のうちには、思惟の「単なる論理的機能」を表すだけではなく、そこには「直観の受容性」も含まれているとされ（vgl. B430）、したがって、この場合には「規定する自我」と「規定されうる自我」の両者が含まれると考えられる。しかし、そもそもこのような表現を採る真意をカントは次のように明かしている。彼が「私は思惟する」に関して「経験的命題」という表現をするのは、「思惟に素材を提供する何らかの経験的表象が無ければ、『私は思惟する』という作用（Aktus）」も「生じない」点を強調するためであり（vgl. B423 Anm.）、その場合、「私が『私は思惟する』という命題を経験的命題と称したからといって、この命題における私〔＝自我〕（das Ich）が経験的表象であると言うつもりはなく、むしろこの表象は思惟一般に属すがゆえに、純粋に知性的（rein intellektuell）である」（ibid.）。

第三節　自我の形而上学的活動による空間と時間における自己定立

　また②について言えば、カントは「『私は思惟する』という命題は、未規定な、経験的直観、すなわち知覚（eine unbestimmte empirische Anschauung, d. i. Wahrnehmung）を表現し（したがってこの命題は、感性に属する感覚がすでにこの現実存在命題（Existenzialsatz）の根底には存している）」と述べ（B422f. Anm.）、①と同じく「感性」との結びつきを示唆している。しかし、カントはすぐ後の箇所で、この場合の知覚が「未規定」である点を強調し、「未規定的な知覚とは、ここでは、与えられた、しかも思惟一般（Denken überhaupt）に与えられた或る実在的なもの（etwas Reales）にすぎず、それゆえ、現象としてでもなく、また事物自体そのもの（Sache an sich selbst）（可想体）としてでもなく、むしろ実際に現実存在する或るものである（etwas, was in der Tat existiert）」（B423 Anm.）と読者に注意を与えている。

　このように、『第一批判』第二版の一部の箇所で「思惟する私」と「受容性」や「感性」、あるいは「経験的直観や知覚」との結びつきが示唆されつつも、「私は思惟する」における「私」の未規定性が繰り返し述べられる。「私は思惟する」が「経験的命題」と言われる場合、カントは常にexistierenやExistenzを使用しており、したがって、これらの箇所は、『遺稿』における自我の「形而上学的活動」へと繋がる発想であり、こうした着想が後に自我の「形而上学的活動」と術語化されたのであろうが、筆者が知るかぎり、「私は思惟する」が「経験的命題」であると述べられるのは、上述の第二版の「純粋理性の誤謬推論」の箇所のみである。そしておそらく第一版を書いた時点では、カントはこうした表現をするつもりはまったく無かったと思われる。というのも第一版の自家用本の書き込み、しかも「純粋理性の誤謬推論」に関する箇所には、カントはIch denkeがア・プリオリな命題であると書き込んでいるからである。実際、次のような叙述が残されている。「私は思惟するは、一つのア・プリオリな命題であって」、「どこか或る場所、およびいつか或る時間ということ〔＝場所的規定と時間的規定〕を欠いた知的表象（intellectuale Vorstellung ohne irgendwo und irgendwenn）であり、それゆえ、〔私は思惟するは〕経験的ではない」（Nach. KrV XXIII 39）。筆者が『第一批判』では思惟する自我の未規定性に力点が置

第五章 『オプス・ポストゥムム』におけるカントの自己定立論

かれているために、経験的自我の問題は背後に退いていた、と述べたのは、こうした理由からである。

『第一批判』の第一版では定式化されていなかった「私は思惟する」が「経験的命題」であると第二版で述べられた点を勘案すれば、カントの経験的自我に対する関心は年を経るにつれ、高まっていくとも言えるが、こうした「空間と時間」において「現実存在する」経験的自我へのカントの眼差しは、さらに『遺稿』で顕著になる。実際、次のような文言がある。「『私は現実存在しつつ存在する（Ich bin existirend）』は、覚知を含んでいる。すなわち、それは単に主観的判断であるだけでなく、私自身を空間と時間における直観の客体にする。——論理的意識は実在的なもの〔＝実在的意識〕へと行き、統覚から覚知へと歩みを進める（von der Apperception zur Apprehension schreiten）〔……〕」（OP VII. Conv. XXII 96）。特に最後の部分において論理的な意識から覚知としての実在的な意識へと主体が進んでいくありさまが端的に語られており、いわば、「統覚から覚知への道」が描き出されていると言えよう。さらには「あの活動〔＝論理的活動〕は実在的な活動によって補われる（ergänzen）」（OP VII. Conv. XXII 98）との叙述がある。この「実在的な活動によって補われる」という表現からも分かるように、『遺稿』においていかにカントが経験的自我を、ひいては「形而上学的活動」を重要視しているかが伺い知れるであろう。

以上見てきたように『遺稿』における自己定立論は、自我の「論理的活動」と「形而上学的活動」という二側面があり、前者は自我が自己自身を「思惟の対象」とするはたらきであり、後者は自己自身を「直観の対象」とするようなはたらきであった。このことは、一見すると「叡知的な思惟する主体」同士の間に、あるいは「叡知的な思惟する主体」と「感性的な経験的自己」との間にある自己関係の単なる指摘の繰り返しにすぎないように見える。しかし『遺稿』では、こうした二重の自我の可能性が「自我のはたらき」そのものに帰せられ、「私は私自身にとって悟性の対象である」ことと「私は私自身にとって経験的直観の対象である」あることが当の自我のはたらきによって可能となる。言い換えれば、『遺稿』においては、自我の二重性が自我自身の「論理的活動」と「形

而上学的活動」という活動原理によって「説明」されるのである。
　また『遺稿』の自己定立論では、自我の在り方に関して、「私は存在する」と「私は現実存在する」という事態が、それぞれ自我の「論理的活動」と「形而上学的活動」によって言い表されるわけであるが、「形而上学的活動」においては特に経験的自我への着目が見られた。この点にこそ『遺稿』における「自己定立論」の最大の特徴が現れているのであるが、それはとりもなおさず、「形而上学的活動」によって没空間的・没時間的な超越論的自我がいわば、受肉することを意味する。
　こうしたことを踏まえて、『遺稿』の第7束を中心にして展開されたカントの「自己定立論」の意義について言うならば、自己定立は、『第一批判』以来述べられてきた二重の自我の関係を自我のはたらきそのものによって構造的に解明し、主体自身を経験世界へと現象させる原理である、こう結論づけたい。

むすびにかえて

　本章では第7束を中心にしてカントの自己定立論について論究してきた。自己定立論の核心部分は我々が考察した第7束の箇所でほぼ出尽くしていると言ってよい。しかし第7束における自己定立は、理論哲学のみならず、実践哲学との連関においても語られる。
　例えば、「道徳的・実践的な理性的存在者は人格である」(OP Ⅶ. Conv. XXII 119)、あるいは「人格とは権利を持ち、そのことを意識できる存在者である」(vgl. OP Ⅶ. Conv. XXII 51) という叙述があり、第7束では人格は実践的性格を持つものとされるが、その人格に関係させられた文脈で自己定立は次のように言われる。「自己自身を或る原理へと構成し、自らの自己の創造者であるところの人格として自己自身を認識すること (Das Erkentnis seiner Selbst als einer Person die sich selbst zum Princip constituirt und ihres Selbst Urheberin ist.)」(OP Ⅶ. Conv. XXII 54) という文言があり、「自己自身を思惟する主体の

第五章 『オプス・ポストゥムム』におけるカントの自己定立論

超越論的観念性とは自己自身を人格にすることである（Die transc. Idealität des sich selbst denkenden Subjects macht sich selbst zu einer Person.)」(ibid.) ともある。このような叙述からも第7束の一部の箇所で「自己定立」を実践的問題に関係させようとするカントの態度を伺い知ることができるであろうが、こうした傾向は第7束より第1束において顕著である。このため、アディケスは、第1束においては「自己定立論」が「理論的領域から実践的領域へと、すなわち自律的で自由な人格性の定立へ」とさらに展開されてゆくとの考えを表明している。[54] あるいは、フェルスターも第1束の自己定立論を「道徳的・実践的自己定立」と特徴づけている。[55]

ただし第1束でのカントの関心の中心は、自己定立そのものではなく、「超越論的哲学」そのものの見直しを図ることにあり、そのような枠組みの中で自己定立も問題にされる。例えば、超越論的哲学と自己定立を関係させたものとしては「超越論的哲学とは、感官の客体に関して哲学する哲学ではなく」、「自己自身を哲学活動の客体にする（sich selbst zum Object des Philosophirens machen）哲学である」（vgl. OP I. Conv. XXI 85）という言葉が第1束にはある。このように第1束においては自己定立は超越論的哲学そのものの活動と関連させられ、自己定立は「超越論的哲学の最高の立場（der Transscendentalphilosophie höchster Standpunct)」を表明した「新たな超越論的哲学」という構想[56]のうちで語られるのである。しかもこの新たに構想された超越論的哲学において「思惟する自我」や「叡知的主体」が決定的な役割を果たすことになる。それゆえ、「自我」や「主体」をテーマとする本書は、次章において『遺稿』の第1束における「超越論的哲学」とその最高の立場について考察し、カントの自我論の最終形態を見定めたい。

註――――――――――――――――――

1) R. B. Jachmann, Immanuel Kant geschildert in Briefen an einen Freund, in : Immanuel Kant. Ein Lebensbild nach Darstellungen der Zeitgenossen Jachmann,

Borowski, Wasianski, hrsg. von. A. Hoffmann, Halle, 1902, S. 13. なお邦訳に際しては『カント その人と生涯』、芝烝訳、創元社、1970年を適宜参照した。

またここに引き合いに出したヤッハマンだけでなく、晩年のカントと親交が厚く、晩年のカントの姿を記したヴァシャンスキもカントのこの構想を伝えている（vgl. E. A. Ch. Wasianski, Immanuel Kant in seinen letzeten Lebensjahren, in : Hoffmann (Hrsg.), a. a. O., S. 411）。

2）カント自身が『遺稿』を自らの哲学にとって必要不可欠なものであると考えていたことについては、1798年9月21日付けガルヴェ宛書簡（Brief. XII 257）や同年の10月19日付けでキーゼヴェッターに宛てた書簡（Brief. XII 258）を参照。また1800年7月8日付けのキーゼヴェッター宛書簡では「私の最後の作品（meine letzte Bearbeitung）」という表現が見られる（vgl. Brief. XII 315）。

3）この点については、OP XXII 751ff. や Opus postumum, translated by E. Förster and M. Rosen, Cambridge, 1993, pp. xviii を参照のこと。

4）『遺稿』の成立史については、アディケスの『カントの遺稿』（vgl. E. Adickes, Kants Opus postumum : Kant Studien Ergänzungsheft Nr. 50, Berlin, 1920, S. 1 − 35）およびアカデミー版の『遺稿』の Einleitung（OP XXII 751 − 773）、同じく註3）で挙げた『遺稿』の英訳（ただし抄訳）の Introduction の中の The history of the manuscript（Opus postumum, translated by E. Förster and M. Rosen, Cambridge, 1993, xvi − xxix）を参照のこと。

5）H. Vaihinger, Die Philosophie des Als Ob : System der theoretischen, praktischen und religiösen Fiktionen der Menschheit auf Grund eines idealistischen Positivismus : Mit einem Anhang über Kant und Nietzsche, Berlin, 1911, S. 721.

Vgl. K. Vorländer, Immanuel Kant : Der Mann und das Werk, zwite, erweiterte Auflage, mit einem Beitrag "Kants Opus postumum" von W. Ritzel, Unter Mitarbeit von K. Kopper hrsg. von R. Malter, Hamburg, 1977, S. 228.

6）アディケスは『遺稿』を一つの統一を持った作品であり（vgl. Adickes, a. a. O., S. 732ff., S. 600ff.）、第1束と第7束の内容はカントが当初抱いていた「構想の拡大」（vgl. Adickes, a. a. O., S. 737）であると「二著作説」を否定し、レーマンもアカデミー版の『遺稿』の「序論」で「二著作説」を否定している（vgl. XXII 767ff.）。

7）Vgl. Adickes. a. a. O., S. 155.

8）『遺稿』には有機体に関する考察も多くなされているので、本文で述べた二つの立場以外に『遺稿』と『第三批判』との関係に着目する立場がある。この観点に立つのは、例えば、レーマンである。彼は「遺稿の全計画」は「初めから判断力批判を物理学的領域へと適用」することであると解釈し（vgl. G. Lehmann, Kants Nachlasswerk und die Kritik der Urteilskraft, Berlin, 1939, S. 14）、『遺稿』と『第三批判』との比較

第五章 『オプス・ポストゥムム』におけるカントの自己定立論

考察を行っている。
9）本書での『遺稿』の執筆時期に関する記述は、アカデミー版の巻末付録に依拠している（vgl. XXII Das Nachlaßwerk in chronologischer Anordnung）。

　なお、欧米の研究書では『遺稿』の大略について言及しているものが比較的多く、筆者も本書で挙げた諸研究を参照したが、日本では八幡英幸氏の以下の論文に詳しい。「揺れ止まぬものとしての超越論哲学——最晩年のカントの思索から」：『人間存在論』第3号所収、京都大学大学院人間・環境学研究科　総合人間学部『人間存在論』刊行会編、1997年。

10）レーマンは「エーテル演繹」を「物理学的経験の統一のア・プリオリな前提としてエーテルを導出すること」と定義しているが（vgl. G. Lehmann, Ganzheitsbegriff und Weltidee in Kants Opus Postumum, in : Kant-Studien Bd. 41, Berlin, 1936, S. 307）、「世界空間に汎通的に（それゆえあらゆる物質に浸透し（durchdringend））拡散している質料（vgl. OP V. Conv. XXI 572, vgl. IV. Conv. XXI 383）であるエーテル（ちなみにカント自身はむしろ「熱素」と呼ぶことが多い）の存在を証明し、しかも「経験から（aus）ではなく」むしろ「経験のために（für）」（OP. V. Conv. XXI 601）、あるいは「経験によって（durch）」（OP. V. Conv. XXI 572）ではなく、「ア・プリオリな可能的経験の統一の概念のために（zum Behuf）」（OP. V. Conv. XXI 596）、すなわち経験の可能性の条件として証明しようとするのが「エーテル演繹」である。「熱素はいかなる仮説的質料（kein hypothetischer Stoff）でもない」（OP. V. Conv. XXI 545, 589, vgl. 586）とされ、エーテルの現実存在を「物質の運動力の基礎体系の最上原理（Des Elementarsystems der bewegenden Kräfte der Materie oberstes Princip）」（OP. V. Conv. XXI 591, vgl. 594, 600）にしようとする試みが、特に第5束では集中して見られる。

11）E. Adickes, Kants Opus postumum : Kant Studien Ergänzungsheft Nr. 50, Berlin, 1920. V. Mathieu, La Filosofia transcendentale e l'Opus postumum di Kant, Torino 1958. なおこのイタリア語のマチウの著作は、相当の部分を刷新したもの（Kants Opus postumum（hrsg. von G. Held）, Frankfurt a. M., 1989）が約30年後にドイツ語に訳されており、本書では後者を用いた。

　また単著ではないが、英語圏で早くから『遺稿』に言及した研究者としてスミスの名を挙げることができる。スミスはこれまで本書でも引用した『第一批判』のコメンタリーの「付録（Appendix）」として『遺稿』について言及している（N. K. Smith, A Commentary to Kant's "Critique of Pure Reason", London, 1923, p. 607）。興味深い見解があることも確かであるが、「付録」とされていることからも分かるように、スミスは当該のコメンタリーでそれまでに述べた自説の正しさを主張するために（とりわけ「二重触発説」に関する（cf. p. 612））、『遺稿』について論究していると言って

も過言ではない。

12) H. Hoppe, Kants Theorie der Physik : Eine Untersuchung über das Opus postumum von Kant, Frankfurt a. M., 1969. B. Tuschling, Metaphysische und transzendentale Dynamik in Kants opus postumum, Berlin, 1971. またこうした自然科学的観点からなされた最近の研究書としては、M. Friedman, Kant and the Exact Sciences, Cambridge, 1992 が挙げられる。

13) 『原理』と『遺稿』の密接な連関を指摘しているのは、P. プラースである（vgl. P. Plaass, Kants Theorie der Naturwissenschaft : Eine Untersuchung zur Vorrede Kants "Metaphysischen Anfangsgründen der Naturwissenschaft", Göttingen, 1965, S. 109)。この点について我が国で詳述しているものとしては、犬竹正幸氏の卓抜した研究がある。プラースの当該著作の訳者の一人である犬竹氏は『原理』の課題を「経験的自然科学の形式としての『物質一般の可能性』のア・プリオリな条件の究明」とし、動力学の総註を「後の『オプス・ポストゥムム』へ向けての最初の助走」と位置づけておられる（「純粋自然科学と経験的自然科学の間――『自然科学の形而上学的原理』から『オプス・ポストゥムム』へ――」:『現代カント研究4 自然哲学とその射程』所収、カント研究会編、晃洋書房、1993 年、256 頁）。また、こうしたことだけではなく、犬竹氏は『第一批判』と『原理』の違いを明らかにしたうえで（同書 250 － 251 頁参照）、前二者があくまで「経験の形式的側面を扱っているのに対して」、『遺稿』は「特定の種類の運動力の経験を扱い、しかも、『諸々の運動力の体系』的認識たる経験的物理学の可能性を扱うものとして、内容から見た経験の可能性を問題にしている」との見解を示されている（同書 272 頁）。

14) アディケスの考証によれば、第 7 束は「1800 年の 4 月から 12 月」(Adickes, a. a. O., S. 149) とされ、第 1 束は「およそ 1800 年の 12 月から」「少なくとも 1803 年の 4 月の終わりまで」に書かれたとされる (Adickes, a. a. O., S. 719)。またアカデミー版の巻末付録によれば、第 7 束は「1800 年 4 月から 1800 年の 12 月」とアディケスの考証と一致するが、第 1 束に関しては「1800 年の 12 月から 1803 年の 2 月」に書かれたとされ、アディケスの考証とは若干のずれがある (vgl. OP XXII Das Nachlaßwerk in chronologischer Anordnung)。いずれにせよ、カントがこれら二つの束を 1800 年から 1803 年に執筆したという点では両者の見解は一致している。

15) アディケスも指摘するように、特に最晩年に書かれた第 1 束には破格構文（Anakoluthe）が増え、カントはしばしば話の道筋を失って混乱したので、書き始めた文を意味が通じる仕方で終わらせることができなかった。そして正しい表現を採用することが困難になったために、単語を削除したり、上書きしたりしなければならないことが多かった (vgl. Adickes, a. a. O. S. 719)。またレーマンもカントの老衰について、次のように言っている。「遺作の『老衰の』特徴に関して言えば、草稿の全体

が『老衰の』性質を持っているとはけっして言えない。本来の意味での老衰は、総じて最後の（第１の）束の表紙と最後の用紙（Bogen）にのみ含まれる。そこではまず筆跡の或る種の変化が見て取れる。文字は手の震えを伺わせ、単語は頻繁に書き改められ、音節は不明瞭になり（〔例えば〕aufstellen の代わりに aufsten）、行の運びはもはや統一を失う」（OP XXII 787）。またカッシーラーもヤッハマンやヴァシャンスキの記述を基にカントの著しい老衰について述べ、「物自体」と「現象」との対立の方法論的意義に関しては、それ以前の著作に見出すことのできない解明が『遺稿』には見られるとしつつも、『遺稿』の状態に鑑みて、その内実を個別的に解明することは徒労に終わらざるを得ないと嘆息をもらしている（vgl. E. Cassirer, Kants Leben und Lehre, Berlin, 1921, S. 435ff.）。しかし、本文で述べるように、このような状態にあってもなお、それを補いうる重要な思想が『遺稿』の後期の束には含まれているように筆者には思われる。

16) Vgl. K. Fischer, Geschichte der neuern Philosophie Bd. 3, Immanuel Kant und seine Lehre (3. neu bearb. Aufl.), Heidelberg, 1889, S. 84.

17) B. Tuschling, Die Idee des transzendentalen Idealismus im späten Opus postumum, in : Übergang : Untersuchungen zum Spätwerk Immanuel Kants, herausgegeben vom Forum für Philosophie Bad Homburg, Frankfurt a. M., 1991. The Concept of Transcendental Idealism in Kant's Opus Postumum, in : Kant and Critique : New Essays in honor of W. H. Werkmeister, ed. by R. M. Dancy, Dordrecht / Boston / London, 1993.

18) E. Förster, Kant's Selbstsetzungslehre, in : Kant's Transcendental Deductions : The Three Critiques and the Opus postumum, ed. by E. Förster, Stanford, 1989.

19) S. Schulze, Kants Verteidigung der Metaphysik : Eine Untersuchung zur Problemgeschichte des Opus Postumum (Marburger Wissenschaftliche Beiträge; Bd. 7), Marburg, 1994.

S. Choi, Selbstbewußtsein und Selbstanschauung : Eine Reflexion über Einheit und Entzweiung des Subjekts in Kants Opus Postumum : Kant-Studien Ergänzungsheft Bd. 130, Berlin / New York, 1996.

前者は『遺稿』を全体的に扱った著作であるが、とりわけ後期の束に関しては「実践理性の優位」や「自律」といった批判期の思想に定位しつつ、『遺稿』の思想を解釈する点に特徴がある。後者は『第一批判』で展開されている自我論と『遺稿』の第7束で展開されている自我論を「自己意識と自己直観」という観点から考察するものであり、これは、筆者の関心や手法と一致するものである。本書の土台となる博士論文を京都大学に提出した時点では筆者はこの著作の存在を知らず、今回、一冊の著作として書き直すにあたり、示唆を得た部分もあるが、筆者の見解と異なった点がいく

つかある。そのうち最大のものは、「論理的活動」と「形而上学的活動」という自我のはたらきに関してであり、チョイが「論理的活動」の段階で「自己直観作用」があるとの見解を採っている点である。

註13）で我が国での自然科学に定位した『遺稿』研究の代表者として犬竹氏の名を挙げたが、我が国でも『遺稿』の認識論的・形而上学的部分を扱った研究が為されていないわけではない。坂部恵氏は、「知覚の予料・火・エーテル」：『理性の不安──カント哲学の生成と構造』所収、勁草書房、1976年において早くから『遺稿』の形而上学的部分にも着目しておられる。

また最近では八幡英幸氏が特に後期の束についての研究を行っておられる。「自我の二重性と身体──『純粋理性批判』と『オプス・ポストゥムム』における自己認識の問題──」：『哲学』45号 所収、日本哲学会編、法政大学出版局、1995年。筆者が知るかぎりではあるが、我が国で『遺稿』の「自己定立論」を大きくとりあげたのは、八幡氏がおそらくはじめてである。『第一批判』と『遺稿』の連関を巡る議論に関しては八幡氏のこの論文から多くの示唆を得たが、八幡氏は『遺稿』における自己定立論を「倫理的な承認」や「規範的な言明」と最終的に結びつけている（同書、221頁参照）。本章の「むすびにかえて」で言及するように、「自己定立」を実践的問題と関連させる叙述が『遺稿』に見られるが、自我の「論理的活動」と「形而上学活動」とに分けつつ「自己定立論」を究明する本章では、あくまで「自己定立論」を「理論哲学」の問題として論じる。

20）Cf. Förster, op. cit., p. 217.

21）Cf. Förster, op. cit., p. 218. フェルスターの示すところに従い実際に文献を繙いてみると、例えば、『レフレクシオーン』の6313において、私自身の現存在を時間において経験的に規定する条件として、何らかの持続的なものが必要とされるという（「観念論論駁」と同じことを主張する）文脈の中で「私は私の現存在を定立する」という文言がたしかにある（Refl. 6313 XVIII 615）。

またフェルスターは、別の論文でも、ベックとシェリングに関しては微妙な言い方をしつつも、少なくともフィヒテに関しては、カント哲学への特筆すべき影響を与えたとは考えられないとしている（cf. Fichte, Beck and Schelling in Kant's Opus Postumum, in : Kant and his Influence, ed. by G. Mac. Ross and T. McWalter, Bristol, 1990, p. 162）。

22）アディケスは、同時代の哲学者とカントとの関係に十分留意しつつも（vgl. Adickes, a. a. O., S. 604ff.）、フィヒテとカントの関係について、カントは「自己定立」論という思想をフィヒテから受け継いだのではなく、むしろそれは『第一批判』のB157f. にある彼自身の前提の「必然的な帰結」であると言っている（vgl. Adickes, a. a. O., S. 664）。別の箇所でもアディケスは、B 157 Anm. を挙げ、同様の趣旨を述べてい

第五章 『オプス・ポストゥムム』におけるカントの自己定立論

る (vgl. Adickes, a. a. O., S. 655)。

　ちなみに「単に超越論的哲学への予備学を提供しようとし、この哲学の体系そのものを提供しようとしたのではない」とフィヒテが見なすのは明らかな「当てこすり」である、との声明をカントが1799年に発表したことは有名であるが（vgl. Erklärung XII 370f.）、少なくとも現存するカントの書簡を見るかぎり、カントはフィヒテの著作を真剣に読まなかったようである。例えば、「知識学」という「タイトル」からほとんど何も期待できないと痛烈にフィヒテの哲学を批判する1798年のティーフトルンク宛書簡では、カントはフィヒテの著作をあまり読んでいないので、ティーフトルンクと彼の周辺の人々の意見を聞きたいと請うている (vgl. Brief. XII 241)。あるいは、ボロウスキー宛書簡によれば、その出版に間接的にカントが関わったフィヒテの処女作『あらゆる啓示批判の試み』ですら、8頁しか読んでいないと述べており (Brief. XI 284)、フィヒテ自身にもそれを一部しか読んでいないことを率直に書いている (Brief. XI 433)。こうしたことを勘案すれば「自己定立」という表現の上では、カントはフィヒテから触発を受けたかもしれないが、フィヒテの著作を入念に読んだうえで彼の「自己定立論」からカントが深く影響を受けたとは考えにくい。なお付言すれば、筆者が知るかぎり、第1束においてシェリングの名は見られるが（vgl. OP I. Conv. XXI 87, 97）、フィヒテへの言及は『遺稿』全体においても見あたらない。

23) Förster, Kant's Selbstsetzungslehre, p. 225.

24) 『遺稿』の自己意識の構造を自己直観との連関から解明するチョイは、こうした『遺稿』における自己触発の特徴を、次のように指摘する。「主体の活動力が触発を可能にするが」、「それは主体がまさに自らの力によって触発されるからである」(S. Choi, a. a. O., S. 87)。

25) Vgl. V. Mathieu, Kants Opus postumum (hrsg. von G. Held), Frankfurt a. M., 1989, S. 185.

26) この点について八幡氏も『オプス・ポストゥムム』では「知覚や触発の位置づけの変化」があり、「主観と（現象としての自己を含む）客観とのあいだの作用・反作用として」捉えられる点に『遺稿』の特色があるとの見解を示されている（八幡前掲書、217頁）。

27) 「批判期」において「物体」または「運動」の「作用−反作用」に関して最も詳細な考察が行われているのは『原理』であろう。『原理』では「作用−反作用」が（「力学」と「動力学」の双方の観点から）問題にされるが（vgl. MAN IV 548, vgl. auch MAN IV 511, 544ff.）、そこでは主体と客体との「作用−反作用」ではなく、あくまで「物体」ないしは「物質」間の「作用−反作用」についての考察である。したがって、『原理』では『遺稿』のように「作用−反作用」を「自己触発」に関係させるような叙述はない。

28)「自己触発」や「自己定立」についての叙述が見られる第10束、第11束、第7束、第1束における「構想力」への言及は、筆者が知るかぎり、XXII 375, 387（第10束）、XII 476（第11束）、XXII 37, 76（第7束）、XXI 65（第1束）の数箇所に留まる。しかも「触発」と直接的に連関づけられているのは、第7束のXXII 37のみである。

29)『遺稿』における自己触発と自己定立の関係について言えば、両者は区別されない場合もあり、それらの関係は一義的ではないが、しかしすでに述べたように自己触発は『遺稿』において具体的なかたちをとりつつも、基本的には外的触発の反作用として語られることが多い。これに対して自己定立の場合、私が私自身を客体にするという「自己構成」の思想が明確に述べられ、特にこの点に力点が置かれている。また、「自己触発」に比して、「自己定立」の叙述は、第10束や第11束よりも執筆時期が遅い第7束で集中的に見られる。アディケスが指摘するように、「自己定立」を「自己触発論の部分的変容と発展」（Adickes, a. a. O., S. 604）と言えるように思う。

30)『遺稿』における自己定立論においてカントが setzen という語を使用する場合、この語がしばしば machen や konstituieren と同じ意味で用いられていることは、岩田淳二氏も指摘される通りである（『カントの外的触発論――外的触発論の類型学的・体系的研究』、晃洋書房、2000年、351頁）。ただし岩田氏は、カントが自我が自己自身を定立する場合、「主体はおのれを『〔経験的に〕与えられたもの』」、「『現象における客体』として定立する」と解釈している（同箇所参照）。しかし、本文でこの後すぐ示すように、カントの自己定立論には自我の「論理的活動」と「形而上学的活動」の二種類があり、前者の場合には、自我は必ずしも経験的なものとして定立されるわけではない。この点で筆者の解釈は、岩田氏と異なる。

31) アディケスは、自我の論理的活動において問題となるのは、全ての自己意識がそのうちで現れなければならない「形式のみが問題」であり、主体と客体へと自己を区別する「自己区別」が問題となっているにすぎないことを指摘している（vgl. Adickes, a. a. O., S. 629）。なお自己定立に関するアディケスの分類は本章の註45）を参照のこと。

32) ちなみに、チョイは、『第一批判』と『遺稿』の自己意識（統覚）論に関して、前者では「私は思惟する」という側面が前景にあるのに対して、『遺稿』ではむしろ「私は存在する」という表現が多用される違いを指摘する（Choi, a. a. O., S. 27 Anm. 6）。

33)「意識の対自的構造」という言葉は、安井邦夫氏の「自我の対自構造」および「対自的二重構造」という術語から示唆を得た（「努力と総合とイデールな統一――フィヒテとヘーゲル」：『理想』No.554所収、理想社、1979年、84頁、86頁）。安井氏は、フィヒテが『知識学への第一序論』で「独断論」と「観念論」の違いについて述べている議論に即し、自我の存在を「もの」の存在から因果的に導出することが原理的に不可能である点に着目し、「もの」の「即自的一重存在」と区別するためにフィヒテの自我論を「対自的二重構造」という言葉によって表現されている（上掲書、86頁参照）。

第五章 『オプス・ポストゥムム』におけるカントの自己定立論

この術語は氏の創見であろう。

34) Vgl. J. G. Fichte, Ueber den Begriff der Wissenschaftslehre oder sogenannten Philosophie, in : Fichtes Werke Bd. I, hrsg. von I. H. Fichte, Berlin, 1971, S. 69. Grundlage der gesamten Wissenschaftslehre, in : Fichtes Werke Bd. I, hrsg. von I. H. Fichte, Berlin, 1971, S. 94.

35) Fichte, Grundlage der gesamten Wissenschaftslehre, S. 96.

36) ibid.

37) Fichte, a. a. O., S. 97.

38) こうした自我の反省構造は『知識学への第一序論』においては「有ること（Seyn）と見ること（Sehen）の直接的合一」という知性〔＝叡知者〕(Intelligenz) の本性として簡明に述べられている (vgl. J. G. Fichte, Erste Einleitung in die Wissenschaftslehre, in : Fichtes Werke Bd. I, hrsg. von I. H. Fichte, Berlin, 1971, S. 435)。

39) Vgl. Fichte, Grundlage der gesamten Wissenschaftslehre, S. 95.

40) 本書では触れることができなかったが、カントとフィヒテの自己定立論には勿論大きな違いがある。特に、フィヒテがカントでは明確にはなっていない「対自（für sich）」という契機から「事行」に定位した自己定立論を展開し、自我の本質を「自己自身へと還帰する（das Zurückkehren in sich）」はたらきのうちにあるとすることにより、定立する自我の存在論的身分を明確にした点は大きく異なる。またフィヒテが「知的直観」を、カントとは全く異なった意味で用い、「知識学」の体系に取り入れている点も大きな違いであろう。詳しくは、カントの統覚論を意識しつつ書かれた『知識学への第二序論』第四節から第六節を特に参照 (vgl. J. G. Fichte, Zweite Einleitung in die Wissenschaftslehre, in Fichtes Werke Bd. I, hrsg. von I. H. Fichte, Berlin, 1971, S. 458ff.)。

41) Cf. R. Descartes, Meditationes de prima philosophia (Œuvres de Descartes / publiées par Charles Adam & Paul Tannery ; nouvelle présentation, en co-édition avec le Centre national de la recherche scientifique; VII), Paris, 1996, p. 24.

42) Cf. R. Descartes, Discours de la méthode (Œuvres de Descartes / publiées par Charles Adam & Paul Tannery ; nouvelle présentation, en co-édition avec le Centre national de la recherche scientifique; VI), Paris, 1996, p. 33.

43) カントはここでデカルトの cogito ergo sum を推論と捉えているが、こうした見解は『第一批判』においても見られる。例えば、第一版の「誤謬推論」の自我の単純性に関する第二パラロギスムスでカントは、私自身の単純性は、私は思惟するという命題から推論されたのではないと述べ、デカルトの cogito ergo sum を誤った推論と見なしている (vgl. A354f.)。また第二版の「誤謬推論」においては次のような叙述が

ある。「私は思惟するということは〔……〕私は現実存在するという命題をそれ自身のうちに含んでいる。ところが、思惟する全てのものが現実存在すると言うことはできない。〔……〕したがって、私の現実存在は、デカルトが考えたようには、私は思惟するという命題から推論されたものと見なされることはできない（なぜなら、もしそうだとすると、思惟するものは全て現実存在するという大前提が先行しなければならないであろうから）」（B422 Anm.）。カントは、このように cogito から sum を導き出すためには「思惟するものは全て現実存在する」という大前提が必要であったはずである、とデカルトを批判している。

しかしながらデカルト自身は、cogito から sum の導出が推論や三段論法に基づくものではないと明言している。例えば、『省察』の「第二答弁」においてデカルトはおよそ次のように述べている。我々が自らを思惟する物と見なす場合、それは「いかなる三段論法によっても引き出されない第一の知見であり（prima quaedam notio est, quae ex nullo syllogismo concluditur）、人が『私は思惟する、ゆえに私はある、すなわち存在する（cogito, ergo sum, sive existo）』という場合、彼は存在を思惟から三段論法によって演繹する（existentiam ex cogitatione per syllogismum deducit）のではなく」、むしろそれを「精神の単純な直視によって認知するのである（simplici mentis intuitu agnoscit）」。そしてデカルトは、その理由としてまさに「もしこのことを三段論法によって演繹するというのであれば、彼は予め『思惟する全てのものはある、すなわち存在する（illud omne, quod cogitat, est sive existit）』という大前提を知っていなければならなかったことになろう」と言っている（cf. Descartes, Meditationes de prima philosophia, p. 140）。さらに言うならば「第六答弁」の冒頭でもそれが「反省された知、あるいは論証によって獲得された知（scientia reflexa, vel per demonstrationem acquisita）」では「ない」と言っている（cf. Descartes, op. cit., p. 422）。

ちなみに、スピノザは、デカルトのこうした意図を読みとり、『デカルトの哲学原理』において、これが大前提の隠された命題ではなく、むしろ「我思う、故に我有りという命題は、私は思惟しつつ存在するという命題と同義であるところの単一命題である（Cogito, ergo sum, unica est propositio, quae huic, ego sum cogitans, aequivalet.）」と註解している（Benedictus de Spinoza, Renati Des Cartes Principiorum Philosophiae Pars I. Et II., in : Spinoza Opera I., im Auftrag der Heidelberger Akademie der Wissenschaften, hrsg. von Carl Gebhardt, Heidelberg 1972, p. 144）。またライプニッツもデカルトの上述の命題に関して「思惟することと思惟しつつ存在することは同一の事柄である」との見解を示している（cf. Leibniz, Nouveaux essais sur l'entendement humain, in : Die philosophischen Schriften von Gottfried Wilhelm Leibniz 5, hrsg. von C. I. Gerhardt, Hildesheim / New York, 1978, p. 391）。なお付言

すれば、カントも「私は思惟しつつ存在する」という表現をしばしば用いている（vgl. A355, OP VII. Conv. XXII 83, 89）。

あるいはさらに言うと、フィヒテの見解もスピノザやライプニッツの見解とほぼ同様で、カントとは対照的である。フィヒテは『全知識学の基礎』の「第一根本命題」を導出した際に、cogito と sum の関係について、デカルトの「我思う、故に我有り」は、「思惟するものは何であれ存在する（quodcunque cogitat, est.）」を大前提とする三段論法の帰結ではなく、デカルトがそれを「意識の直接的事実」と考えていたと評している（Fichte, Grundlage der gesamten Wissenschaftslehre., S. 99f.）。デカルトのcogito ergo sumを推論とは考えないスピノザとライプニッツがカントと同様に「思惟しつつ存在する」という表現をする点や、結果的に、フィヒテがカントと同じく自我をはたらきや活動として捉え、デカルトのように思惟する実体と見なさない点などは興味深いが、いずれにしろ cogito ergo sum を推論とする点では、カントのデカルト理解は必ずしも正確ではないと言わねばならない。

44) 私が思惟するかぎり、私が存在しないということが矛盾であることについては、『人間学』における自己意識を言語や一人称との連関で捉えようとした文脈において次のような仕方で明快に語られる。「私が存在しないという考えは、まったく実際にはあり得ない。なぜなら、私が存在しなければ、私が存在しないということもまた私には意識できないからである。たしかに私は、私が健康でないと言い、同様に私自身についての述語を否定的に思惟することはできる（あらゆる陳述において（bei allen verbis）そうであるように）。しかし、一人称で（in der ersten Person）語りながら主語そのものを否定することは、その場合には主語〔＝主体〕が自分自身をうち消すことになり、矛盾である」（Anthr. VII 167）。

45) ちなみにアディケスに従えば、自己定立は次の四つ（ないしは六つ）のタイプに分けることができるとされる。すなわち①「純粋に論理的で形式的な主体と客体の区別」であり、「全ての自己意識の前提」となる自己定立。②「自我の形式的な認識の制約に」関係する自己定立。③「空間と時間における感覚や知覚などに関する意識の内容に〔強調は引用者〕」関わる自己定立をタイプ3とし（さらにこれらを「カテゴリー」と「直観」という観点から各々二つに細分化した場合が、六つのタイプに分けられる場合となる）。そして最後に④「経験世界の全客観性と全合法則性における経験世界の全体（gesamte Erfahrungswelt）に」関係する自己定立としている（vgl. Adickes, a. a. O., S. 633）。言うまでもなく、①が論理的活動に当たり、②と③が自我の形而上学的活動に当たると考えられる。

46) Vgl. Adickes, a. a. O., S. 633.

47) この引用の後半で限界のない系列において自己自身を客体化するという事態は一見理解しがたいが、これについてはアディケスの「空間と時間は限界がないから」

（Adickes, a. a. O., S. 640 Anm.）と空間と時間の性格に鑑みた解釈が我々の理解を助けるであろう。

48) ただし、この引用文は段落を変えて次のように続けられる。「だが、この直観は経験的ではない。すなわち、それは知覚ではなく、つまり感官の対象からは導出されず、かえって自分自身の表象の所有者、あるいは創造者であるという主体のア・プリオリな作用によってその対象を規定するのである」(OP VII. Conv. XXII 82f.)。第三節の冒頭の議論に鑑みれば、この活動は自我の形而上学的活動のうち純粋直観の対象として自己自身を定立するはたらきであるが、このはたらきは経験的直観の対象として自己を定立する活動と密接に結びつき、しかもそれに先んじるものであった。とすれば、本文に挙げた引用も論理的活動が形而上学的活動に先んじることの証左であることには変わりはないであろう。

49) アディケスによれば、これはタイプ③に属するものとされ、次のように読むことができるとされる。Ich ＜als Ich an sich＞ setze mich selbst als Gegenstand der Anschauung ＜= Erscheinung＞ nach dem formalen Prinzip der Bestimmung des Subjekts des Selbstbewußtseins ＜des Ich an sich＞ und des Zusammensetzens zur Einheit des Objekts (Raum und Zeit) aber eben dadurch als etwas E x i s t i e r e n d e s in Verhältnis auf mich ＜als Ich an sich＞ folglich als E r s c h e i n u n g (Gegenstand der Sinnenanschauung). Ich bin ＜als Ich an sich＞ das cogitabile ＜= Träger der Einheitsfunktionen＞ nach einem Prinzip und zugleich das dabile als Objekt meines Begriffs:〔……〕(Adickes, a. a. O. S. 641)（＜ ＞はアディケスの補足）。

50) 極端な言い方ではあるが、次のように空間と時間を或る種の作用（はたらき）と見なすような文言も見られる。「直観における空間と時間は物ではなく、自己自身を定立する表象力の活動であるが、この表象力の活動を通じて主体自身は自らを客体化する (Raum u. Zeit in der Anschauung sind nicht Dinge sondern actus der Vorstellungskraft sich selbst zu setzen, wodurch sich das Subject selbst zum Object macht.)」(OP VII. Conv. XXII 88)。

51) この点については、「身体」に着目し、『第一批判』と『遺稿』を比較しているヒュブナーの次の論文箇所から示唆を得た。K. Hübner, Leib und Erfahrung in Kants Opus postumum, in：Zeitschrift für philosophische Forschung Bd. VII, hrsg. von G. Schischkoff, Meisenheim / Wien, 1953, S. 215. なおこの論文はまったく同じ物が次の論文集にも収められているので、当該箇所を参照。Kant：Zur Deutung seiner Theorie von Erkennen und Handeln, hrsg. von G. Prauss, Köln, 1973, S. 201.

52) マチウもこうした受動的な経験的自我が『遺稿』でカントの関心の的になっていることを言及しつつ、次のように言っている。「私は、同時に感性的主体であることな

しには、思惟する主体であり得ない。したがって私は私自身を（内的そして外的に）受動的なものとしても定立しなければならない。具体的な受容能力のこうした定立は、それによって思惟する主体が同時に感受するものとして自己を定立する思惟する主体の活動である」(Mathieu, a. a. O., S. 174)。「形而上学的活動」によって定立される自我が経験的自我であり、これを欠いては自我は空虚な論理的形式にとどまることを考えれば、マチウの指摘は当然のものと言えよう。

53) こうした『遺稿』における事態を、チョイは、「統覚から覚知への移行（Übergang）」と形容し（vgl. Choi, a. a. O., S. 48)、具体的には「論理的意識としての統覚から実在的意識としての覚知へと進んでいく」ことを意味すると説明している（Choi, a. a. O., S. 50)。

54) Adickes, a. a. O., S. 721f.

55) Förster, op. cit., p. 156. S. auch Kants Metaphysikbegriff : Vor-kritisch, kritisch, nach-kritisch, in : Metaphysik nach Kant? (Stuttgarter Hegel-Kongreß 1987), (Hg.) D. Henrich und R. Horstmann, Stuttgart, 1988, S. 134.

56) H. Knittermeyer, Von der klassischen zur kritischen Transzendentalphilosophie, in : Kant-Studien Bd. 45, Köln, 1953, S. 124.

第六章

カント最晩年の超越論的哲学

第六章　カント最晩年の超越論的哲学

はじめに

　『遺稿』は、前章の冒頭でも述べたように、1796 年頃から 1803 年までに書かれたと考えられる全部で 13 の束からなるが、そのうち第 7 束と第 1 束は、1800 年から 1803 年に記されたと考証されており、形而上学的内容を多分に含む。そして第 7 束の中心思想は「自己定立論」であり、これについてはすでに前章で論究した。しかるにその第 7 束よりも執筆時期が遅く、『遺稿』のなかでも書かれた時期が最も遅いと考証されているのが第 1 束である[1]。上で述べたように『遺稿』は 1803 年まで書かれたとされており、カントがこの世を去ったのは 1804 年であるから、この第 1 束はカントの最晩年の思索を表している文字通り、最後の作品（opus postumum）であると言えよう。この束においてカントは超越論的哲学について繰り返し言及し、それを何度も定義し直す[2]。なかんずく、第 1 束でカントは「超越論的哲学の最高の立場（der Transscendentalphilosophie höchster Standpunct）」という『遺稿』でもそれまで語ることのなかった立場を打ち出すことになる。本章の最終的な目的は、カントが最晩年に構想した超越論的哲学、とりわけその「最高の立場」がいかなるものであったのか、これを究明することにある。ただし我が国において『遺稿』の第 1 束に関する研究はほとんど為されていない。また『遺稿』はコンマやプンクトすら施されていないままの箇所が多く、それを訳してゆくこと自体、一つの解釈を提示することとも言えるであろう。それゆえ本章での議論では第 1 束におけるカントの叙述をできるだけ丁寧に追いながら、その上で筆者なりの見解を述べることにしたい[3]。

　ところで、カントが自らの哲学体系を超越論的哲学と名づけ、その輪郭を予示的に描いたのは、周知の通り『第一批判』においてである。しかし、この『第一批判』と本章で扱う『遺稿』との間には二十年近くの隔たりがあり、『遺稿』における超越論的哲学は「超越論的哲学のニュー・ヴァージョン[4]」、「超越論的

哲学の新たな概念[5]」と言われるほど、『第一批判』のそれとは異なった面をも有している。そこで、本章では、まず『第一批判』を中心に批判期における超越論的哲学の特徴を確認し、次にこれとの対比において『遺稿』で展開された超越論的哲学の姿を浮き彫りにする。そのうえで「超越論的哲学の最高の立場」を、「神・世界・人間」という三つの理念の解明を通じて明らかにする。

第一節　批判期における超越論的哲学

　さてその『第一批判』の「序論（Einleitung）」で超越論的哲学は、次のように定義されることになる。「超越論的哲学とは、そのために純粋理性批判が建築術的に（architektonisch）、すなわち原理から、この建物を形成するあらゆる部分の確実性と完全性を十分に保証しつつ、全計画を構想すべき一つの学の理念である」（B27）。ここでカントが「理念」という言葉を使っていることから推察されるように、超越論的哲学は『第一批判』においていまだ現実性を与えられないものであり、『第一批判』が完成したとしても、それが即、超越論的哲学の完成を意味するものではないと考えられる。実際、同じ「序論」の中で「この批判はそれ自身、いまだ超越論的哲学とは呼ばれない」（A13/B27）と言われ、さらには「純粋理性批判には超越論的哲学を構成するものの全てが属し、それ自身超越論的哲学の完全な理念であるが、いまだ純粋理性批判は学そのものではない」（A14/B28）とも言われている。後者の引用で『第一批判』には超越論的哲学の構成要素が全て属しているとあることから、『純粋理性批判』という書物は超越論的哲学の見取り図を提示しているとも言えるが、しかし『第一批判』それ自身はあくまで超越論的哲学から区別されている。実際、『第一批判』公刊後の『ペーリッツの形而上学講義』（L_2）には、「いかにしてア・プリオリな認識は可能か」に答えるのが「純粋理性批判」であるのに対して、その上に築かれるという意味で「超越論的哲学とはすべての我々のア・プリオリな純粋認識の体系である」（ML_2 XXVIII 541）との記述があり、『第三批判』後

第六章　カント最晩年の超越論的哲学

のカントの講義の記録とされている『ドーナの形而上学講義』では「純粋理性批判（die）とは、予備学にほかならず、超越論的哲学のための予習である」（MD XXVIII 651）とされている。このように、『第一批判』は超越論的哲学の予備学を意味するのである。第二版の「序文」では『第一批判』とは「一つの方法論（Traktat von der Methode）であって、学の体系そのものではない」（B XXII）と言われ、『第一批判』の方法論的性格が強調されるが、こうしたことからも批判とは「予備学」であり、この批判が完成した後に、その批判を基礎にして築かれる学の体系が超越論的哲学にほかならないと言える。

　ところで前段落の引用に「建築術的」という語があったが、カントに従えば「人間理性は、本性上、建築術的である。すなわち、人間理性は一切の認識を可能的体系に属するものとして考察する」（A474/B502）。我々が個別的な認識を体系的に統一せんとするのも、そもそも人間理性の本性によるのである。それゆえ、有機的連関を意識しつつ人間理性を批判的に吟味する『第一批判』のうちには、「純粋理性の建築術（Architektonik der reinen Vernunft）」と名づけられた、まさに「体系術（Kunst der Systeme）」に関する章がある。そこでカントは「批判」と「形而上学」の関係について次のように言っている。「さて純粋理性の哲学は、ア・プリオリな一切の純粋認識に関して理性の能力を研究する予備学（予習）（Propädeutik（Vorübung））であるか、それとも第二に体系的連関における純粋理性に基づく（真のおよび見かけの）全哲学的認識を研究する純粋理性の体系（学）であるかのいずれか、すなわち批判と呼ばれるか、それとも形而上学と呼ばれるかのいずれかである。もっともこの名称〔＝形而上学〕は批判を含む純粋哲学全体にも与えられることができる」（A841/B869）。このように、純粋理性に基づく純粋哲学は、全体としても形而上学と呼ばれることもあるが、より詳細な規定に従えば、その形而上学自身が「予備学」である「批判」と哲学的認識を体系的に展開した「学」である「形而上学」とに分かれる。この狭義の体系としての形而上学を構築するために、まずは「予備学・予習」としての「批判」がそれに先行するとされているのである[6]。そしてすでに述べたようにカントにとって「超越論的哲学」とは「批判」の上に構築され

るべき「学」にほかならなかった。このようなことからすると、少なくとも『第一批判』においてカントの頭の中には、「予備学」としての『純粋理性批判』とこれに基づき「超越論的哲学」ないしは「形而上学」を構築するという構想があったと考えられ、おおむねこれを批判期の批判哲学のプログラムとしてよいであろう[7]。

さて、その「形而上学」に関して言えば、「形而上学は純粋理性の思弁的使用と実践的使用の形而上学に分かれ、それゆえ自然の形而上学であるか、道徳の形而上学であるかのいずれかである。前者は、単なる概念に基づく（したがって、数学を除外した）あらゆる事物の理論的認識に関する全ての純粋理性の原理を含み、後者は行状（Tun und Lassen）をア・プリオリに規定し必然的にする原理を含む」（A841/B869）。このように形而上学は「自然の形而上学」と「道徳の形而上学」に分かれることになるが、こうした区分は人間理性の特性を考えれば、十分納得がゆくものである。我々の理性は、一方で「存在するもの（das, was da ist）」に関わる理論理性として、しかし他方で「存在すべきもの（das, was da sein soll）」に関わる実践理性として（vgl. A633/B661, A840/B868）、各々独自の仕方で立法活動を行う。思惟し理論的に考えることが即行為や実践的活動に直結するわけではない人間理性の前には二つの立法領域が開けてくるのである。

しかるに、カントは次のようにも言っている。「ところで人間理性の立法（哲学）は、二つの対象を持つ、すなわち自由と自然である。それゆえ、自然法則並びに道徳法則を含んでいるが、はじめは二つの特殊な哲学体系において、しかし最後には唯一の哲学体系において含んでいるのである」（A840/B868）。さしあたって「自然」と「道徳」という二つの形而上学が存在するとしても、我々の理性は二つの適用を持った「同一の理性」（GMS IV 391）であり、しかもその人間理性が本性的に建築術的関心を持つと考えると、両者を何らかの仕方で関連させ、唯一の哲学体系のうちに位置づけようとすることは自然なことであろう。

このようなカントの叙述を見るかぎりでは、「超越論的哲学」とは「自然の

第六章　カント最晩年の超越論的哲学

形而上学」と「道徳の形而上学」の双方の形而上学を包括すると思われるであろうが、実際にはそうではない。少なくとも『第一批判』においてはそうではない。カントが『第一批判』において超越論的哲学として念頭に置いているのは、理論的（ないしは思弁的）な学であって、実践哲学（道徳学）は超越論的哲学には含まれない。このことは、例えば、「純粋理性のアンチノミー」の箇所ではっきりと次のように言われている。「超越論的哲学以外にも（außer）二つの純粋理性学（zwei reine Vernunftwissenschaften）が存在する。すなわち、単に思弁的な内容の学と実践的な内容のもう一つの学、つまり純粋数学と純粋道徳学である」（A480/B508）。この「超越論的哲学以外にも」という言葉が端的に物語っているように、道徳哲学は純粋理性に基づく学問であるにもかかわらず、超越論的哲学に含まれない。

「超越論的方法論」においてもカントは「1. 私は何を知ることができるか。2. 私は何をなすべきか。3. 私は何を望んでよろしいか。」（A805/B833）という周知の三つの問いを掲げ、第一の問いが「理論的」であることを明らかにした後に、第二の問いについて次のように述べている。「第二の問いは、単に実践的である。この問いそのものは、たしかに純粋理性に属し得るが、しかしそのような場合でもやはり超越論的ではなく、道徳的である。したがって我々の批判〔＝『第一批判』〕自体はこの問いを扱うことはできない」（A805/B833）。あるいは、まさに「何をなすべきか」に関わる実践哲学・道徳哲学について論じている際に、実践哲学の対象は「超越論的哲学とは異質である」と述べ（vgl. A801/B829）、『第一批判』の「序論」においても「道徳性の最上の原則とその根本概念は、たしかにア・プリオリな認識であるが、それにもかかわらずこれらの原則と概念は超越論的哲学には属さない」と言っている（vgl. A14f./B28）。

このことからもカントが「超越論的哲学」のうちに「実践哲学」や「道徳哲学」を数え入れていないことが分かるであろうが、さらには「理念」に関する次のような『レフレクシオーン』がある。「我々は理性を理念の能力と名づけることができる。〔……〕純粋理性の諸理念は実践的であるか、思弁的であるかのいずれかである。後者は超越論的理念である」（Refl. 5553 XVIII 228）。こ

第一節　批判期における超越論的哲学

の引用では、理念が「実践的理念」と「思弁的理念」とに分けられ、特に後者をカントは超越論的理念と呼んでおり、このことからもカントが超越論的という語を実践ではなく、思弁に関係させていることが分かるであろう。要するに「超越論的哲学とは純粋な単に思弁的理性の哲学（Weltweisheit）なのである」（B 29）。

　カントが『第一批判』を「予備学」として構想していたことについてはすでに述べたが、このことと関連させつつ、「形而上学」について述べている、次のような『レフレクシオーン』がある。「純粋理性批判は理論哲学（theoretische Weltweisheit）における形而上学のための予習（Vorübung）である」（Refl. 4466 XVII 562）。ここで端的に述べられているように、形而上学の中でも特に「理論哲学における形而上学」を問題とし、その「予習」すなわち「予備学」と考えられるのが『第一批判』にほかならない。それゆえ、「形而上学」と「超越論的哲学」との関係について、カントは『第一批判』の「超越論的方法論」において次のようにも述べている。「狭義におけるいわゆる形而上学は、超越論的哲学と純粋理性の自然学（Physiologie）からなる。前者は、与えられるであろう客観を想定せずに、対象一般へと関係するあらゆる原則と概念の体系において、悟性と理性のみを考察する（存在論）」（A845/B873）である。『第一批判』のこの引用箇所で形而上学という語に「狭義の」という限定が付けられていることから、ここで問題にされている形而上学とは別の、ないしはそれを含んだ、いわば「広義の」形而上学が存在することが分かる。しかもこの引用箇所では「存在論」とされる「超越論的哲学」が純粋理性の「自然学」と共に狭義の形而上学のうちに区分されていることから、ここでの「狭義の形而上学」とは「自然の形而上学」であることが分かる。そして形而上学には、「自然の形而上学」と「道徳の形而上学」の二つがあったわけであるから、「広義の形而上学」はその二つを含んだ体系であることになるが、「存在論」としての「超越論的哲学」がそれに含まれるとされる「狭義の」形而上学のうちには「道徳の形而上学」が含まれないことも当然のこととして帰結するであろう。だからこそカントは『プロレゴメナ』において、理論哲学に関わる「いかにして自然そのものは可

第六章　カント最晩年の超越論的哲学

能であるのか。」という問いを「超越論的哲学」が究明せねばならない「最高点」であると言い切り (Prol. IV 318)、『形而上学の進歩に関する懸賞論文』においても「超越論的哲学の最高の課題はいかにして経験は可能であるのかである」(FM XX 275) と言っているのである。このように「実践哲学」は「超越論的哲学」には含まれない。

ここまでは『第一批判』を中心に考察してきたが、「批判期」のカントが超越論的哲学のうちに実践哲学を数え入れないことは、『第二批判』から間接的に証示することができる。すなわち、「純粋理性能力をその全範囲と限界において叙述する」『第一批判』の場合 (Prol. IV 261, vgl. A XII)、「序言」と「序論」を除いた全ての章が「超越論的」と形容されるのに対して、『第一批判』と類比的に「実践理性の可能性、範囲、および限界の原理を完全に」(KpV V 8) 示し、「実践哲学」ないしは「道徳哲学」を基礎づけ、「道徳の形而上学」の「予備学」であるはずの『第二批判』では、「超越論的」と名づけられた章は一つもない。また「超越論的」ないしは「超越論的哲学」という言葉が使われる箇所はわずかしかない。「超越論的」という語の用例の多くは『第一批判』で述べられた「超越論的自由」に関するものである (vgl. KpV V 3, 96f., 97)。

これに比して『第三批判』では『第一批判』で使われた術語以外でも「自然の合目的性という超越論的概念」(KU V 184)、「超越論的合目的性」(KU V 185)、「超越論的完全性」(KU V 394) といった具合に「超越論的」という言葉は散見されるが、これらの箇所で実践哲学や道徳哲学に特に関係する叙述はない。カントが『第一批判』の「序論」や「超越論的方法論」において、実践哲学を超越論的哲学に含めないとしていたことについてはすでに見たが、『第三批判』でも「自由意志の規定」は「超越論的述語には属さない」(KU V 182) とされている。むしろ「超越論的」という言葉の認識論的性格を強調するかのごとく、「超越論的認識原理」(KU V 184) という言い方が見られるほどである。また「超越論的哲学」そのものについて言えば、『第三批判』の第一部で「美的判断力」は「ア・プリオリな原理を根底に持つ」がゆえに、その批判を「超越論的哲学」のうちに数え入れるとされるが (KU V 266)、この箇所でも実践

哲学に関する言及は特にない。さらに『第三批判』の後半部分となる第二部でも「超越論的哲学」について言及される箇所があるが（vgl. KU V 401）、この箇所でも同様である。

あるいは、様々な『形而上学講義』でも「超越論的哲学」に関する論及がある。このうち、『第三批判』の完成の時期よりも遅い1794/95年冬という数字が散見されるK₃でも、これまでの考察通り、『第一批判』は「超越論的哲学のための予備学」とされ、「自然の形而上学」には「超越論的」と形容される部門があるのに対して、「人倫の形而上学」に関しては、そのような記述はない（vgl. MK₃ XXVIII 822ff.）。そして「自然の形而上学」と「人倫の形而上学」との対比で言えば、公刊著作『人倫の形而上学』の「序文」においてカントは「実践理性批判には人倫の形而上学という体系が続くはずであり、この体系は、（既刊の自然科学の形而上学的原理と対をなすものとして）法論の形而上学的原理と徳論のための形而上学的原理に分けられる」（MS VI 205）と述べ、『人倫の形而上学』と『自然科学の形而上学的原理』を対をなすものと考えている。そしてその『自然科学の形而上学的原理』においては、この著作が「自然の形而上学の超越論的部門」（MAN IV 469f.）の役割を果たすことが明確に主張されるが、『人倫の形而上学』では、それが「人倫の形而上学の超越論的部門」と言われることはない。こうしたことも超越論的哲学が実践哲学ないし道徳哲学を含まないことの証左となるであろう。

ちなみに、カントが超越論的哲学を思弁哲学に限定したのには、おそらくそれまでの哲学的伝統があったに違いない。「超越論的というターム」を概念史的に徹底究明したクニッテルマイヤーの指摘に従えば、カントと同時代のJ. H. ランベルトやJ. N. テーテンスは、「超越的」という概念を用い、とりわけテーテンスは『一般的思弁哲学について』において「存在論」を「超越的哲学（Transcendente Philosophie）」と呼んでいるとされる。[9]

実際にランベルトの『新オルガノン』や『建築術構想』を繙いてみると、「一般概念が物体界と精神界に共通の事物において表象」されるかぎり、それを「超越的」概念と定義している。[10] このように「超越的」概念が「超越的」と言われ

第六章　カント最晩年の超越論的哲学

る所以は、「物体的事物」と「精神的事物」の区別を超えて、両者に共通の存在論的述語となりうるからであるが、テーテンスもランベルトと同様に、物体界にも知性界においても共通する事物を表象する普遍的概念を「超越的概念」としており、彼は、ヴォルフをはじめとして当時の人々が「根本学（Grundwissenschaft）、存在論」と呼び、物体的諸事物の概念並びに非物質的対象の概念より高次でより普遍的な諸原則に関わる勝義の学問を「一般的超越的哲学」と名づけ、しかもこれを「理論哲学」として位置づけている[11]。『一般的思弁哲学について』というテーテンスの書物の題名が如実に表しているように、「事物一般」を扱う「存在論」は「理論（思弁）哲学」であり、「自然の形而上学」と「道徳の形而上学」との関連において本節ですでに引用した通り、カントも『第一批判』において「対象一般」を扱う「超越論的哲学」を「存在論」と言っていた（vgl. A845/B873）。この箇所以外にも特にそれまでの哲学的伝統に対するカントの見解が明瞭に見て取れる様々な『形而上学講義』でも「超越論的哲学」が「存在論」と言われている（vgl. MD XXVIII 617, 622, MM XXIX 784f.）。むろん、カントの「超越論的哲学」は、認識能力の批判により、事物の存在論的述語であるカテゴリーを超感性的な事物へと適用することを不可能と見なすわけであるが、カントが「超越論的哲学」を「理論哲学」、ないしは「思弁哲学」と考えたのは、「超越論的哲学」を「存在論」と考え、その存在論がそれまでの哲学的伝統において「理論哲学」とされてきたためであろう。

　『遺稿』以前の（とりわけ三つの批判書の）超越論的哲学の性格づけ、およびそれまでの哲学的伝統との関連におけるカントの超越論的哲学の位置づけに関しては、さらに立ち入った究明が必要であると筆者自身考えているが、いずれにしろこれまでの考察から、少なくとも「超越論的哲学」について積極的言及をしている『第一批判』においては、超越論的哲学とは、まず第一に批判の上に築かれる体系としての「学」を意味し、しかも第二に実践哲学を除いた、「理論的・思弁的性格」を持つものであると言える。

第二節　『オプス・ポストゥムム』における超越論的哲学

　すでに冒頭に述べたように、『遺稿』の第1束では「新しい」と形容される「超越論的哲学」が展開されることになるが、それはとりわけ「超越論的哲学の最高の立場」というそれまで述べられることの無かった立場を表明することと関係する。以下では『遺稿』における超越論的哲学の定義を確認しながら、カント最晩年の超越論的哲学、およびその「最高の立場」がどのようなものであるのかを見定めるが、前節で『第一批判』を中心にした批判期の超越論的哲学の特徴を描き出したので、本節ではこの成果を踏まえつつ、批判期の超越論的哲学との相違点を明らかにすることによって後の考察に繋げたい。

　「超越論的哲学は（1）概念による哲学的認識である（そしてア・プリオリな原理としての概念の構成（Construction）による認識である数学から区別される）。〔しかも〕（2）特殊な体系を形作る形而上学から区別されるものとしての概念による哲学的認識である。なぜなら超越論的哲学は、体系の可能性のための原理の形式的なものを含むにすぎないのであって、内容に関してそのようなものを含むわけではないからである。（3）超越論的哲学は、原理としてア・プリオリな概念を基礎づける（begründen）ところのものであるだけでなく、理念をも基礎づけるところのものである〔……〕」（OP I. Conv. XXI 82）。ここから明らかなように、『遺稿』では超越論的哲学は、三つの特徴を持つものとして特徴づけられている。

　まず第一に、超越論的哲学は、それが哲学的認識であるかぎり、数学的認識から区別される。超越論的哲学は概念に基づくア・プリオリな綜合的認識の原理であり、数学から区別されるというのは、超越論的哲学は数学ではないということを意味するにすぎないから、カントは『遺稿』ではこれを「超越論的哲学の消極的定義」と名づけている（vgl. OP I. Conv. XXI 94）。しかし数学が概念の構成による純粋認識であるのに対して、哲学的認識は概念による認識であ

るという見解は、すでに『第一批判』の「超越論的方法論」の叙述にもあるので（vgl. A713/B741）、このような特徴づけは『遺稿』に独特のものではない。

しかるに、第二には、体系を可能ならしめる「形式的原理」を含むものとして超越論的哲学は「形而上学」から区別される。このことから形而上学が実質的内容に関わるのに対して、超越論的哲学は体系の可能性の原理であり、形而上学は超越論的哲学によって基礎づけられるものと考えることができるであろう。『第一批判』では「批判」によって基礎づけられた思弁哲学の体系が「超越論的哲学」であり、多義的な「形而上学」という言葉の意味にもよるが、自然の形而上学が超越論的哲学に対応する場合があった。しかし『遺稿』では、形而上学と超越論的哲学の体系的位置は明確に区別される。例えば、超越論的哲学と形而上学との関係に関して「超越論的哲学は形而上学よりもさらに高い（höher）ところに存している、というのも形而上学は多くの体系を含むが、超越論的哲学は絶対的に体系の全体であるから」（OP I. Conv. XXI 69）という叙述が第1束にある。もちろん、ここでの「さらに高い」という表現は曖昧であるが、しかし超越論的哲学が「体系の全体」であり、後述するように「唯一の体系において諸理念を結合する」ことを勘案すれば、超越論的哲学が形而上学を基礎づけると考えるのが妥当な読みであろう。事実、第7束においてではあるが、形而上学と超越論的哲学の区別に関して次のような記述がある。「形而上学と超越論的哲学は次の点で互いに区別される。前者は自然科学の与えられたア・プリオリな諸原理をすでに含んでいるが、しかし後者は形而上学の可能性とそのア・プリオリな綜合的原則の可能性そのものの根拠を含む諸原理を含んでいる」（OP VII. Conv. XXII 79）。このように『遺稿』においては超越論的哲学と形而上学の関係がはっきりとし、両者の体系的位置は明確に異なる。

しかし、そのことよりも次の第三点目の特徴によって批判期の超越論的哲学との決定的違いが明らかになる。本節冒頭におけるXXI 82の引用で超越論的哲学は、ア・プリオリな「概念」の基礎づけを企図するだけではなく、「理念」をも基礎づけると言われている。この点には十分な注意が必要である。というのも、第三章で考察したように、カント哲学では理念は理論的には認識不可能

第二節 『オプス・ポストゥムム』における超越論的哲学

であり、実践的にはじめてその実在性が保証されるものであるから、超越論的哲学が「理念を基礎づける」という性格を持つ以上、超越論的哲学は思弁哲学のみならず、実践哲学をも包括することになるからである。この点で『遺稿』と『第一批判』で構想された超越論的哲学は決定的に異なる。

　実際、第1束では「超越論的哲学とはア・プリオリな概念に基づく次のような綜合的認識である、すなわち、思惟の客体を、原理として完全に唯一の体系において〔すなわち〕理論的思弁的並びに道徳的実践的体系において表す綜合的認識である」(OP I. Conv. XXI 94f.) と言われる。ここで思惟の客体と言われているのは、もちろん「理念」であり、そのような理念を理論理性と実践理性の唯一の体系において統一的に示す認識またはその体系が超越論的哲学とされるのである。あるいは次のような叙述もある。「超越論的哲学とは、思弁的理性並びに道徳的・実践的理性の諸理念の体系が無制約的全体を形作るかぎりにおいて、そのような諸理念の体系における純粋哲学（経験的なものや数学的なものと混交されない）である」(OP I. Conv. XXI 77)。このように『遺稿』で展開された超越論的哲学とは、諸理念を基礎づけるという構想のもと、理論理性と実践理性の諸理念を一つの体系のうちにもたらす純粋哲学とされる。この意味において実践哲学を含まない『第一批判』の超越論的哲学とは性格を異にした超越論的哲学が『遺稿』の第1束において構想されていると考えられよう。

　また『遺稿』の第1束において「純粋理性批判」という言葉が見られる箇所があるが、そこでは次のように言われている。「純粋理性批判は哲学と数学とに分かたれる。前者はさらに形而上学と超越論的哲学とに分かたれる。後者〔＝超越論的哲学〕は理論理性の理念の哲学と実践理性の理念の哲学へと分かたれる (Die letztere in die der Ideen theoretisch u. die der pract. Vernunft.)。――自由と自然」(OP I. Conv. XXI 28)。ここで「純粋理性批判」と言われているものが書物としての『純粋理性批判』を指すのか、それとも広義の理性能力一般の批判（もしくは、その批判を基礎にした体系）を指すのかは必ずしも明らかではないが、「純粋理性批判」が哲学――形而上学と超越論的哲学を含むものとしての――と数学を含んでいるとあることから、書物としての『純粋理性批判』

231

第六章　カント最晩年の超越論的哲学

ではなく、後者の意味にとるのが妥当であろう。いずれにしろ、この引用の最後の箇所で端的に述べられているように、『遺稿』では超越論的哲学が理論哲学と実践哲学の双方も包括するものとして考えられるようになったことが確かなこととして読みとれるであろう。

　ところで「主体」の「自己客体化」の思想として『遺稿』では第７束を中心に「自己定立論」が展開されており、これについてはすでに第五章で論究したが、その自己定立は第１束でも引き続き問題とされる。しかしこの自己客体化の思想は、第１束では「自我」や「主体」に関係させられるだけではなく、むしろ「超越論的哲学」の規定そのものと関連させられる。「超越論的哲学は自己自身を認識の客体として体系的に構成する形式的原理である」(OP I. Conv. XXI 97)。このように第１束では、自らを客体化する自己定立そのものが「超越論的哲学」とされ、自己定立は自らを体系へと構成してゆく哲学活動となる。それゆえ、『遺稿』第１束には次のような表現も見られる。「超越論的哲学は、諸理念の絶対的全体へと自己自身を構成する理性（自律）である（Tr. Ph. ist die sich selbst zu einem absoluten Ganzen von Ideen constituirende Vernunft (Autonomie))」(OP I. Conv. XXI 106)[13]。ここでは「理性」や「自律」が「超越論的哲学」とされており、ここでの「超越論的哲学」とは理性の活動性そのものを意味するのであろうが、いずれにしても「超越論的哲学」は自己自身を構成する自己定立として描かれている。

　そして本節において「超越論的哲学」が「理論理性」と「実践理性」の双方の体系を包括することを指摘したが、上の引用で第１束では「自己定立」が「理念の絶対的全体」や「諸理念の体系」に関わるとされる。それゆえ、「超越論的哲学」が「実践哲学」にも関わることを、第１束の「自己定立論」からも証示することができる。自己定立は、主体または意識の活動であるという意味では「観念論」であると言えるが、こうしたことを踏まえつつ、カントは「超越論的哲学」を、実際、次のように特徴づけている。「超越論的哲学は、諸理念の総括に関する理説（Doctrin）であって、それらの理念は一つの原理のもとにある理論的・思弁的並びに道徳的・実践的理性の一つの体系における諸概念に

基づくア・プリオリな綜合的認識の全体を含んでいるのであるが、それによって思惟する主体は、自らを観念論において事物〔＝物件〕としてではなく、人格として構成する」(OP I. Conv. XXI 91)。このように超越論的哲学は、諸理念を一つの原理のもとにもたらす主体のはたらきに関係させられ、その際、カントは理論哲学と実践哲学の双方に関係する学として超越論的哲学を考えている。

　以上のようなことから『第一批判』をはじめとして描かれた批判期の「超越論的哲学」との対比で言えば、『遺稿』の「超越論的哲学」の特質は次のような点にあると言える。まず「超越論的哲学」は「形而上学」から区別され、「理念」の基礎づけに関わる。そして次に、それは「理論哲学」と「実践哲学」、ないしは「思弁哲学」と「道徳哲学」の双方を含む理念全体の体系の学となる。

第三節　超越論的哲学の最高の立場

　前節において『遺稿』における「超越論的哲学」は「概念」ではなく、「理念」を基礎づけるものであることがすでに指摘されたが、その場合の「理念」とは、「神」と「世界」という二つの理念である。『遺稿』の第1束はさしあたって「神」と「世界」に関する考察がその中心になる。事実、表紙（Umschlag）を除いた第1束の最初の箇所は、次のような文言で始まる。「一切の知の限界への移行――神と世界。全ての存在者、神と世界は超越論的哲学の諸理念の綜合的体系において相互関係のうちに定立（aufstellen）される……」(OP I. Conv. XXI 9)。ただし「神」と「世界」が「綜合的体系」において立てられるという趣旨の表現からも分かるように、「神」と「世界」を論じると言っても、それらが別個に論じられるわけではない。第1束の或る箇所では「純粋理性の体系における進歩の最高段階（Des Fortschritts im System der reinen Vernunft höchste Stufe）」と言われた後に「神と世界」と記され、さらにその後にはゴシック体で「一なる神と一なる世界が存在する」(OP I. Conv. XXI 20)と記されている。筆者の解釈に従えば、「神」と「世界」そのものを論じるのではなく、むしろ

第六章　カント最晩年の超越論的哲学

両者の関係を論じることが第1束の重要なテーマを形作っており、さらに言えば両者の関係を解明することこそがカント最晩年の「超越論的哲学」がどのようなものであったのかを読み解く鍵であると思われる。このようなことに留意して、以下では「神」と「世界」の関係について考察するが、カントの議論を後追いする我々にとっては、『遺稿』における「神」と「世界」がどのようなものとされているのかをまずは明らかにする必要がある。

　さてその「神」と「世界」という二つの理念のうち、前者はとりわけ第1束の最初の箇所で繰り返し論じられる。例えば、「1. 神とは何であるか。2. 神は存在するのか」という二つの問いが散見される（vgl. OP I. Conv. XXI 9, XXI 13, u. s. w.）。言うまでもなく、第一の問いは神の本性に関わり、第二の問いは神の存在（証明）に関わるのであるが、『遺稿』ではまず神の特性を明らかにし、次にその存在証明を行うという手順が取られる。第一の問いに関して言えば、「神」は「定言命法の主体」であるとされ、その道徳性が強調される。例えば、「神とは義務の定言命法の主体であり、それゆえ義務とは神の命令である」（OP I. Conv. XXI 22）とあり、第7束にではあるが、次のようにも言われている。「定言命法の主体、技術的・実践的ではなく、道徳的・実践的な理性の主体、すなわち超越論的理想は〔……〕神である」（OP VII. Conv. XXII 55）。あるいは、創造神デミウルゴスとの対比で言えば、カントはデミウルゴスを「機械的に作用する原理（ein mechanisch wirkendes Princip）」と考えており、この意味で「世界創造者（Weltschopfer, architectus）はデミウルゴスではない」（OP I. Conv. XXI 34）と言われる。このカントのデミウルゴスの理解からもカントが神を単に自然のメカニズムの原理に従って創造するという意味での最高存在者ではなく、道徳的存在と考えており、したがってこのことも神の道徳性を強調することの証左となるであろう。

　さてこのように「神」とは「定言命法の主体」であるとされるが、カントはこのことに関連させながら神の存在を証明する。例えば、第7束において「神が存在するかどうかという問いは、もっぱら道徳的実践的理性の諸原理から導出されなければならない」（OP VII. Conv. XXII 62）と実践的原理からの証明が

力説されているが、さらに具体的には次のような記述がある。「しかしそのようなもの〔＝神〕の現実存在を直接的に証明しようとすることは矛盾を含む。なぜなら可能から存在への推論は有効ではないからである (a posse ad esse non valet consequentia)。それゆえ、次のような仕方による間接的証明が残っているのみである。〔……〕理論的観点ではなく、純粋な実践的観点において神の命令として我々の義務を認識することが実践理性の原理のために証明 (beurkunden) され、実践理性の原理に委ね (bevollmächtigen) られることによってである」(OP VII. Conv. XXII 121)。我々は道徳的義務を神の命令として受け取らねばならないがゆえに、神は道徳的存在者として存在するとするのがカントの基本的な主張であり、定言命法や義務の認識から間接的に神の存在が証明されるというのがカントの神の存在証明の骨子である。したがって第１束でも「定言命法、そしてこれに基づき人間のあらゆる義務を神の命令として認識することは、神の現存在の実践的証明である」(OP I. Conv. XXI 74) と言われている。

『遺稿』で行われるのは、上のような神の現存在の「実践的証明」である。「定言命法」を「神の命令」と見なし、それに基づき神の存在を証明することは、一見すると「意志の他律」になり、「意志の自律」を主張した批判期のカントの倫理学と正反対のことを主張しているようにも見える。しかし、例えば、『遺稿』の第７束において次のような叙述がある。「定言命法は、我々の外に存在するような最上の命令をする実体を前提しない。むしろそれは、私自身の理性の命令または禁止である」(OP VII Conv. XXII 51)。こうしたカントの叙述を見れば、依然としてカントは人間理性の自己立法的性格を自らの道徳哲学の中心にすえており、「意志の自律」という思想を前提にして神の存在を証明しようとしていると言えよう。このように考えれば、『遺稿』における神に関する議論は「批判期」のそれとあまり変わりがない。つまり『第二批判』の「理性の事実」を経由した「弁証論」での「神の現存在の要請」の議論 (vgl. KpV V 124ff.)、また『第三批判』の「倫理神学」の必然的帰結とされる「神の現存在の道徳的証明」等にほぼ沿うものである (vgl. KU V 447)。

第六章　カント最晩年の超越論的哲学

　次に世界について述べると、『遺稿』において「世界」と言われているものは、「叡知界」ではなく、感官の対象となる「感性界」である。またすでに見たように「世界」が「理念」と言われていることからも分かるように、世界とは感性的な事物の絶対的総体である。実際、次のような叙述がある。「世界とは感官的存在者（Sinnenwesen）の全体を意味する」（OP I. Conv. XXI 22）、「感官の客体の全体」（vgl. OP I. Conv. XXI 14, 21）あるいは「感官の対象全体（das Ganze der Sinnengegenstande）」（OP I. Conv. XXI 30）とも言われている。またさらに言えば、第7束においても同じように、「世界は一切の感官的存在者の総括である」（OP VII. Conv. XXII 49, 52）、「一切の感官的対象の全体」（OP VII. Conv. XXII 116）とも言われている。こうした例は枚挙にいとまがない。このように『遺稿』における世界の概念とは叡知界ではなく、もっぱら感性界であり、それが絶対的全体や総体的なものとされる点にその特徴があると言える。ちなみに「それら〔＝神と世界の〕両者は可能的経験の対象ではなく、理念である」（OP I. Conv. XXI 43）といわれるのもこうした世界の全体的性格を表す証左となるであろう。しかるに、その理念としての世界という考えも『第一批判』のアンチノミーの「世界の概念（Weltbegriff）」（A407/B434）や「宇宙論の対象」である「世界」が「一切の現象の総括」（vgl. A334/B391）とされることを思い起こしてみれば、別段新しい思想が展開されているわけではない。

　このように批判期とほぼ同様に、「神」は「定言命法」や「自由」に関わる主体とされ、「世界」は感官の対象の全体とされる。しかし、『遺稿』でとりわけ問題となるのは、「神」と「世界」との関係であり、この点で『遺稿』には独特の表現が見られる。実際『遺稿』の第1束には次のような叙述がある。「神と世界は、その理念に従えば、分析的な統一において（同一的）同種的ではない二つの存在者である」（OP I. Conv. XXI 22）。『遺稿』の第1束では、神と世界という二つの理念はまったく「異質」であるがゆえに、分析的関係にはないとされる。両者の関係は「分析的（論理的）でなく、綜合的」であり、「実在的反対（Realopposition）によって」考えられる（OP I. Conv. XXI 22）とも言われている。したがって「神と世界」の両者は、「体系の綜合的関係において相

互に表象された」ところの「超感性的なもの〔＝存在者〕と感官的存在者（das Übersinnliche und das Sinnenwesen）」（OP I. Conv. XXI 17）とも言われる。このように超感性的なものである「神」と感性的・感覚的事物の総体である「世界」は、異質なものであるがゆえに、「綜合的関係」においてしか表象されることができない。

　しかるに、『遺稿』における超越論的哲学は理念の絶対的全体の体系であった。すでに引用した第1束の冒頭箇所でも「超越論的哲学」の試みは「あらゆる事物、神そして世界」を「超越論的哲学の諸理念の綜合的体系において相互関係のうちに立てる」（vgl. OP I. Conv. XXI 9）こととされていた。このことを思い起こせば、両者は同じ体系の枠内で関係づけられなければならない。事実、「神」と「世界」が同種的でないとされる前段落の引用 XXI 22 は次のように続けられる。「しかしそれにもかかわらず、それら〔＝神と世界〕は、超越論的哲学の原理に従って、綜合的な統一において思惟されうる。ところでいかにして両者の結合に実在性が属するのか」（OP I. Conv. XXI 22）。そしてこの二つの異質な理念を綜合的に関係づける立場こそ「超越論的哲学の最高の立場」にほかならない。「超越論的哲学の最高の立場は、神と世界を一つの原理のもとに（unter Einem Princip）綜合的に合一する（vereinigen）ところのものである」（OP I. Conv. XXI 23）。このように「超越論的哲学の最高の立場」とは、一切の理念を総括するにふさわしく、「神」と「世界」という二つの理念を一つの体系のうちで連関させるのである。

　しかし、ウェルクマイスターも指摘するように、神と世界は極めて異質な理念であるから、これらはそれ自身では統一的な体系を形作ることはできない。[15]とすれば、第1束においていかにしてその神と世界を綜合的な仕方で一つの原理のもとに帰属させることができるのか。それは「媒介」という方途によってである。この点についてカントは次のように言っている。「神と世界を一つの体系の理念のうちへともたらすことはできない。なぜなら両者は異質（heterogen）だからである。〔だから〕かえって媒介概念（Mittelbegriff）によってもたらされねばならないのである」（OP I. Conv. XXI 38）。この引用の前半部

第六章　カント最晩年の超越論的哲学

分では、神と世界という理念があたかも唯一の体系のうちにもたらされることができないかのようにカントは述べているが、後の文では媒介概念を用いてそれを克服せねばならないというカントの主張が明確にされている。

では神と世界を媒介的に関係づけるその原理とはそもそも何であろうか。ひとまずカントの言葉を聞くことにしよう。「神、世界、そして人格としての、すなわちこれらの概念を合一する存在者である人間」(OP I. Conv. XXI 29)、「神、世界、そして両者を思惟する人間の精神 (Geist)」(OP I. Conv. XXI 29) とある。あるいはこの場合の人間は、二つの概念を結合するという自発的な作用の主体であるので、人間と言ってもそれは思惟する叡知的な存在者としての人間である。「神、世界、そして自我、すなわちそれらを結合する世界における思惟する存在者」(OP I. Conv. XXI 36, vgl. XXI 34)、「神、世界、そして両者を実在的関係において相互に思惟するもの、〔つまり〕理性的世界存在者 (vernünftiges Weltwesen) としての主体」(OP I. Conv. XXI 27)。「神と世界との結合を一つの原理のもとに基礎づける叡知的な主体 (das intelligente Subject)」(OP I. Conv. XXI 23) 等々このような例は枚挙にいとまがない。世界と神の両者を「結合」するのは、カントの考えによれば「思惟する主体」であり、思惟する主体・自我という「第三の理念」である。また「超越論的哲学」が『遺稿』においては実践的性格をも帯びるようになったことはすでに述べたが、こうしたことから「神」と「世界」を結合するのは単に思惟する存在とされるだけでなく、「道徳的存在者」とされることになる。「三つの観点における超越論的哲学の体系　神、世界 (Welt, vniversum)、そして私自身、道徳的存在者としての人間」(OP I. Conv. XXI 27)。「神、世界、そして自由な選択意志でもって行為する世界における人間」(OP I. Conv. XXI 57, vgl. XXI 56)。このように『遺稿』の第1束では、人間は、優れて人格、それも実践的人格とされる。カントの超越論的哲学は、第7束と異なって第1束では「神、世界」それに「主体」という「三つの原理」(OP I. Conv. XXI 23) が必要とされ、このうち特に「第三」の「人間」「主体」「自我」が極めて重要な役割を果たすことになる。様々な移行段階を構想してきたカントは、第1束において神と世界を繋ぐ靭帯として人間主体を考えるのであ

る。

　ちなみに、「神」と「世界」と「人間」という点に関して第7束と第1束の関係について言えば、「神」と「世界」の特徴について述べた際に、筆者は、第1束と第7束の双方からそれぞれ引用をした。このような叙述だけからすると、これら二つの束の間には「神」と「世界」についての見解の相違はないと思われるかもしれない。たしかに、「神」と「世界」に関する個々の規定は、筆者が『遺稿』を読むかぎり、ほとんど変わらない。だが、両者の個々の規定ではなく、両者の「関係」という点では大きな違いがある。すなわち、第1束では両者は「異質的」で「綜合的関係」にあるが、第7束を書いた時点ではこうした見解をカントは表明しておらず、「神」と「世界」をもっぱら従属的関係として捉えているのである。例えば、「神と世界は相互に並列的（beygeordnet）ではなく、従属的（untergeordnet）存在者である（それらは、相関的存在者ではなく、従属的存在者である（entia non coordinata, sed subordinata））」（OP VII. Conv. XXII 62）という記述がある。そして第7束の別の箇所では、この従属関係に関して、次のような叙述がある。「神と世界は、相関的存在者ではなく、後者は前者に従属する存在者である」（OP VII. Conv. XXII 117）。このように世界は神に従属的なものとされている。したがって、第7束では本節で述べた神と世界を媒介するという発想も見られないし、そのことと関連して「第三の理念」という意味では「人間」「主体」「自我」について言及されることはない。筆者の解釈によれば、その最大の理由は第1束と第7束では「神」と「世界」の「関係」に関する見解の相違があるためだと考えられる。二つの理念が異質ではなく、従属関係にあるとすれば、そもそも媒介という発想自体も不要であるだろう[17]。

　以上のような違いが第1束と第7束にはある。神と世界とを媒介する人間・主体・自我という仕方で人間主体に特別な役割が与えられるのは第1束において特有のことであるが、カントが人間や主体を神と世界を媒介するものと考えたのはなぜであろうか。カント自身は明言はしていないが、筆者が推察するに「人間」は一方では「思惟し」「自発的に行為する」主体としては「叡知的存在

者」・「叡知者」であるが、他方では「感性界や現象界における自己」であるという二重性格を持つからと思われる。人間は叡知界の住人であると共に感性界の住人でもある。すでにこうした二重性は、自己定立論を究明した前章において論究されたが、第1束においても次のように言われる。「私、人間は、私自身を空間と時間における感官的存在者と見なすが、それにもかかわらずまた悟性的存在者とも見なす」(OP I. Conv. XXI 44)。あるいは次のような叙述がある。「私（主体）は自己自身を意識する人格であるだけでなく」、「空間と時間における直観の対象として、それゆえ世界に属するものとして」存在している。「しかし私は定言命法に従えば、自由を所有する存在者であり、そのかぎり世界には属さない。なぜなら世界においては全ての因果性は空間と時間のうちにあるからである〔……〕」(OP I. Conv. XXI 42)。[18)] このように人間は、一方では感覚的対象の総体である「世界」の内に存在する存在者としては「世界存在者(Weltwesen)」という「現象体（フェノメノン）」であるが、他方では自由の主体としてはこの世界に属さない「可想体（ヌーメノン）」(vgl. OP I. Conv. XXI 61)と考えられる。「世界」が感官の対象になるものの総体であると考えられ、「神」が感官の対象になるものではなくして、超感性的なものであるとすれば、人間は上述の「二重性」のゆえに、「神」と「世界」を媒介する「第三者」となりうるとカントが考えたと推測されよう。

　ところで前段落では人間の二重性を引証した際、人間の二重性を際立たせるために、叡知的な主体は世界に属さないという例を挙げた。しかし実はこのような言い方がされるのは稀であり、カントが神と世界を媒介し、両者を綜合する原理として人間を語る場合には、そのほとんどの箇所で人間を「世界における人間（Mensch in der Welt）」としている。例えば、「神、世界、そして世界の住人（Weltbewohner）〔つまり〕世界における人間」(OP I. Conv. XXI 27)とあり、実践哲学に関係する言葉としても「神、世界、そして世界市民(Cosmopolita)人格としての人間（道徳的存在者）、自由を自覚する感官的存在者（世界の住人）、世界における理性的な感官的存在者」(OP I. Conv. XXI 31)といったものがある。また人間が自由の主体である場合には、「可想体」として「世界に属さない」

という前段落の引用との対比で言えば、「一切の感官的存在者の総括が世界であるが、同時に知性的存在者（ein intellectuelles Wesen）であるところの人間もまたその世界に属している」（OP VII. Conv. XXII 52）と言われる。これらのことから『遺稿』における人間とは思惟しつつ世界の内にある存在者であり、要するに、叡知的な世界内存在者なのである。

　こうした世界の内に住まう叡知的存在者という人間の二重性を表す考えは、第7束においてではあるが、次のように言われる。「世界の内に諸々の人格が存在する。だが純粋叡知者としての神のみが一なる叡知者であり得る」（OP VII. Conv. XXII 48）。ここでは逆説的に神のみが純粋叡知者であると言われているが、裏を返せば、我々人間は叡知者であるが、まったく純粋な叡知者ではなく、むしろ感性的であると同時に叡知的な要素を兼ね備えた叡知者であり、感性界と叡知界の両世界の住人である。実際、次のような言葉もある。「存在者は事物か叡知者である。後者は純粋な叡知者であるか、あるいは純粋叡知者と交互作用のうちにある事物（住まう物〔＝住人〕）である〔……〕（Entia sunt vel res vel intelligentiae[.] Die letztere sind entweder reine Intelligenzen oder mit diesen in wechselwirkung stehende Sachen（inhabitantes））」（OP VII. Conv. XXII 81）。この引用では前文がラテン語で書かれており、後の文がドイツ語で書かれているが、Sachen が res に、Intelligenzen が intelligentiae にそれぞれ対応している。そして reine Intelligenzen という言葉からも分かるように、この引用文では純粋叡知者も複数形で書かれており、「神のみ」が「純粋叡知者」であるとされる先のカントの言葉と矛盾するように見える。おそらくここでカントは天使のような純粋な精神的存在を念頭に置いており、複数の純粋叡知者について語っているのであろう。しかし、そのことよりもむしろ我々の関心からして重要なのは、その叡知者に純粋な叡知者とそうでない叡知者、つまり事物と交互作用する叡知者——カントの言い方に従えば、叡知者と交互作用のうちにある事物——が存在することであり、それが世界に「住まう物」として述べられている点である。すでに述べたように、人間は一方では思惟する叡知的存在であるが、しかしその叡知的性格も感性的なものと結びついたものであり、

第六章　カント最晩年の超越論的哲学

人間は叡知的でありつつも、あくまでこの感覚的世界の住人である。それだからこそ、超感性的なもの（神）と感性的・感覚的なもの（世界）との両方に関わる媒概念であることができるのである。

　人間を感性的であると同時に叡知的な二重の存在者と見なす考えは、本書のこれまでの考察からも明らかなように、むろん批判期にも見られる。しかし、「神」と「世界」との「媒介者」として人間主体を考える思想は『遺稿』の第1束に特有の思想である。この意味において「第三の理念」としての「人間」について次のような独特の表現が見られる。「神と世界が超越論的哲学の二つの客体であり、（主語、述語である。そして繋辞（copula））は思惟する人間である」（OP I. Conv. XXI 37）。あるいは同じような表現としては、「一つの判断における中項（繋辞）（der medius terminus (copula) im Urtheile）は、ここでは判断する主体（思惟する世界存在者、世界における人間）である。主語、述語、繋辞」（OP I. Conv. XXI 27）というものがある。人間が繋辞であるということが、具体的に、いかなることを意味しているのかについては、これ以上の説明がないため、残念ながら、その意味は必ずしも分明ではない。しかしここでの人間とは、思惟し判断する主体であり、Ich denke をそのはたらきとする「自我」である。このことを考えると「神、世界、人間」の三者がそれぞれ「主語、述語、繋辞」と言われる場合、「主語としての神」と「述語としての世界」を「人間主体」が自らの判断の内において思惟するという意味にも解釈できるであろう。いずれにしろこの場合のコプラとは、文字通り、「繋ぐもの」であり、「媒概念」という意味である。同じ一個の人間が超感性的・叡知的性格と感性的・現象的性格を同時に有し、超感性的なものである「神」と感性的なものである「世界」が「主体のはたらき」によって、その主体のうちで「共に関係させられる」こと。これをカントは両者の綜合的統一と呼んだのであろう。超感性的であるが同時に感性的である人間、言い換えれば、「世界のうちに思惟しながら住まう人間という原理」（vgl. OP I. Conv. XXI 34）から超感性的なものである「神」と感性的なものの総体である「世界」を統一しようとしたのが、「超越論的哲学の最高の立場」にほかならず、カントが死の直前に抱いていた思想

である。

おわりに

　以上のように『遺稿』におけるカントの「超越論的哲学」とは「理論哲学」と「実践哲学」の双方を含んだ哲学体系であり、しかもその最高の立場とは世界に住まう「叡知的」な我々人間主体による「神」と「世界」との綜合的統一の試みと解せる。「超越論的哲学」が「神」と「世界」の綜合的統一を「感性的かつ叡知的な人間主体」から遂行しようとする点を勘案すれば、『遺稿』の第１束における「超越論的哲学」に関する叙述は、結局、人間が不可避的に関心を抱かざるを得ない無制約的な理念への接近を「有限的理性存在者」という人間観に基づき企図することであり、そうした人間観の展開そのものであったと言える。

　すでに本章の第一節、および本書全体の【序】でも言及したように、『第一批判』の「超越論的方法論」において、カントは「1. 私は何を知ることができるか。2. 私は何をなすべきか。3. 私は何を望んでよろしいか。」(A805/B833)という三つの問いを掲げていた。カントに従えば、第一の問いは理論的・思弁哲学に属する問いであり、第二の問いは実践的・道徳哲学に属する問いであり、最後の問いが両者を綜合するかたちで理論的思弁的かつ実践的道徳的問いであるとされ、具体的には「形而上学」、「道徳哲学」、「宗教」がそれぞれ三つの問いに答えるとされる。

　しかしまたよく知られている事実として、後にカントは『第一批判』で掲げられた如上の三つの問いに「人間とは何か」という問いを付け加えることになる。例えば、『第一批判』の公刊後に行われたカントの講義を伝えているとされる『ペーリッツの形而上学講義』(L_2)の「序論」では「哲学者は以下のことを規定することができなければならない。1) 人間的知の源泉、2) 人間的知の可能的な使用と有効な使用との範囲、3) 理性の限界——　世界市民的意味

における（in sensu cosmopolitico）哲学の分野は、次の問いに帰着させられる。1）私は何を知ることができるか。形而上学がこれを示す。2）私は何をなすべきか。道徳がこれを示す。3）私は何を望んでよろしいか。宗教がこれを教える。4）人間とは何か。人間学がこれを教える。はじめの三つの問いは最後の問いに関係するがゆえにすべてを人間学と呼ぶことができるであろう」（ML₂ XXVIII 533f.）との叙述が見られる。あるいはカントの晩年に公刊された著作『論理学』においても「人間とは何か」が第四の問いとされ、この問いには「人間学が答える」とされ、ここでもカントは「はじめの三つの問いは最後の問いに関係する」ことを理由に、「結局」如上の問いすべてが「人間学に数え入れられる」ことを強調している（vgl. Log. IX 25）。そして1793年の5月4日付けでC. F. シュトイトリンに宛てた手紙に従えば、「人間とは何か」という問いに答える「人間学」とは、二十年以上の長きにわたってカントが行ってきた「人間学」の講義であるとされている（vgl. Brief. XI 429）。

しかし、「人間学講義」を基に出版された『人間学』とは、周知のように、あくまで「実用的見地における（in pragmatischer Hinsicht）」と形容されるような類のものである。カント哲学全体の見直しにまで及ぶような超越論的哲学の再定義が『遺稿』の第1束において構想され、カントの「実践哲学」が勝義においては「道徳哲学」であるとするならば、カントが最晩年に『遺稿』の第1束で行おうとしたのは、「実用的な人間学」ではなく、むしろ「哲学的人間学」[19] あるいは、道徳哲学をも含む「超越論的哲学」に基づいた「超越論的人間学」とでもいうべきものであり、それによってカントは自らの哲学の総決算として、自由でありつつも有限的な理性的存在者としての主体的人間像を「神・世界・人間」という三つの理念の考察を通して、描き出そうとしたのである。

註────────

1）前章の註で触れたように、アディケスは第1束の執筆時期を「およそ1800年の12月から」「1803年の4月の終わりまで」と考証し（E. Adickes, Kants Opus postumum : Kant-Studien Ergänzungsheft Nr. 50, Berlin, 1920, S. 719)、アカデミー版の巻末付録では「1800年の12月から1803年の2月」となっており（vgl. XXII. Das Nachlaßwerk in chronologischer Anordnung）、両者には若干のずれがある。しかしいずれにせよ、『遺稿』の中でも最も執筆時期が遅いと考えられるのが第1束である。

2）超越論的哲学の定義についてライケの勘定した数を、アディケスが報告するところによれば、第1束には細かいものまで含めれば実に「超越論的哲学に関する150以上の定義」が存在するとされる（vgl. Adickes, a. a. O., S. 737)。

3）前章の註でも示したが、『遺稿』の初期の束が自然科学的な性格を多分に持っているがゆえに、我が国でも『遺稿』について自然科学に定位した研究はある。しかし、後期の第7束と第1束に関する研究はほとんどなされてないというのが実状である。とりわけ最晩年の第1束の内容に立ち入って『遺稿』を考察した論文は我が国ではほとんど皆無である。八幡氏の論文も第7束の「自己定立」との連関から第1束に関する言及が若干見られるが、「超越論的哲学の最高の立場」についての立ち入った言及はない。筆者が知るかぎり、第1束を主題とする論考は、深作守文氏の「カントの最晩年における超越論的哲学の構想」：『カント』所収、日本倫理学会（金子武蔵）編、理想社、1969年、および坂部恵氏の「最晩年の移行 ―― Opus postumum I Convolut の世界――」：『理想』No. 498所収、理想社、1974年をおいてほかにはない。このうち、深作氏の論文は『遺稿』における「超越論的哲学の最高の立場」が実践哲学的な性格を帯びることを指摘し、すでに「媒介者」としての「人間」についても若干の考察がある。他方、坂部氏のこの論文は、「経験の実質的な成立条件」こそ『遺稿』のテーマであり、これが前批判期からの、とりわけマギスター論文「火について」以来のカントの関心であるという視点から『遺稿』を読み解くことが中心になっている。そのため自然科学的な内容を扱った束からの引用もそれなりに多い。坂部氏の論文からは多くの示唆を得たが、筆者が本章で行っている第7束と第1束を比較しつつ、「神」と「世界」の関係についての解明は残念ながらなされてはいない。

4）W. H. Werkmeister, The Two Theses of Kant's Opus Postumum, in : Kant and Critique, ed. by. R. M. Dancy, Dordrecht / Boston / London, 1993, p. 185.

5）V. Mathieu, Kants Opus postumum（hrsg. von. G. Held）, Frankfurt a. M., 1989, S. 269.

6）それゆえ、ハイデガーも1927/28年の冬学期講義『カントの純粋理性批判の現象学的解釈』で、『第一批判』を「学としての形而上学の基礎づけ（Grundlegung der Metaphysik als Wissenschaft)」としている（M. Heidegger, Phänomenologische Interpretation von Kants Kritik der reinen Vernunft（Gesamtausgabe Bd. 25, hrsg. von I. Görland), Frankfurt a. M., 1977, S. 10)。

7）ただし、「超越論的哲学」を予備学としての『第一批判』の上に築かれた学の体系とする見解と異なった超越論的哲学に関する規定がないわけではない。例えば、「形而上学は批判であるのか、それとも理説（doctrin）であるのか」と問いつつ「超越論的哲学は純粋理性批判である」といった『レフレクシオーン』などもある（Refl. 4455 XVII 558）。あるいは、本書でしばしば引用した『形而上学の進歩に関する懸賞論文』には『純粋理性批判』を「超越論的哲学」と見なす、次のような叙述がある。

「存在論とは、（形而上学の一部分としての）次のような学である。すなわち、それは一切の純粋悟性概念と諸原則の体系を形作るが、ただし感官に与えられる、したがって経験によって証示されうる対象に関係するかぎりで、そうした体系を形作るのである。〔すなわち〕存在論は超感性的なもの――だがこれこそが形而上学の究極目的なのだが――に言及しない（nicht berühren）、それゆえ存在論は本来の形而上学の予備学として、玄関（Halle）として、もしくは前庭（Vorhof）として、形而上学に属するのにすぎないのであり、これは我々のあらゆるア・プリオリな認識の第一原理と制約を含むがゆえに超越論的哲学と呼ばれる」（FM XX 260）。

このように、この論文では「存在論」とは、超感性的なものに触れず、もっぱら感官に与えられた対象、すなわち現象としての経験に関わる学と定義されている。ちなみに、カントは『第一批判』のある箇所で、従来の「存在論という尊大な名称」は「純粋悟性の単なる分析という謙虚な名称に席を譲らなければならない」（A247/B303）と述べているが、こうしたことを勘案すると、ここでの「存在論」とは『第一批判』の「超越論的分析論」を指していると考えられる。そうだとすれば、『形而上学の進歩に関する懸賞論文』では、『第一批判』とはまた違った「超越論的哲学」の規定があることになる。実際、この懸賞論文で「超越論的哲学、すなわち、ア・プリオリな一切の認識一般の可能性に関する説、これは純粋理性批判である」（FM XX 272）と明言されている。こうした叙述からも分かるように、『第一批判』で構想された体系としての学とは異なった、いわば「狭義の」超越論的哲学が存在すると言えよう。このように、たしかに「超越論的哲学」の定義は必ずしも一義的ではない。しかし、本文で次に言及するように、「超越論的哲学」を「思弁的な学」と見なすという点に関しては、この『形而上学の進歩に関する懸賞論文』においても変わらない。

8）カントがPhysiologieないしはphysiologischという語を使う場合、今日の我々の語法とは異なり、直接「生理学」に関係しているわけではない。これは、ハイデガーが『物への問い』の中で指摘するところである。すなわち『『自然学』とはここでは元々の古い意味において理解されており、今日的意味においてではない。今日ではPhysiologieとは、生物の形態に関する学である形態学（Morphologie）とは違って、生命現象に関する学を意味している。カントの語法で考えられているのは、自然の論理であり、自然――ただしいまやニュートンのいう意味で考えられた自然であるが

——に関する根本陳述である」(M. Heidegger, Die Frage nach dem Ding : Zu Kants Lehre von den transzendentalen Grundsätzen (Gesamtausgabe Bd. 41, hrsg. von P. Jaeger), Frankfurt a. M., 1984, S. 129)。

実際、ハイデガーのこの主張を裏づけるかのごとく、『シェーンの形而上学講義』には一般自然論 (allgemeine Naturlehre) を Physiologie と同義とする叙述があり (vgl. MvS XXVIII 469)、『ペーリッツの形而上学講議』(L₂) にも「自然を対象にする全ての学は Physiologie と呼ばれる」(ML₂ XXVIII 541) とある。

9) Vgl. H. Knittermeyer, Der Terminus transszendental in seiner historischen Entwickelung bis zu Kant, Marburg, 1920, S. 203. ただしクニッテルマイヤーは、テーテンスの「超越的」という術語がカントに与えた影響はあまりないとしている (Knittermeyer, ibid.)。しかし、テーテンスの書物が如実に表しているように、当時の「存在論」が「理論（思弁）哲学」であり、カントの超越論的哲学もこうした伝統の中で形成されたことは確かであろう。

ちなみに、こうした解釈をするのが N. ヒンスケである。ヒンスケは、テーテンスにあっては「超越的」と「超越論的」という二つの言葉の間に区別はなかったとし (vgl. N. Hinske, Kants Weg zur Transzendentalphilosophie : Der dreißigjährige Kant, Stuttgart, 1970, S. 32 Anm.)、カントの「超越論的哲学」の独自性を認めつつも、それが当時の哲学的伝統と無縁ではなかったことを強調している (Hinske, a. a. O., S. 23f.)。

また我が国においては、久保元彦氏が『カント研究』（創文社、1987年）においてランベルトとテーテンスの原典を精密に読み込みながら（286頁以下）、カントが特にテーテンスの見解を受け継ぎ、それを踏まえているとの解釈を提示しておられる（同書 294 頁）。

10) Vgl. J. H. Lambert, Neues Organon, in : Philosophische Schriften I II, hrsg. von H. W. Arndt, Hildesheim, 1965, S. 484. Anlage zur Architektonic, in : Philosophische Schriften III IV, hrsg. von H. W. Arndt, Hildesheim, 1965, S. 42.

11) Vgl. J. N. Tetens, Über die allgemeine speculativische Philosophie, Bützow und Wismar, 1775, in : Neudrucke seltener philosophischer Werke, Bd. 4, Berlin, 1913, S. 17.

12) 原文は、以下の通り。Sie steht höher als Metaphysik denn diese enthält Mehrheit der Systeme diese das All derselben absolut. denn 以下の文章には、diese が二つあるが、意味からして後者の diese はアカデミー版の欄外註に従って jene〔＝超越論的哲学〕と読むのが適切であろう。

13) あるいは同じことであるが、「超越論的哲学は、自己自身を客体へと構成するところの諸理念の体系の自律であるが、〔その構成の仕方は〕経験的にではなく、ア・プ

第六章　カント最晩年の超越論的哲学

リオリに汎通的規定において、そして現象における多様の寄せ集め（Aggregat）としてではなく、全体の絶対的統一として自己自身を客体へと構成するのである」（OP I. Conv. XXI 108）とも言われている。このほかにも「超越論的哲学は、諸理念の綜合的な総括によって〔主体が〕自己自身を規定するという主体の能力である (Transsc. Phil. ist das Vermögen des sich Selbstbestimmenden Subjects durch den systematischen Inbegriff der Ideen〔……〕.)」（OP I. Conv. XXI 93）等の自己定立と関係するような規定が、第1束には多く見られる。

14) こうした言い回しはほかにも数多くあるが、観念性と言うことに関して言えば、例えば、「純粋な思弁的理性と道徳的・実践的理性の体系の観念性の原理は超越論的哲学である」（OP I. Conv. XXI 96）というものがある。

15) Werkmeister, op. cit., p. 184.

16) クニッテルマイヤーも指摘するように、超越論的な考察の中心へと押し出されるのは「人間自身」であり、「『遺稿』においてはいまやまさに人間が超越論的哲学の体系の肝心要（Angelpunkt）になるのである」(H. Knittermeyer, Von der klassischen zur kritischen Transzendentalphilosophie, in : Kant-Studien Bd. 45, Köln, 1953, S. 124)。

17) ちなみにレーマンは、自己定立を超越論的哲学の「最高の立場」へと導くために新たに付け加わるものは、「倫理神学」であるとしている (G. Lehmann, Ganzheitsbegriff und Weltidee in Kants Opus Postumum, in : Kant-Studien Bd. 41, Berlin, 1936, S. 330)。たしかに、第1束では自己定立が人格や超越論的哲学の自律的活動と関係させられていることからも分かるように、第1束では自己定立も極めて実践的性格を持ったものとなり、そこから超越論的哲学が展開されている。そしてこのことには「倫理神学」が大いに関係していることは紛れもない事実である。しかし、神と世界を問題にする第7束の箇所でも倫理神学の思想は開陳されている。それゆえ、筆者は、むしろ神と世界を「媒介」させようとする試みが「超越論的哲学の最高の立場」であり、この点を第1束の「超越論的哲学の最高の立場」で新たに加わったものであると考えたい。

18) 原文は以下の通り。Ich bin aber nach dem categ. Imperativ ein Wesen das Freyheit besitzt und gehort in so fern nicht zur Welt denn in dieser ist alle Causalität im Raum u. Zeit　アカデミー版の欄外註に従い、この引用の gehort〔= gehört〕を、gehöre として読み、その主語を ich と考えた。

19) 「哲学的人間学」という表現は、本書で挙げたカントの掲げる四つの問いをカントの「世界概念（Weltbegriff）」という観点から読み解く、有福孝岳氏の以下の論文にも見られる（「世界概念の哲学」：京都哲学会『哲学研究』第510号所収、創文社、1969年、292頁）。この論文において有福氏は、ハイデガーとヤスパースの議論を援

用しつつ、カントの世界概念を詳細に論じておられる。また『遺稿』に直接言及するクニッテルマイヤーは、第1束でカントが展開したのは「哲学的人間学」であるとの解釈をしている（vgl. Knittermeyer, a. a. O., S. 124）。あるいは、「超越論的人間学」ということに関して言えば、坂部恵氏が『理性の不安――カント哲学の生成と構造』、勁草書房、1976年の「人間学」に関する叙述で「レフレクシオーン」等を駆使しつつ、カントの「人間学」が単に「実用的見地」にとどまるものではなく、「アントロポロギア・トランスツェンデンタリス」の側面を持つことを指摘しておられる（55 – 58頁参照）。本文で言及したように、カントの「超越論的哲学」が『遺稿』においては理論哲学と実践哲学の双方を含む唯一の哲学体系となることを勘案すれば、三つの哲学的な問いを包括する『遺稿』の人間学的立場こそ「超越論的人間学」と言いうるであろう。

後記／謝辞

　本書は、学位論文「カントの自我論——理論理性と実践理性の関係に留意して——」（平成14年3月25日）を基礎とし、これに加筆修正を施したものである。
　筆者がカントを研究し始めてはや十年が経つ。哲学を志した当初、よもや自分の研究成果が刊行されるとは夢にも思わなかった。それを思えば、重畳の至りである。浅学非才の筆者にとっては、かくの如き拙稿を書き上げることでさえ荊棘に満ちた嶮路であり、多くの方々のお力添えがなければ、一冊の書物として公刊することも叶わなかった。
　まず万謝申し上げたいのは、京都大学大学院の修士課程と博士課程を通じて指導教官として御指導頂いた有福孝岳先生である。そもそも我が国で殆ど未開拓の『オプス・ポストゥムム』の研究に取り組むよう勧めて下さったのも、怯懦な筆者に出版へ踏み切るよう強く促して下さったのも有福先生である。先生のもとでカントを学び得たことは僥倖と言うより他なく、唯々鳴謝するのみである。
　安井邦夫先生には、有福先生が京都大学を定年退官された後、日本学術振興会の受け入れ教官として現在も御指導頂いており、学位取得以前には筆者のカント解釈を、学位取得後もフィヒテに関する理解を正して頂いた。過分な研究環境を与えて下さっていることにも重ねて深謝申し上げる次第である。更に大学院在学中に懇篤な御指導を頂いた竹市明弘先生、小川侃先生、冨田恭彦先生、佐藤義之先生に衷心より甚謝申し上げたい。特に哲学共同演習での御薫陶なしには大学院での研究は遅々として捗らず、かかる形で研究が結実することもあり得なかったであろう。また、池田善昭先生をはじめ立命館大学在学中に「愛知」の精神を植えて下さった諸先生方にも謹んで御礼申し上げたい。

現在も御厚誼頂いている門屋秀一先輩、桝矢桂一先輩、安部浩学兄、そして同郷で志学した鞍田崇学兄に感謝の意を表したい。ここには御名前を挙げることができなかったが、学会・研究会等を通じて御教示頂いた諸先生方、京都大学の諸先輩方・学友にも多謝申し上げたい。本書の出版に際しては、京都大学学術出版会の方々にお世話になったが、特に小野利家氏、國方栄二氏には原稿の細部に亘るまで目を通して頂き、語句訂正をはじめ数多くの誤りを修正して頂いた。厚く御礼申し上げたい。多くの方々の御鞭撻、御助力にも拘わらず、凡愚の筆者のことであるから本書には誤った叙述や牽強付会な議論が間々見受けられるに違いない（それゆえ、諸先生方をはじめ上記の方々には二重の意味で謝さねばならない）。かかる点については読者諸賢に糺して頂くことを切に庶幾する次第であり、筆者としても爾今、研鑽を重ねる所存である。

　最後に私事ながら、幼少の折に父を亡くしたにも拘わらず、大学院に進学することを許して呉れた母には心から感謝したい。

満腔より三才に感謝を込めて

平成 16 年 9 月　京都にて　　　　　　　　　　　　　　内　田　浩　明

　付記　本書は、独立行政法人日本学術振興会平成 16 年度科学研究費補助金（研究成果公開促進費）の助成により出版されたものである。

初出一覧

　本書の各章は、京都大学大学院人間・環境学研究科後期博士課程に在学中に執筆された論文に加筆修正を施したものである。全ての雑誌掲載論文に加筆を行っているが、とりわけ第一章、第二章、そして第四章のそれぞれ三節の議論は、特に大幅な加筆を行い議論を補強した。
　初出は以下の通りである。

第一章　「カントにおける二つの「X」」、『人間存在論』第 4 号、京都大学大学院人間・環境学研究科　総合人間学部『人間存在論』刊公行編、1998 年 3 月、121 - 131 頁

第二章　「実体的自我から主体的自我へ——カントの自己認識理論を手がかりに——」、『倫理学研究』第 29 集、関西倫理学会編、1999 年 3 月、42 - 53 頁

第三章　「カントにおける自由の実在性の問題」、『カントと現代文明』日本カント研究 1、日本カント協会編、2000 年 6 月、129 - 142 頁

第四章　「カント実践哲学における感情の問題」、『人間・環境学』第 7 巻、京都大学大学院人間・環境学研究科、1998 年 11 月、39 - 47 頁

第五章　「『オプス・ポストゥムム』におけるカントの自己定立論」、『人間存在論』第 8 号、京都大学大学院人間・環境学研究科　総合人間学部『人間存在論』刊行会編、2002 年 3 月、141 - 154 頁

第六章　「カント最晩年の超越論的哲学」、『倫理学年報』第 52 集、日本倫理学会編、2003 年 3 月、75 - 88 頁

文　献　表

<一次文献>

　カントの著作は、原則としてアカデミー版カント全集（Kant's gesammelte Schriften, hrsg. von der Königlich Preußischen Akademie der Wissenschaften, Berlin）をテクストとして用いたが、『純粋理性批判（Kritik der reinen Vernunft）』については、Felix Meiner 社の哲学文庫版 PhB 37a（Kritik der reinen Vernunft(3. Aufl.), nach der ersten und zweiten Original-Ausgabe hrsg. von Raymund Schmidt; mit einer Bibliographie von Heiner Klemme, Hamburg, 1990）を適宜参照した。

　またアカデミー版以外ではカントの『倫理学講義』（Eine Vorlesung über Ethik, G. Gerhardt(Hrsg.), Frankfurt a. M., 1990）をテクストとして用いた。

　なお本稿の本文および註においてカントの著作に対して用いた略号は、アカデミー版カント全集の巻号順に記すと次の通りである。

Bd. I
　Lebend. Kräfte = Gedanken von der wahren Schätzung der lebendigen Kräfte
　Nova = Principiorum primorum cognitionis metaphysicae nova dilucidatio
　Monad. = Metaphysicae cum geometria iunctae usus in philosophia naturali, cuius specimen I. continet monadologiam physicam

Bd. II
　Deutlichkeit = Untersuchung über die Deutlichkeit der Grundsätze der natürlichen Theologie und der Moral
　Winter. 1765. = Nachricht von der Einrichtung seiner Vorlesungen in dem Winterhalbenjahre von 1765-1766

Mund. = De mundi sensibilis atque intelligibilis forma et principiis

Bd. III

B = Kritik der reinen Vernunft (2. Aufl.)

Bd. IV

A = Kritik der reinen Vernunft (1. Aufl.)

Prol. = Prolegomena zu einer jeden künftigen Metaphysik, die als Wissenschaft wird auftreten können

GMS = Grundlegung zur Metaphysik der Sitten

MAN = Metaphysische Anfangsgründe der Naturwissenschaft

Bd. V

KpV = Kritik der praktischen Vernunft

KU = Kritik der Urtheilskraft

Bd. VI

Rel. = Die Religion innerhalb der Grenzen der bloßen Vernunft

MS = Die Metaphysik der Sitten

Bd. VII

Anthr. = Anthropologie in pragmatischer Hinsicht

Bd. VIII

Entdeckung = Über eine Entdeckung, nach der alle neue Kritik der reinen Vernunft durch eine ältere entbehrlich gemacht werden soll

Fried. = Verkündigung des nahen Abschlusses eines Tractats zum ewigen Frieden in der Philosophie

Bd. IX

Log. = Logik

Bd. X, Bd. XI, Bd. XII

Brief. = Kant's Briefwechsel

Bd. XII

Organ = Sömmering : Über das Organ der Seele

Erklärung = Erklärung in Beziehung auf Fichtes Wissenschaftslehre

Bd. XVII, Bd. XVIII, Bd. XIX
　　Refl. = Reflexionen
Bd. XX
　　FM = Preisschrift über die Fortschritte der Metaphysik : Welches sind die wirklichen Fortschritte, die die Metaphysik seit Leibnitzens und Wolf's Zeiten in Deutschland gemacht hat ?
Bd. XXI, Bd. XXII
　　OP = Opus postumum
Bd. XXIII
　　Nach. KrV = Nachträge zur Kritik der reinen Vernunft (1. Aufl.)
　　Vorarbei. Tugend. = Vorarbeiten zur Tugendlehre
Bd. XXIV
　　LBlom = Logik Blomberg
　　LPh = Logik Philippi
　　LBu = Logik Busolt
　　LD = Logik Dohna-Wundlacken nach der Ausgabe von Kowalewski
Bd. XXV
　　Anthr. Collins = Die Vorlesung des Wintersemesters 1772/73 aufgrund der Nachschriften Collins
　　Anthr. Parow = Die Vorlesung des Wintersemesters 1772/73 aufgrund der Nachschriften Parow
　　Anthr. Pillau = Die Vorlesung des Wintersemesters 1777/78 aufgrund der Nachschriften Pillau
Bd. XXVII
　　PPhH = Praktische Philosophie Herder
　　PPhP = Praktische Philosophie Powalski
　　MC = Moralphilosophie Collins
　　MSV = Metaphysik der Sitten Vigilantius
Bd. XXVIII

MH = Metaphysik Herder
ML₁ = Metaphysik L₁ Kosmologie, Psychologie, Theologie nach Pölitz
MV = Metaphysik Volckmann
MvS = Metaphysik v. Schön Ontologie
ML₂ = Metaphysik L₂ Einleitung, Prolegomena und Ontologie nach Pölitz
MD = Metaphysik Dohna nach Original
MK₃ = Metaphysik K₃ Auszüge Arnoldt
RP = Philosophische Religionslehre nach Pölitz

Bd. XXIX
MM = Metaphysik Mrongovius

＜二次文献＞
引用に際して邦訳を参照したものについては、原典の後に記す。

Adickes, Erich, Kant und das Ding an sich, Berlin, 1924.
―― Kants Lehre von der doppelten Affektion unseres Ich als Schlüssel zu seiner Erkenntnistheorie, Tübingen, 1929.
―― Kants Opus postumum : Kant-Studien Ergänzungsheft Nr. 50, Berlin, 1920.
Allison, Henry E., Kant's Concept of the Transcendental Object, in : Kant-Studien Bd. 59, Bonn, 1968.
―― Kant's Transcendental Idealism, New Haven / London, 1983.
Baumgarten, Alexander Gottlieb, Metaphysica (Editio VII, 1779), Hildesheim, 1982.
Beck, Lewis White, A Commentary on Kant's Critique of Practical Reason, Chicago, 1960.
Berkeley, George, The Principles of Human Knowledge, in : The Works of George Berkeley, Bishop of Cloyne Volume 2, ed. by A. A. Luce and T. E. Jessop, Nendeln, 1979.
Buchenau, Arthur, Kants Lehre vom kategorischen Imperativ, Leipzig, 1913.
Cassirer, Ernst, Das Erkenntnisproblem in der Philosophie und Wissenschaft der

neueren Zeit, Zweiter Band, 3. Aufl., Berlin, 1922.

―――Kants Leben und Lehre, Berlin, 1921.；邦訳『カントの生涯と学説』、門脇卓爾・高橋昭二・浜田義文監修、岩尾龍太郎他訳、みすず書房、1986 年。

―――The Crisis in Man's Knowledge of Himself, in : An Essay on Man, New Haven, 1944 (6th. ed. 1951).

Choi, So-In, Selbstbewußtsein und Selbstanschauung : Eine Reflexion über Einheit und Entzweiung des Subjekts in Kants Opus Postumum : Kant-Studien Ergänzungsheft Bd. 130, Berlin / New York, 1996.

Cohen, Hermann, Kants Theorie der Erfahrung, Neudruck der 4. Aufl., Berlin, 1925 (Kyoto, 1970).

Copleston, Frederick, A History of Philosophy (Book 2, Volume IV, Descartes to Leibniz), New York, 1985.

Descartes, René, Discours de la méthode (Œuvres de Descartes / publiées par Charles Adam & Paul Tannery ; nouvelle présentation, en co-édition avec le Centre national de la recherche scientifique; VI), Paris, 1996.

―――Meditationes de prima philosophia (Œuvres de Descartes / publiées par Charles Adam & Paul Tannery ; nouvelle présentation, en co-édition avec le Centre national de la recherche scientifique; VII), Paris, 1996.；邦訳『デカルト著作集 2』、所雄章他訳、白水社、2001 年。

―――Principia philosophiae (Œuvres de Descartes / publiées par Charles Adam & Paul Tannery ; nouvelle présentation, en co-édition avec le Centre national de la recherche scientifique; VIII), Paris, 1996.；邦訳『デカルト著作集 3』所収、三輪正、本多英太郎訳、白水社、2001 年。

École, Jean, La métaphysique de Christian Wolff, Christian Wolff Gesammelte Werke, 3. Abt. Materialien und Dokumente, Bd. 12.1, Hildesheim, 1990.

Fichte, Johann Gottlieb, Erste Einleitung in die Wissenschaftslehre, in : Fichtes Werke Bd. I, hrsg. von I. H. Fichte, Berlin, 1971.

――― Grundlage der gesamten Wissenschaftslehre, in : Fichtes Werke Bd. I, hrsg. von I. H. Fichte, Berlin, 1971.

―――Ueber den Begriff der Wissenschaftslehre oder sogenannten Philosophie, in :

Fichtes Werke Bd. I, hrsg. von I. H. Fichte, Berlin, 1971.

――Zweite Einleitung in die Wissenschaftslehre in : Fichtes Werke Bd. I, hrsg. von I. H. Fichte, Berlin, 1971.

Findlay, John Niemeyer, Kant and the Transcendental Object : A Hermeneutic Study, New York, 1981.

Fischer, Kuno, Geschichte der neuern Philosophie Bd. 3, Immanuel Kant und seine Lehre (3. neu bearb. Aufl.), Heidelberg, 1889.

Forschner, Maximilian, Gesetz und Freiheit : Zum Problem der Autonomie bei I. Kant, München / Salzburg, 1974.

Förster, Eckart, Kants Metaphysikbegriff : Vor-kritisch, kritisch, nach-kritisch, in : Metaphysik nach Kant?(Stuttgarter Hegel-Kongreß 1987), (Hg.) D. Henrich und R. Horstmann, Stuttgart, 1988.

――Kant's Selbstsetzungslehre, in : Kant's Transcendental Deductions : The Three Critiques and the Opus postumum, ed. by E. Förster, Stanford, 1989.

――Fichte, Beck and Schelling in Kant's Opus Postumum, in : Kant and his Influence, ed. by G. Mac. Ross and T. McWalter, Bristol, 1990.

Friedman, Michael, Kant and the Exact Sciences, Cambridge, 1992.

Gerhardt, Gerd(Hrsg.), Eine Vorlesung über Ethik, Frankfurt a. M., 1990.

Goethe, Johann Wolfgang, Wilhelm Meisters Lehrjahre, in : Goethes Werke Bd. VII, Hamburger Ausgabe in 14 Bänden, hrsg. von Erich Trunz(13. durchgesehene Aufl.), München, 1994.；邦訳『世界文学大系20 ゲーテ★★』、ウィルヘルム・マイステル 修業時代、関泰祐訳、筑摩書房、1958年。

Heidegger, Martin, Die Frage nach dem Ding : Zu Kants Lehre von den transzendentalen Grundsätzen, (Gesamtausgabe Bd. 41, hrsg. von P. Jaeger), Frankfurt a. M., 1984.；邦訳『物への問――カントの超越論的原則論に寄せて――』、有福孝岳訳、晃洋書房、1978年。

――Kant und das Problem der Metaphysik(Gesamtausgabe Bd. 3, hrsg. von Friedrich-Wilhelm von Herrmann), Frankfurt a. M., 1991.；邦訳『カントと形而上学の問題』、木場深定訳、理想社、1967年。

―― Phänomenologische Interpretation von Kants Kritik der reinen Vernunft

(Gesamtausgabe Bd. 25, hrsg. von I. Görland), Frankfurt a. M., 1977.；邦訳『カントの純粋理性批判の現象学的解釈』、石井誠士、仲原孝、セヴェリン・ミュラー訳、創文社、1997年。

——Vom Wesen der menschlichen Freiheit : Einleitung in die Philosophie (Gesamtausgabe Bd. 31 hrsg. von H. Tietjen), Frankfurt a. M., 1982.；邦訳『人間的自由の本質について』、斎藤義一、ヴォルフガンク・シュラーダー訳、創文社、1987年。

Heimsoeth, Heinz, Metaphysiche Motive in der Ausbildung des kritischen Idealismus, in : Studien zur Philosophie Immanuel Kants : Metaphysische Ursprünge und Ontologische Grundlagen, Köln, 1956.；邦訳「批判的観念論の形成における形而上学的諸動機」須田朗、宮武昭訳（『カント哲学の形成と形而上学的基礎』所収）、未来社、1981年。

——Persönlichkeitsbewußtsein und Ding an sich in der Kantischen Philosophie, in : Studien zur Philosophie Immanuel Kants : Metaphysische Ursprünge und Ontologische Grundlagen, Köln, 1956.；邦訳「カント哲学における人格性と物自体」須田朗、宮武昭訳（『カント哲学の形成と形而上学的基礎』所収）、未来社、1981年。

——Transzendentale Dialektik, Berlin, 1966.

Henrich, Dieter, Die Deduktion des Sittengesetzes. Über die Gründe der Dunkelheit des letzten Abschnittes von Kants >Grundlegung zur Metaphysik der Sitten<, in : Denken im Schatten des Nihilismus : Festschrift für Wilhelm Weischedel zum 70. Geburtstag am 11. April 1975, hrsg. von Alexander Schwan, Darmstadt, 1975.；邦訳「道徳法則の演繹——カント『道徳形而上学の基礎づけ』最終章の不分明性の理由について——」、石川文康、戸田行賢訳（『カント哲学の体系形式』門脇卓爾監訳所収）、理想社、1979年。

——Hutcheson und Kant, in : Kant-Studien Bd. 49, Berlin, 1957.

——Über die Einheit der Subjektivität, in : Philosophische Rundschau : Eine Vierteljahresschrift für philosophische Kritik hrsg. von Hans-George Gadamer und Helmut Kuhn, Tübingen, 1955.；邦訳「主観性の統一」、石川文康訳（『カント哲学の体系形式』門脇卓爾監訳所収）、理想社、1979年。

Herring, Herbert, Das Problem der Affektion bei Kant : Die Frage nach der

Gegebenheitsweise des Gegenstandes in der Kritik der reinen Vernunft und die Kant-Interpretation : Kant-Studien Ergänzungshefte Bd. 67, Köln, 1953.

Hiltscher, Richard, Kant und das Problem der Einheit der endlichen Vernunft, Würzburg, 1987.

Hinske, Norbert, Kants Weg zur Transzendentalphilosophie : Der dreißigjährige Kant, Stuttgart, 1970.

Hoppe, Hansgeorg, Kants Theorie der Physik : Eine Untersuchung über das Opus postumum von Kant, Frankfurt a. M., 1969.

Hübner, Kurt, Leib und Erfahrung in Kants Opus postumum, in : Zeitschrift für philosophische Forschung Bd. VII, hrsg. von G. Schischkoff, Meisenheim / Wien, 1953, s. auch in : Kant : Zur Deutung seiner Theorie von Erkennen und Handeln, hrsg. von G. Prauss, Köln, 1973.

Hume, David, A Treatise of Human Nature (2nd ed.), with text rev. and variant readings by P. H. Nidditch, New York, 1978.

Hutcheson, Francis, An Inquiry into the Original of our Ideas of Beauty and Virtue, in : Collected Works I, Hildesheim / Zürich / New York, 1990.；邦訳『美と徳の観念の起原』、山田英彦訳、玉川大学出版部、1983年。

Jachmann, Reinhold Bernhard, Immanuel Kant geschildert in Briefen an einen Freund, in : Immanuel Kant. Ein Lebensbild nach Darstellungen der Zeitgenossen Jachmann, Borowski, Wasianski, hrsg. von A. Hoffmann, Halle, 1902.；邦訳『カントその人と生涯』、芝烝訳、創元社、1970年。

Jacobi, Friedrich Heinrich, David Hume über den Glauben, oder Idealismus und Realismus. Beylage. Ueber den transscendentalen Idealismus, in : Werke Bd. II, hrsg. von Friedrich Roth und Friedrich Koppen, Darmstadt, 1968.

Jaspers, Karl, Kant. Leben, Werke, Wirkung (2. Aufl.), München, 1983.

Kaulbach, Friedrich, Immanuel Kant, Berlin / New York, 1982 (2. durchgesehene Aufl.)；邦訳『イマヌエル・カント』、井上昌計訳、理想社、1978年。

――Immanuel Kants "Grundlegung zur Metaphysik der Sitten": Interpretation und Kommentar, Darmstadt, 1988.

――Das Prinzip Handlung in der Philosophie Kants, Berlin / New York, 1978.

——Kants Theorie des Handelns, in : H. Lenk(Hrsg.), Handlungstheorien interdisziplinär II (Handlungserklärungen und philosophische Handlungsinterpretation 2. Halbband), München, 1979.；邦訳「カントの行為の理論」、小島威彦、山下善明訳（『カントの行為の理論』所収）、明星大学出版部、1981年。

Knittermeyer, Hinrich, Der Terminus transszendental in seiner historischen Entwickelung bis zu Kant, Marburg, 1920.

——Transszendent und Transszendental, in : Festschrift für Paul Natorp zum siebzigsten Geburtstage von Schülern und Freunden gewidmet, Berlin / Leipzig, 1924.

——Von der klassischen zur kritischen Transzendentalphilosophie, in : Kant-Studien Bd. 45, Köln, 1953.

Konhardt, Klaus, Die Einheit der Vernunft : Zum Verhältnis von theoretischer und praktischer Vernunft in der Philosophie Immanuel Kants, Königstein, 1979.

Lambert, Johann Heinrich, Anlage zur Architektonic, in : Philosophische Schriften III IV, hrsg. von H. W. Arndt, Hildesheim, 1965.

——Neues Organon, in : Philosophische Schriften I II, hrsg. von H. W. Arndt, Hildesheim, 1965.

Leibniz, Gottfried Wilhelm, Discours de métaphysique, in : Die philosophischen Schriften von Gottfried Wilhelm Leibniz 4, hrsg. von C. I. Gerhardt, Hildesheim / New York, 1978.

—— Monadologie, in : Die philosophischen Schriften von Gottfried Wilhelm Leibniz 6, hrsg. von C. I. Gerhardt, Hildesheim / New York, 1978.

——Nouveaux essais sur l'entendement humain, in : Die philosophischen Schriften von Gottfried Wilhelm Leibniz 5, hrsg. von C. I. Gerhardt, Hildesheim / New York, 1978.

Lehmann, Gerhard, Ganzheitsbegriff und Weltidee in Kants Opus Postumum, in : Kant-Studien Bd. 41, Berlin, 1936.

——Kants Nachlasswerk und die Kritik der Urteilskraft, Berlin, 1939.

Locke, John, An Essay concerning Human Understanding, ed. by P. H. Nidditch, Oxford, 1975.

Lüthje, Hans, Christian Wolffs Philosophiebegriff, in : Kant-Studien Bd. 30, Berlin, 1925.

Martin, Gottfried, Allgemeine Metaphysik : Ihre Probleme und ihre Methode, Berlin, 1965.

――Immanuel Kant : Ontologie und Wissenschaftstheorie, Köln, 1951 (4. durchgesehene und um einen dritten Teil vermehrte Aufl., Berlin, 1969).；邦訳『カント：存在論および科学論』、門脇卓爾訳、岩波書店、1962年。

Mathieu, Vittorio, Kants Opus postumum (hrsg. von G. Held), Frankfurt a. M., 1989.

Messer, August, Kants Ethik : Eine Einführung in ihre Hauptproblem und Beiträge zu deren Lösung, Leibzig, 1904.

Menzer, Paul (Hrsg.), Eine Vorlesung Kants Ethik, Berlin, 1924.

Mohr, Georg, Das sinnliche Ich : Innerer Sinn und Bewußtsein bei Kant, Würzburg, 1991.

Paton, Herbert James, Kant's Metaphysic of Experience : A Commentary on the First Half of the 'Kritik der reinen Vernunft' , London / New York, 1936.

――The Categorical Imperative : A Study in Kant's Moral Philosophy, London, 1947 (Chicago, 1948).

Plaass, Peter, Kants Theorie der Naturwissenschaft : Eine Untersuchung zur Vorrede Kants "Metaphysischen Anfangsgründen der Naturwissenschaft", mit einer Vorrede von Carl Friedrich von Weizsäcker, Göttingen, 1965.；邦訳『カントの自然科学論』、犬竹正幸、中島義道、松山寿一訳、哲書房、1992年。

Ratke, Heinrich, Systematisches Handlexikon zu Kants Kritik der reinen Vernunft, Hamburg, 1991.

Ritter, Joachim (Hg.), Historisches Wörterbuch der Philosophie, unter Mitwirkung von mehr als 700 Fachgelehrten in Verbindung mit Günther Bien et al., Basel / Schwabe, 1971-

Schiller, Friedrich, Schillers Sämtliche Werke (Erster Band, Gedichte I), Stuttgart und Berlin, 1904.

――Über Anmut und Würde, in : Schillers Sämtliche Werke (Elfter Band, Philosophische Schriften), Stuttgart und Berlin, 1904.

Schmucker, Josef, Die Ursprünge der Ethik Kants in seinen vorkritischen Schriften und Reflexionen, Meisenheim am Glan, 1961.

Schopenhauer, Arthur, Die Welt als Wille und Vortsellung : Arthur Schopenhauer Sämtliche Werke Bd I, textkritisch bearb. und hrsg. von Wolfang Frhr. von Löhneysen, Frankfurt a. M., 1986.

Schulze Stefan, Kants Verteidigung der Metaphysik : Eine Untersuchung zur Problemgeschichte des Opus Postumum (Marburger Wissenschaftliche Beiträge ; Bd. 7), Marburg, 1994.

Seidl, Horst, Bemerkungen zu Ding an sich und transzendentalem Gegenstand in Kants Kritik der reinen Vernunft, in : Kant-Studien Bd. 63, Berlin, 1972.

Smith, Norman Kemp, A Commentary to Kant's "Critique of Pure Reason", London, 1923.

Spinoza, Benedictus de, Renati Des Cartes Principiorum Philosophiae Pars I. Et II., in : Spinoza Opera I., im Auftrag der Heidelberger Akademie der Wissenschaften, hrsg. von Carl Gebhardt, Heidelberg 1972.

Teichner, Wilhelm, Die intelligible Welt, Meisenheim am Glan, 1967.

Tetens, Johann Nicolaus, Über die allgemeine speculativische Philosophie, Bützow und Wismar, 1775, in : Neudrucke seltener philosophischer Werke, Bd. 4, Berlin, 1913.

Tuschling, Burkhard, Die Idee des transzendentalen Idealismus im späten Opus postumum, in : Übergang : Untersuchungen zum Spätwerk Immanuel Kants, hrsg. vom Forum für Philosophie Bad Homburg, Frankfurt a. M., 1991.

——Metaphysische und transzendentale Dynamik in Kants opus postumum, Berlin, 1971.

——The Concept of Transcendental Idealism in Kant's Opus Postumum, in : Kant and Critique : New Essays in honor of W. H. Werkmeister, ed. by R. M. Dancy, Dordrecht / Boston / London, 1993.

Vaihinger, Hans, Die Philosophie des Als Ob : System der theoretischen, praktischen und religiösen Fiktionen der Menschheit auf Grund eines idealistischen Positivismus : Mit einem Anhang über Kant und Nietzsche, Berlin,

1911.

――Die Transcendentale Deduktion der Kategorien, Halle, 1902.

――Kommentar zu Kants Kritik der reinen Vernunft (Bd. I, II); herausgegeben von Raymund Schmidt, Neudruck der 2. Auflage, Aalen, 1922 (1970).

Vorländer, Karl, Immanuel Kant : Der Mann und das Werk, zwite, erweiterte Auflage, mit einem Beitrag "Kants Opus postumum" von Wolfgang Ritzel, Unter Mitarbeit von K. Kopper hrsg. von Rudolf Malter, Hamburg, 1977.

Wasianski, Ehrgott Andreas Christoph, Immanuel Kant in seinen letzeten Lebensjahren, in : Immanuel Kant. Ein Lebensbild nach Darstellungen der Zeitgenossen Jachmann, Borowski, Wasianski, hrsg. A. Hoffmann, Halle, 1902.；邦訳『カントその人と生涯』、芝烝訳、創元社、1970年。

Werkmeister, William Henry, The Two Theses of Kant's Opus Postumum, in : Kant and Critique : New Essays in honor of W. H. Werkmeister, ed. by R. M. Dancy, Dordrecht / Boston / London, 1993.

Wolff, Christian, Der vernünfftigen Gedancken von Gott, der Welt und der Seele des Menschen, auch allen Dingen überhaupt, anderer Theil, bestehend in ausführlichen Anmerckungen, mit einer Einleitung und einem kritischen Apparat von C. A. Corr, Gesammelte Werke, 1. Abt. Deutsche Schriften, Bd. 3, Hildesheim / Zürich / New York, 1983.

――Philosophia rationalis sive logica, pars 1, édition critique avec introduction, notes et index par J. École, Gesammelte Werke, 2. Abt. Lateinische Schriften, Bd. 1.1, Hildesheim / Zürich / New York, 1983.

――Philosophia prima, sive, Ontologia, edidit et curavit J. Ecole, Gesammelte Werke, 2 Abt. Lateinische Schriften, Bd. 3, Hildesheim / New York, 1977.

――Psychologia empirica, edidit et curavit Joannes Ecole, Gesammelte Werke, 2. Abt. Lateinische Schriften, Bd. 5, Hildesheim, 1968.

――Psychologia rationalis, édition critique avec introduction, notes et index par Jean École, Gesammelte Werke, 2. Abt. Lateinische Schriften, Bd. 6, Hildesheim / New York, 1994.

Wundt, Wilhelm Max, Kant als Metaphysiker : Ein Beitrag zur Geschichte der deutschen Philosophie im 18. Jahrhundert, Stuttgart, 1924(Hildesheim, 1984).

Zöller, Günter, Die Seele des Systems : Systembegriff und Begriffssystem in Kants Transzendentalphilosophie, in : Architektonik und System in der Philosophie Kants / hrsg. von Hans Friedrich Fulda und Jürgen Stolzenberg, (System der Vernunft : Kant und der deutsche Idealismus, hrsg. von Wilhelm G. Jacobs, Hans-Dieter Klein, Jürgen Stolzenberg ; Bd. 1), Hamburg, 2001.

和書

有福孝岳、『カントの超越論的主体性の哲学』、理想社、1990年。

――「カウルバッハの行為論」:『倫理学の根本問題』所収、A バルッツィ, F. カウルバッハ他、晃洋書房、1980年。

――「世界概念の哲学」: 京都哲学会『哲学研究』第510号所収、創文社、1969年。

有福孝岳・坂部恵編集顧問、『カント事典』、弘文堂、1997年。

犬竹正幸、「純粋自然科学と経験的自然科学の間――『自然科学の形而上学的原理』から『オプス・ポストゥムム』へ――」:『現代カント研究4 自然哲学とその射程』所収、カント研究会編、晃洋書房、1993年。

岩田淳二、『カントの外的触発論――外的触発論の類型学的・体系的研究』、晃洋書房、2000年。

小倉志祥、『カントの倫理思想』、東京大学出版会、1972年。

久保元彦、『カント研究』、創文社、1987年。

坂部恵、『理性の不安――カント哲学の生成と構造』、勁草書房、1976年。

――「最晩年の移行――Opus postumum I Convolut の世界――」:『理想』No. 498 所収、理想社、1974年。

中島義道、『空間と身体』、晃洋書房、2000年。

新田孝彦、『カントと自由の問題』、北海道大学図書刊行会、1993年。

浜田義文、「初期カントとイギリス道徳哲学」:『カント』所収、日本倫理学会（金子武蔵）編、理想社、1969年。

深作守文、「カントの最晩年における超越論的哲学の構想」:『カント』所収、日本倫理学会（金子武蔵）編、理想社、1969年。

牧野英二、『カント純粋理性批判の研究』、法政大学出版局、1989年。

安井邦夫、「努力の総合とイデールな統一——フィヒテとヘーゲル」:『理想』No. 554 所収、理想社、1979 年。

八幡英幸、「自我の二重性と身体——『純粋理性批判』と『オプス・ポストゥムム』における自己認識の問題——」:『哲学』45 号 所収、日本哲学会編、1995 年。

——「カントにおける自己直観・自発性・現実性——形而上学講義 L1 から『純粋理性批判』へ——」:『現代カント研究 8　自我の探究』所収、カント研究会編、晃洋書房、2001 年。

——「揺れ止まぬものとしての超越論哲学——最晩年のカントの思索から」:『人間存在論』第 3 号、竹市明弘教授退官記念論集所収、京都大学大学院人間・環境学研究科　総合人間学部『人間存在論』刊行会編、1997 年。

索　引

事項索引

【あ行】

アンチノミー（＝二律背反）　43, 100, 103
『遺稿』（＝『オプス・ポストゥムム』）　8, 13, 49, 50, 118, 130, 174, 220
意志　85, 93, 107, 129
　　根源的——　157
　　純粋——　113
　　道徳的に不完全な——　157
　　——の主観的な規定根拠　161
　　——の自律　→自律
　　——の他律　136, 154, 162, 235
　　派生的——　157
意識　26
　　——一般　15, 133
　　経験的——　37, 57, 58, 182
　　実在的——　204
　　純粋——　40
　　単なる——　22
　　単なる内的——　62
　　道徳法則の——　43
　　内的直観の——　37
　　——の形式的統一　26
　　——の単なる形式　78
　　——の統一　27
　　論理的——　204
宇宙論　64, 105
　　一般——　65
運動力　182
　　主体自身の——　183, 184
　　物質の——　182, 184

叡知界→悟性界
叡知者　8, 45, 85, 86, 107, 193, 241
　　純粋な——　86, 241
X（x）　18ff, 26, 27, 48, 50, 72, 196
エーテル　176
演繹　116, 119
　　エーテル——　176, 208
　　自由の——　115f
　　超越論的——　77, 85
　　定言命法の——　115
　　道徳法則の——　116
『オプス・ポストゥムム』→『遺稿』

【か行】

快（の感情）　145, 158
　　感受的な——　159
　　道徳的な——　159
外感（＝外的感官）　54, 66, 92
　　——の対象　66
覚知　204
蓋然的　12, 48, 107, 108
学　221, 222
　　——の体系　222
格率　114, 157, 162
可想体（＝ヌーメノン）　18, 21f, 25, 30, 41, 48, 52, 58, 86, 203, 240
活動　82
　　形而上学的——　13, 180, 194, 198
　　実在的——　204
　　論理的——　13, 180, 188, 191, 198
カテゴリー（＝純粋悟性概念）　39, 40, 110, 176
　　純粋——　77
　　——の運搬者　80

――の誤用　95
　　――の根拠　77, 79
　　――の実践的使用　44
　　――の適用範囲　77ff
　　――の超越論的使用　78, 95
　　――の内在的使用　95
神　8, 64, 109, 130, 233, 234, 237, 238, 242
　　――の現存在の実践的証明　235
　　――の現存在の要請　235
　　――の存在証明　234
　　――の存在の間接的証明　235
　　――の命令　234
我欲　170
感官　29
　　外的――　→外感
　　内的――　→内感
感情　51, 139
　　感性的――　150
　　根本――　139
　　自然的――　141, 142
　　積極的――　158
　　尊敬の――　→尊敬
　　道徳的――　139, 141, 148, 149, 153, 162, 163
　　二重の――　160
　　自ら惹き起こされた――　151
感性　21, 29, 33, 34, 51, 55, 86, 150, 203
感性界　86, 105, 107, 121, 122, 128, 236
観念論論駁　15, 94, 192, 193
帰責　89, 124, 125, 132
基体　70, 94
規定　34
　　時間――　56, 94
　　内的――　41
　　汎通的――　198, 248
機能　81
　　単なる論理的――　202
　　――の同一性　88
義務　115, 132, 137, 155, 158, 166, 234, 235
虚栄心　137, 142
空間　183, 194, 197, 199, 200

経験　26, 108, 123
　　――一般　26
　　外的――　15
　　実践的――　126
　　道徳的――　126, 133
　　内的――　15, 46
傾向性　136, 137, 151, 170
繋辞（＝コプラ）　242
形而上学　64, 222, 225
　　一般――　65, 92
　　自然の――　223
　　実践的・定説的――　→実践的・定説的
　　――全体の二つの主要原理　109
　　道徳の――　223
　　特殊――　65, 92
『形而上学講義』　22, 71, 72, 95, 222, 227, 228
　　『ペーリッツの――』　63, 64ff, 71, 74, 91, 93, 95, 100, 101, 221
原因性　103, 105, 118, 121, 128
　　意志の――　107
　　自由による――　103, 121
厳格主義　137
現実存在（現存在）　198
現象　20, 23, 25, 106, 199
　　――一般　23
　　外的――　30
　　内的――　39
　　――の根拠　25
　　――の原因　21
現象体（＝フェノメノン）　41, 58, 240
建築術的　221, 222
権能　44
行為　41, 85, 88, 105, 108, 122
　　――の客観的原理　162
　　――の主観的原理　163
構成的　97, 120
　　――原理　87, 120, 122
構想力　34, 35, 39, 185, 213
　　超越論的――　56
悟性　21, 33, 34, 41, 51, 55, 86, 97, 163, 225

269

悟性界　46, 86, 107, 152
誤謬推論（＝パラロギスムス）　11, 41, 68f, 76, 214
　観念性の──　93
　実体性の──　68, 95
　超越論的──　75
コペルニクス的転回　25, 27

【さ行】

作用－反作用　184, 210f
自愛　170
自我　4, 5, 67, 202, 238
　感性的な──　36
　客体としての──　36
　思惟されうる──　201
　主体としての──　36
　心理学的──　36, 196
　知性的な──　36
　二重の──　196
　──の単純な表象　33
　論理的──　36
時間　35, 183, 194, 197, 199, 200
自己　35
　愛しき──　144
　感受的に規定されうる──　159
　規定されうる──　37, 82
　規定する──　37, 82
　──客体化　180, 185, 232
　触発される──　37, 82
　触発する──　37, 82
　──是認　159
　多彩で種々の──　89
　──の創造者　205
　──否定　158
　本来的──　22, 152, 153
自己愛　142, 170
自己意識（＝自己自身の意識、自覚）　32, 87, 88, 187, 188, 196
　──一般　80

実践的──　59, 86
　──の汎通的統一　82
事行　190
自己活動性　84, 86
　純粋な──　85
自己活動的　33, 84, 181
自己直観　39, 94, 187, 189, 192
自己定立（論）　13, 179, 180
自己認識　41, 45, 62
　理性の──　62
事実　113, 114, 119
　経験的──　112
　（純粋）理性の──　12, 114, 116, 235
　理性の直接的──　119
　理性の間接的──　119
自然　83, 87, 97, 225, 231, 246
　質料から見られた──　83
　──の主人　83
自然概念　87, 122
自然学　225, 246
　純粋理性の──　225
自然必然性　103, 108
実践的・定説的　109
　──形而上学　10
実践理性　9, 87, 111, 122, 223, 232
　純粋──　113
　──の優位　9, 111
実体　68ff, 73, 78, 79, 94
　──の根源的概念　69
実体的なもの　⇒実体
自発性　8, 33, 42, 51, 86, 193
　根源的で不変的な──　85
　純粋な──　86
　絶対的──　43, 100
自負　158, 170
自由　8, 84, 93, 108, 122, 130, 132, 231
　意志の──　117
　実践的──　101, 129
　超越論的──　43, 93, 100, 129
　道徳法則の存在根拠としての──　119

――の自覚　46
　　――の積極的概念　102
　　――の超越論的概念　101
　自由概念　87, 122
　主体　4, 5
　　叡知的な――　238
　　感性的に触発される――　159
　　経験的――　15
　　行為――　105
　　自己自身を触発する――　196
　　自由の――　44, 58
　　受動的――　35

正　誤　表

本書索引に対象頁の欠落などの誤りがありました。お詫びして、下記の通り訂正させていただきます。また、本索引は必ずしも網羅的でなく、該当項目の主要な頁のみ示しています。事項索引では、語句そのものでなく内容で項目をたてているものもあります。あわせてお断り申しあげます。

頁	誤	正
270	実体的なもの　⇒実体	実体的なもの　70, 71, 73 ⇒実体
272	統覚の汎通的統一	統覚の汎通的統一　82
	『人間学講義』	『人間学講義』　4, 67
273	判断	判断　72, 139, 163, 242
	立法	立法　7, 122, 223
	私は思惟しつつ存在する	私は思惟しつつ存在する　191, 192, 215, 216
274	エコール, J.	エコール, J.　92
	シュルツェ, S.	シュルツェ, S.　178
275	モーア, G.	モーア, G.　34, 57
	リューチェ, H.	リューチェ, H.　92

京都大学学術出版会

心性　29, 31, 51, 70, 154
心理学　64ff
　経験的――　66
　合理的――　66
　純粋――　66
　超越論的――　79
数学　229, 231
　純粋――　224
図式　39, 56
性能　29, 51, 150, 163
世界　8, 64, 233, 236, 237, 238, 242
　――創造者　234
　　248
　240, 243
　140, 167
　の原理　148
　の原理　148
　129, 136, 145, 238

　　――　26
　　―　6
　　　35, 185
情）149ff, 152, 153
, 65, 225, 227, 228, 246

68, 93
死　64, 68, 109, 130
82, 194
　182
　33
――　202
0, 227, 247
　227
95, 96, 224
論　24, 53, 101, 105, 106, 110
　27
18, 22, 26, 40, 41, 72
　226

——制約　27
　　——対象（客観）　18ff, 30, 40, 52
　　——理想　234
超越論的哲学　221, 225, 229, 246
　　——の最高の課題　226
　　——の最高の立場　8, 178, 220, 237
　　——の消極的定義　229
直観　29, 110
　　感性的——　33, 77, 79, 150, 181, 183
　　規定された——　34
　　経験的——　194
　　根源的——　33, 157
　　純粋——　194
　　知的——　33, 110, 117, 181
　　内的——　33, 181
　　——能力　51
　　——の受容性　202
　　派生的——　33, 157
　　未規定な経験的——　202
定言命法　43, 115, 117, 118, 123, 132, 133, 141, 240
適法性　129, 136, 161
哲学　7, 225
　　実践——　7, 232, 233
　　理論——　7, 225, 228, 232, 233
デミウルゴス　234
統覚　32, 79, 84, 188, 191, 196, 204
　　経験的——　35, 57
　　根源的——　81, 82
　　実践的——　88, 98
　　実体化された——　79
　　純粋——　82
　　超越論的——　4, 27, 81, 85, 88, 196
　　——の絶対的統一　81
　　——の綜合的統一　34, 88
　　——の統一の相関者　27
　　——の汎通的統一
　　——の分析的統一　87, 188
動機　148, 161, 162, 163, 164
統制的　97, 120

　　——原理　120
道徳性　136, 161
道徳法則　7, 43, 45, 117, 125, 128, 129, 140, 152, 153, 154
　　——の意識　46
　　自由の認識根拠としての——　117

【な行】

内感　4, 35, 54, 66, 92, 196
　　——の対象　66
　　——の超越論的対象　31
内在的　120
内的法廷　58
人間　8, 238, 240, 242
　　道徳的存在者としての——　238
人間学　244, 249
　　超越論的——　244, 249
　　哲学的——　244, 248
『人間学講義』
認識能力　51, 139, 140
　　下級——　55, 56
　　上級——　55, 56
熱素　176, 208
能力　81
　　下級——　55
　　結合——　193
　　受容性の——　→感性
　　上級——　55
　　認識——　→認識能力
　　認識の根本——　82
　　欲求——　51

【は行】

媒介　237
媒（介）概念　237, 242
媒概念多義の虚偽　39, 75, 77
はたらき　82, 88
　　——の同一性　87, 88

パラロギスムス　→誤謬推論
判断
　綜合―― 48
　分析―― 48
批判　221, 222
比量的　70, 72, 73
不快　145, 158
法則　7
　自然―― 7, 103
　道徳―― →道徳法則

【ま行】

未知な（もの）　18, 20
無制約者　74
物自体（物自体そのもの）　18, 49, 50, 52, 106
モラル・センス　138, 139, 143, 145, 153

【や行】

有限性　34, 156
予備学　212, 222, 227

【ら行】

利己心　137, 142
理性　41, 51, 86, 163, 225
　原理の能力としての―― 74
　自己自身を構成する―― 232
　実践―― →実践理性
　純粋――の一般課題　82
　推論能力としての―― 74
　同一の―― 223
　人間―― 123, 222
　――の実践的使用　7, 44, 223
　――の思弁的使用　7, 44, 223
　――の超越的使用　121
　――の内在的使用　121
　理論―― 9, 87, 97, 111, 122, 223, 232
理性的存在者　107, 125, 129, 159, 205

有限な―― 156f, 158
立法
　自己自身に対する―― 87
　自然に対する―― 83, 87
　理性の―― 159
理念（理性概念）　9, 108, 109, 110, 119, 121, 229
　実践的―― 225
　超越論的―― 110, 129, 224
理論的・独断的　109
理論理性→理性
『倫理学講義』　140, 168
論理学　74
　一般―― 74, 77
　仮象の―― 75
　超越論的―― 74, 77

【わ行】

私　70, 202
　思惟すると共に直観する―― 196
　――自身の直観　199
　――は現実存在する　13, 197
　――の現存在（現実存在）　42, 43, 192, 198, 211
　――は思惟しつつ存在する
　――は思惟する　59, 67, 79, 80, 82, 87, 88, 188, 191, 202, 203, 215
　――は存在する　13, 188, 189, 191, 192, 197, 199

人名索引

【あ行】

アディケス, E.　51, 175, 195, 206, 207, 209, 213, 216, 217, 244
アリストテレス　65, 69, 94
アリソン, H. E.　52, 53, 57

有福孝岳　58, 98, 248
犬竹正幸　209
岩田淳二　213
ヴァシャンスキ, E. A. Ch.　207
ウェルクマイスター, W. H.　237
ヴォルフ, Ch.　11, 33, 55, 56, 63, 64, 69, 91, 167, 228
ヴント, M.　10
エコール, J.
エピクロス　143
エルヴェシウス, C. A.　143
小倉志祥　93

【か行】
カウルバッハ, F.　10, 16, 88, 96, 97, 122, 170
カッシーラー, E.　52, 62, 210
クニッテルマイヤー, H.　96, 227, 247, 248, 249
久保元彦　247
クルージウス, Ch. A.　167, 168
ゲーテ, J. W.　166, 167
コーエン, H.　52
コンハルト, K.　125

【さ行】
ザイドル, H.　52, 53
坂部恵　211, 245, 249
シェリング, F. W. J.　211, 212
シャフツベリー, A. A. C., 3rd. E.　139, 140, 143, 168
シュムッカー, J.　168
シュルツェ, S.
ショーペンハウアー, A.　166
シラー, F.　137, 138, 160, 161, 166
スピノザ, B.　94, 215, 216
スミス, N. K.　52, 93, 96, 130, 208
ソクラテス　62

【た行】
タイヒナー, W.　58, 97
チョイ, S.　178, 211, 213, 218

デカルト, R.　3, 11, 14, 62, 63, 69, 94, 191, 214, 215, 216
テーテンス, J. N.　227, 228, 247
トゥシュリング, B.　177, 178

【な行】
中島義道　132
新田孝彦　131

【は行】
ハイデガー, M.　56, 57, 129, 245, 246, 247, 248
ハイムゼート, H.　8, 10, 16, 38, 96, 133
バウムガルテン, A. G.　11, 51, 56, 63, 64, 71, 91, 92
バークリー, G.　3, 15, 94, 95
ハチスン, F.　12, 138, 139, 143, 147, 148, 153, 165, 168, 169
浜田義文　169
ヒュブナー, K.　217
ヒューム, D.　3, 12, 15, 104, 139, 168, 169
ヒルチャー, R.　130, 131
ヒンスケ, N.　247
ファイヒンガー, H.　51, 52, 96, 175
フィッシャー, K.　178
フィヒテ, J. G.　179, 180, 190f, 211, 212, 213, 214, 216
フェルスター, E.　178, 179, 206, 211
フォアレンダー, K.　175
フォルシュナー, M.　168
深作守文　245
ブヘナウ, A.　160, 170, 175
プラース, P.　209
プラトン　94
ペイトン, H. J.　41, 52, 53, 131
ベック, J. S.　180, 211
ベック, L. W.　116, 130, 133, 155
ヘリング, H.　52, 53
ヘンリッヒ, D.　56, 131
ホッブズ, Th.　144
ホッペ, H.　177

【ま行】
牧野英二　52, 54
マチウ, V.　183, 208, 217
マルチン, G.　8, 16, 86, 97
マンドヴィル, B.　143, 144
メッサー, A.　129
メンツァー, P.　140, 168
モーア, G.

【や行】
ヤコービ, F. H.　24, 49
安井邦夫　213
ヤスパース, K.　4, 15, 248
ヤッハマン, R. B.　174, 207
八幡英幸　94, 208, 211, 212f, 245

【ら行】
ライプニッツ, G. W.　3, 14, 55, 69, 215, 216
ランベルト, J. H.　227, 228, 247
リューチェ, H.
レーマン, G.　175, 207, 208, 209, 248
ロック, J.　3, 14, 54, 94, 95

著者略歴

内田　浩明（うちだ　ひろあき）
　　日本学術振興会特別研究員（哲学）
1970 年　兵庫県加古川市生まれ
1995 年　立命館大学文学部哲学科卒業
1997 年　京都大学大学院人間・環境学研究科修士課程修了
2002 年　京都大学大学院人間・環境学研究科博士後期課程修了、京都大学博士（人間・環境学）

カントの自我論（じがろん）
理論理性と実践理性の連関

平成 17（2005）年 2 月 15 日　初版第一刷発行

著　者　　内　田　浩　明（うちだ　ひろあき）
発行者　　阪　上　　孝
発行所　　京都大学学術出版会
　　　　　京都市左京区吉田河原町 15-9
　　　　　京大会館内（606-8305）
　　　　　電　話　075（761）6182
　　　　　FAX　075（761）6190
　　　　　http://www.kyoto-up.gr.jp/

印刷・製本　　株式会社太洋社

ⓒ Hiroaki Uchida 2005.　　Printed in Japan
ISBN4-87698-643-6　　定価はカバーに表示してあります